イノベーション時代の
競争政策

研究・特許・プラットフォームの法と経済

小田切宏之
ODAGIRI Hiroyuki

有斐閣

はしがき

　いま独占禁止法は大きな課題に直面している。特許などの知的財産権（知財）による技術の専有と競争との折り合いをどうつけるか，特許による不当な権利行使を独占禁止法で抑制できるか，共同研究やパテントプールによる共同行為が協調をもたらすのをどう防ぐか，直接・間接のネットワーク効果のもとで参入妨害を防ぐにはどうするか，プラットフォーム間での価格競争をいかに確保するかなど，多くの課題が研究開発，特許，ネット，プラットフォームなどと結びついている。いずれも広い意味でイノベーションに関わる問題であり，イノベーション時代における競争政策のあり方が問われているといってよい。

　本書は独占禁止法全般を解説するものではない。そのためには優れた教科書が多く存在する。それに対し本書では，イノベーション時代における競争政策上の問題に焦点を絞って取り上げ，それらに独占禁止法がどう適用できるか，あるいは適用すべきかを議論する。

　このためには，法律解釈論だけでは不十分である。もともと競争政策を考えていくためには，法律論と経済学的思考・分析の両輪が欠かせない。筆者はその見地から以前に『競争政策論』（日本評論社，2008年）を著した。競争政策のベースとなっている経済理論，例えば不完全競争において発生する厚生損失（デッドウェイト・ロス）や参入障壁に果たすサンクコストの役割などについては，法学者や実務家の間でも理解されるようになってきた。これに対しイノベーション時代に特有の諸問題については，より複雑なトレードオフがあることなどから慎重な検討が必要なことが多く，また，最近の経済分析により蓄積されてきた成果を生かして考察することも必要である。それにもかかわらず，競争政策論の研究者にも実務家にも企業人にも，十分な知識を持つ人は少ない。

　やや単純化していえば，カルテル・談合や参入阻止行動については競争への悪影響が明快といえる。それに対し，特許やプラットフォームに関しては，企業の行動も状況に応じさまざまであり，また競争促進効果と競争阻害効果の両面があって，競争当局はそのトレードオフの中での政策判断を迫られることが頻発する。それだけに詳細な経済学的考察の裏付けなしに法適用すれば誤りをもたらすおそれが大きい。

本書は，このような観点から，経済学的考察や近年の国内外での関連事件を紹介しつつ，イノベーション時代において独占禁止法が果たしている役割，果たせる役割，果たすべき役割を論じようとするものである。そこで各章では，取り上げる問題につき，まず経済学的な観点からその背景や社会的影響および競争政策上の課題を考察し，次にそれを踏まえて独占禁止法における規定をどう適用できるかを検討し，その上で，これまでにあった事例を解説することを基本とする。事例は日本についてのものが中心であるが，テーマによっては海外でより大きな問題となっているものもあり，適宜，海外事例も紹介する。

　このように本書は，サブタイトルにあるように法と経済からの考察をめざしている。筆者は公正取引委員会に在籍する機会を持ち，法律解釈についても多くを学んだが，もともと経済学の教育・研究に長く従事しており，両方の観点から問題を考えていくことには比較優位があると自負している。とはいえ，法解釈や事例解説においては，正確を期したつもりではあるものの，法学者の方々に比べ不十分さを免れないおそれがあることをお断りせざるをえない。

　また，本書がまさに今日の競争政策上の課題を対象にしているだけに，日々新たな進展が起きている。このため，本書で取り上げる競争法事案も直ちに陳腐化するおそれをなしとしない。実際，紹介する事例の中には，現在も審判や裁判が継続中のものもあり，本書が読者の目にとまる頃には新しい審決・判決が出ているものもあるであろう。また，新しい事件そのものも起きているであろう。従って読者各位にも，関心をお持ちいただいたテーマについて，各当局のホームページ，『公正取引』その他の雑誌，新聞，ウェブ上の各種サイトなどを活用して最新情報をフォローされることをお勧めする。

　イノベーションに焦点を当てて独占禁止法・競争政策を論じた著書がこれまで皆無に近かっただけに，本書では，啓蒙書としての性格を中心としつつ，研究書としての性格も併せ持つことをめざした。啓蒙書としては，実例を多く取り上げるとともに，法解釈と経済学的考察において厳密さよりも直感的理解を優先した。よって経済学的考察を展開する場合にも数式モデルを詳述することは最小限にとどめた（一部で数式や記号を用いているが，アレルギーのある読者は飛ばして読んで差し支えない）。

　一方，研究書としても，個々のテーマに関心を持っていただき，より緻密な研究への足がかりとして活用されるよう配慮したつもりである。このため，分

析のエッセンスを述べるとともに，参考文献も多く引用するように努めた．

　こうした性格のため，本書は，法学部においても経済学部においても，さらには法科大学院や MOT プログラム，公共政策大学院，ビジネススクールなどにおいても，独占禁止法（経済法）や産業組織論科目における参考書として，あるいはゼミ教科書として役に立つだろう．イノベーションや知的財産権が，裁判などの法的措置にも，また政策や経営にも大きな影響を持つようになった今日，それらを考えるために経済法や産業組織論をどう生かせるのかを学び，問題提起するための議論のたたき台として本書が利用されるならば，筆者として大きな喜びである．

　それに加えて，実務家や一般読者にも本書が活用されることを願っている．企業内の法務部や知的財産部等で本書が扱うような法律問題に苦労している方は多いであろう．また，研究開発本部等でイノベーション戦略の立案に関わる方にとっても本書の内容は役立つはずである．さらに，弁護士や官庁関係の諸氏には，独占禁止法事案への対応や政策立案の実務に本書で議論する内容が役立つはずである．これらの多くの方々が本書を参考にされることを期待している．

　本書の形でまとめることができたのは，多くの友人や同僚のおかげである．公正取引委員会に勤務する以前から，筆者は産業組織論にもイノベーション経済学にも関心を持ち，多くの研究仲間に恵まれた．また，公正取引委員会およびその競争政策研究センター（CPRC）では職員諸氏，同僚委員，CPRC 所長および研究官などから多くの教えと刺激を受けた．特に，公正取引委員会事務総局の数名の方々には，本書未定稿をお読みいただき，具体的な誤りの指摘やコメントをいただいた．これら多くの方々の名前を個々にあげることは控えさせていただくが，すべての皆様にお礼を申し上げたい．

　とはいえ，筆者の独断と頑迷さゆえ，いただいたコメントを最終稿にすべて反映させたわけではないこともあり，すべての誤りは筆者のみが責めを負うものである．また，本書で述べられている意見は公正取引委員会のものでも CPRC のものでもなく，筆者個人のものであることを強調しておきたい．

　有斐閣で編集を担当してくださった柴田守・渡部一樹両氏は，構想段階から本書の出版を支持してくださり，また読みやすさのための助言をするなどして，素晴らしい本に仕上げてくださった．御礼申し上げたい．

筆者は産学官のいずれにも，しかも複数の学，複数の官に勤務する経験を持ち，さらには，複数の海外生活を経験することもできた。こうした広い体験やその間に知己となった多くの方々との交流が本書の問題意識や理解に貢献したことを疑わないが，それができたのも妻，真理のこの間の支えがあればこそである。最後に付記して感謝するのをお許し願いたい。

　　2016年初秋

小田切　宏之

目　次

はしがき　i
略語一覧　xi

序　章　本書の問題意識と構成 ──────────────── 1
1　本書の問題意識 ………………………………………………… 1
2　本書の構成 ……………………………………………………… 3

第1部　研　究

第1章　独占禁止法 ──────────────────── 8
1　独占禁止法の4本柱 …………………………………………… 8
2　不当な取引制限の禁止 ………………………………………… 9
3　私的独占の禁止 ………………………………………………… 10
　　私的独占（10）　　競争の実質的制限（11）
4　不公正な取引方法の禁止 ……………………………………… 12
　　不公正な取引方法（12）　　公正競争阻害性（13）
5　企業結合規制 …………………………………………………… 15
　　市場画定（16）　　競争の実質的制限（17）　　問題解消措置（19）
6　知的財産権と独占禁止法 ……………………………………… 19

第2章　イノベーションと知的財産権 ─────────── 21
1　経済財としての技術 …………………………………………… 21
　　公共財的性格とフリーライダー問題（21）　　知的財産権制度（23）
2　知的財産権と専有性 …………………………………………… 25
　　知的財産権の種類（25）　　特許による専有性確保の有効性（27）
3　技術の3類型 …………………………………………………… 29
　　独立型技術（30）　　集積型技術（31）　　累積型技術（32）
4　ホールドアップ問題 …………………………………………… 33
　　サンクコスト（34）　　ホールドアップ問題と知財（36）
5　イノベーション市場・技術市場・製品市場 ………………… 37
　　発明のための外注とイノベーション市場（38）　　発明したものの外注と技術市場（40）

第3章 共同研究 —————————————————————————— 43

1 共同研究の要因 ·· 43
　　スピルオーバーの内部化（43）　　補完的能力の結合（45）
2 競争への影響 ·· 47
　　共同研究ガイドライン（47）　　4つの考慮事項（48）
3 共同研究への独占禁止法上の判断事例 ·· 50
　　事例：システム開発会社共同研究（51）　　事例：輸送機械メーカー共同研究（51）　　事例：機械メーカー共同研究（52）
4 共同研究に係る不公正な取引方法 ··· 53
　　不公正な取引方法に関する判断（53）　　事例：建築資材メーカー・建設業者共同研究（55）　　事例：電子機器メーカー・ソフトウェアメーカー共同研究（56）

第2部　特　許

第4章 リバース・ペイメント（RP） ————————————————— 58

1 リバース・ペイメントの原理 ··· 58
　　独占利潤と寡占利潤（58）　　リバース・ペイメント（60）
2 医薬品研究開発と特許 ··· 60
　　研究開発費用（61）　　医薬品特許（62）　　略式新薬承認申請制度（ANDA）（63）
3 米国でのRP事例 ·· 65
　　K-Dur 20事件（65）　　アクタヴィス事件（66）
4 RPの（反）競争効果の経済分析 ·· 67
　　理論的分析（68）　　小括と検討（69）
5 欧州および韓国でのRP事例 ··· 70
　　欧州での実態調査（71）　　欧州での事例（71）　　英国での事例（72）　　韓国での事例（73）
6 その他の参入遅延戦術 ··· 74
　　第2世代の戦術（74）　　第3世代の戦術――プロダクト・ホッピング（75）　　プロダクト・ホッピングの競争法上の評価（76）
7 日本の状況 ·· 77
　　メトクロプラミド事件（77）　　RPが日本で起きにくい理由（78）

第5章 標準必須特許（SEP） ————————————————————— 80

1 標準規格の広がりと特許 ·· 80
2 アンチコモンズの悲劇とホールドアップ問題 ··································· 81

特許権者の異質性（82）　　ホールドアップ問題（83）
　3　SSOにおけるSEPへの対応 ……………………………………………… 84
　　　パテントプール（84）　　FRAND宣言（85）　　FRANDに係る諸問題（86）
　　　SEPの登録（86）
　4　FRAND条件 ……………………………………………………………… 88
　　　非差別性（88）　　合理性（89）　　ホールドアップ問題の存在と独占禁止法
　　　（91）
　5　独占禁止法からの検討 …………………………………………………… 92
　　　標準化活動（93）　　SEP（94）　　ライセンスを受ける意思（96）
　6　海外事例 …………………………………………………………………… 97
　　　米国ランバス事件（97）　　EUランバス事件（98）　　韓国クアルコム事件
　　　（99）
　7　FRAND再訪――アップル対サムスン事件 …………………………… 100
　　　優越的地位の濫用でいう「著しく高い対価」か？（101）　　自由放任論は正し
　　　いか？（101）　　アップル対サムスン事件判決（102）　　FRANDライセンス
　　　料の決定（103）　　まとめ（105）

第6章　パテントプール ──────────────────────── 107

　1　パテントプールの機能 …………………………………………………… 107
　　　取引費用節約効果（108）　　共同行為としてのパテントプール（108）
　2　パテントプールの価格効果 ……………………………………………… 109
　　　複数必須特許（双方向ブロック）のモデル（110）　　1方向ブロックのモデル
　　　（111）　　二重限界化（112）　　代替的特許の場合（113）
　3　パテントプールの意義と限界 …………………………………………… 114
　　　アウトサイダーへのインセンティブ（115）　　特許権者の異質性（116）　　ラ
　　　イセンス料の決定と配分（117）　　置換効果（118）　　プールの複雑化・重層
　　　化（120）
　4　パテントプールと競争政策 ……………………………………………… 121
　　　米国での経験（121）　　ガイドラインの規定（122）　　製品競争を阻害するパ
　　　テントプール（124）　　パチンコ機製造特許プール事件（125）　　横取り行
　　　為・不公正な取引方法（126）

第6章：数学注　パテントプールの効果 ────────────────── 128

　1　複数必須特許（双方向ブロック）のモデル …………………………… 128
　　　モデルの枠組み（128）　　分析（128）　　ライセンス収入（129）　　寡占市場
　　　モデルとの比較（129）
　2　1方向ブロックのモデル ………………………………………………… 130
　　　モデルの枠組み（130）　　分析（130）　　ライセンス収入（131）　　双方向ブ

ロックのケースとの比較（131）

第7章　拘束条件付きライセンス ― 133

1. 特許ライセンスでの拘束条件 ……………………………………… 133
2. 不争義務 …………………………………………………………… 134
   不争義務の経済学的考察（134）　不争義務の社会的マイナス（135）　不争義務とパテントプール（136）　同業者間での不争義務（137）
3. グラントバックまたは非係争義務（NAP）………………………… 138
   基本理論（139）　研究開発インセンティブへの効果（140）　取引費用削減効果（142）
4. マイクロソフト事件，クアルコム事件 …………………………… 144
   マイクロソフト事件（144）　NAPの効果（146）　公取委の判断（147）　クアルコム事件（148）　公取委の判断（149）　まとめ（150）

第8章　トロール・特許主張者（PAE） ― 152

1. トロールとは何か ………………………………………………… 152
   トロールの多面性（152）　事例：インテレクチュアル・ベンチャー社（154）　IV社が提起した訴訟事例（155）
2. 特許仲介者としてのトロール …………………………………… 156
   技術市場の特異性（157）　特許仲介者の役割（158）　特許仲介者論への批判（159）
3. トロールの社会的費用 …………………………………………… 161
   イノベーティオ社の例（161）　MPHJ社事件（162）　トロールの悪影響（163）
4. トロールの要因と米国特許制度 ………………………………… 164
   訴訟費用（165）　特許の質（165）　特許権移転と私掠船行動（166）　米国での政策対応（167）　日本でのトロール問題（168）
5. トロールと独占禁止法 …………………………………………… 169
   共謀・排除・欺瞞（169）　取引拒絶・差別対価（171）　優越的地位の濫用（172）　SEPへの対応（173）

第9章　企業結合規制 ― 174

1. イノベーションと企業結合 ……………………………………… 174
   企業結合はイノベーションを促進するか（175）　市場集中と研究開発投資（176）　研究結果のサーベイ（176）　シナジー効果（177）　企業結合GLにおける効率性の考慮（178）
2. 問題解消措置（レメディ） ………………………………………… 179
   構造的措置と行動的措置（180）　知財に係る問題解消措置（180）　日立金

属・住友特殊金属の事業統合（181）　富士電機による三洋電機自販機の株式取得（182）　事後検証（183）　海外事例（185）

3　企業結合としての特許譲受け ………………………………………… 186
　　　知的財産権の譲受け（186）　届出義務（187）

4　特許譲受けに対する審査 ……………………………………………… 189
　　　市場画定（189）　混合型結合としての特許譲受け（190）　水平型結合としての特許譲受け（191）　トロールへの対応（193）

第3部　プラットフォーム

第10章　流通イノベーション ─────────────── 196

1　流通でも進むイノベーション …………………………………………… 196
　　　店舗形態の変化（196）　オンライン店舗の成長（198）　予約サイト・比較サイト（200）

2　流通における水平関係と垂直関係 …………………………………… 200
　　　流通における取引関係（200）　ブランド間競争とブランド内競争（202）

3　二重限界化とフリーライダー問題 …………………………………… 203
　　　再販売価格維持行為（203）　再販の「正当な理由」（204）　フリーライダー問題（205）

4　エージェンシー・モデルとホールセール・モデル …………………… 207
　　　2つの販売方法と再販行為（207）　著作物に対する適用除外（208）

第11章　プラットフォーム間価格競争 ─────────── 209

1　価格対抗──MFNとPMG ……………………………………………… 209
　　　価格対抗のメリット（210）　価格対抗の競争阻害効果（211）

2　大規模小売業者による価格交渉 ……………………………………… 212

3　プラットフォーム間均等条項（APPA） ……………………………… 214
　　　プラットフォーム間競争のモデル（214）　APPA（215）

4　電子書籍オンライン販売──米国の事例 …………………………… 216
　　　アマゾンの価格戦略（216）　アップル参入（218）　司法省提訴（219）

5　宿泊予約サイト──欧州の事例 ……………………………………… 221
　　　電子書籍販売サイトとの違い（222）　欧州競争当局の措置（223）

第12章　双方向市場の価格戦略 ───────────── 227

1　双方向市場と間接ネットワーク効果 ………………………………… 227
　　　間接ネットワーク効果（228）　双方向市場の基本形（229）

2　双方向市場の3タイプ …………………………………………………… 230

　　　　市場創造型（230）　　視聴者獲得型（231）　　需要調整型（231）
　3　競争と価格 ………………………………………………………………………… 232
　　　　競争の不完全性（233）　　シングルホーミングとマルチホーミング（233）
　　　　モデル（234）　　均衡価格に関する3命題（235）　　価格構造と価格レベル
　　　　（237）

第13章　双方向市場の競争政策 ───────────────────── 239
　1　競争政策への影響 ………………………………………………………………… 239
　2　不当廉売 …………………………………………………………………………… 240
　3　排除行為 …………………………………………………………………………… 242
　　　　禁止されている排除行為（242）　　大山農協事件（243）　　DeNA事件（245）
　　　　排除行為の効果の両面性（246）
　4　企業結合 …………………………………………………………………………… 248
　　　　東証・大証統合（249）　　KADOKAWA・ドワンゴ統合（251）　　ヤフー・
　　　　一休統合（252）
　5　新　聞 ……………………………………………………………………………… 253
　　　　間接ネットワーク効果の実証研究（253）　　中部読売新聞事件（255）　　北海
　　　　道新聞事件（257）
　6　クレジットカード ………………………………………………………………… 258
　　　　クレジットカード市場の仕組み（260）　　インターチェンジ・フィーの経済分
　　　　析（261）　　IF引下げ効果の実証分析（263）　　EUにおける規制（264）

終　章　本書のまとめと残された問題 ───────────────── 267
　1　本書のまとめ ……………………………………………………………………… 267
　　　　イノベーション時代の競争政策（267）　　本書で議論したこと（268）
　2　データと競争政策 ………………………………………………………………… 270
　　　　データと市場集中（271）　　データの内部補助（273）　　データと企業結合
　　　　（274）
　3　破壊的イノベーション …………………………………………………………… 276
　　　　公正な競争環境の維持（277）　　最後に（278）

参考文献　　279

索　　引　　291

競争政策関連事例索引　　296

略 語 一 覧

法律・ガイドライン等

独禁法	独占禁止法（正式名は「私的独占の禁止及び公正取引の確保に関する法律」）
一般指定	不公正な取引方法（平成21年10月28日公正取引委員会告示）
企業結合 GL	企業結合審査に関する独占禁止法の運用指針
共同研究 GL	共同研究開発に関する独占禁止法上の指針
知財 GL	知的財産の利用に関する独占禁止法上の指針
排除型私的独占 GL	排除型私的独占に係る独占禁止法上の指針
パテントプール GL	標準化に伴うパテントプールの形成等に関する独占禁止法上の考え方
不当廉売 GL	不当廉売に関する独占禁止法上の考え方
優越 GL	優越的地位の濫用に関する独占禁止法上の考え方
流通・取引慣行 GL	流通・取引慣行に関する独占禁止法上の指針

（注）これらガイドラインは以下のサイトよりダウンロードできる。

http://www.jftc.go.jp/hourei.html

国・地域・機関・法制度等

ACCC	オーストラリア競争・消費者委員会（Australian Competition and Consumer Commission）
ALJ	行政法判事または審判官（米国）（Administrative Law Judge）
CJEU	欧州連合司法裁判所（The Court of Justice of the European Union）
CMA	競争市場庁（英国）（Competition and Market Authority）
CPRC	競争政策研究センター（Competition Policy Research Center）
DOJ	司法省（米国）（Department of Justice）
EC	欧州委員会（European Commission）
ECN	欧州競争ネットワーク（European Competition Network）
ETSI	欧州電気通信標準化機構（European Telecommunications Standards Institute）
EU	欧州連合（European Union）
FDA	食品医薬局（米国）（Food and Drug Administration）
FTC	連邦取引委員会（米国）（Federal Trade Commission）
ICN	国際競争ネットワーク（International Competition Network）
ISO	国際標準化機構（International Organization for Standardization）

ITU	国際電気通信連合（International Telecommunication Union）	
JEDEC	JEDEC 半導体技術協会（JEDEC Solid State Technology Association）	
KFTC	韓国公正取引委員会（Korean Fair Trade Commission）	
NDRC	中国国家発展改革委員会（The National Development and Reform Commission）	
NIH	国立保健研究所（米国）（National Institutes of Health）	
OECD	経済協力開発機構（Organization for Economic Cooperation and Development）	
OFT	公正取引庁（英国）（Office of Fair Trading）	
PTO	特許商標局（米国）（Patent and Trademark Office）	
WIPO	世界知的所有権機関（World Intellectual Property Organization）	

その他

AG	オーソライズド・ジェネリック（Authorized generics）
ANDA	略式新薬承認申請（Abbreviated new drug application）
APPA	プラットフォーム間均等条項（Across-platform parity agreement）
CRR	ライバル参照契約（Contracts that reference rivals）
FRAND	公正，合理的かつ非差別的な条件（Fair, reasonable and non-discriminatory）
HHI	ハーフィンダール・ハーシュマン指数（Herfindahl-Hirshman index）
ICT	情報通信技術（Information and communication technology）
IF	インターチェンジ・フィー（Interchange fee）
LPG	低価格保証（Low price guarantee）
MCC	競争応戦条項（Meeting competition clause）
MFC	最恵顧客待遇（Most favored customer）
MFN	最恵国待遇（Most favored nation）
MIF	多国間 IF（Multilateral IF）
MOU	了解覚書（Memorandum of understanding）
NAP	非係争義務（Non-assertion of patents）
NPE	特許非実施者（Non-practicing entity）
OTA	オンライン旅行代理店（Online travel agent）
PA	特許集約者（Patent aggregator）
PAE	特許主張者（Patent assertion entity）
PBG	価格打破保証（Price beating guarantee）
PI	特許仲介者（Patent intermediary）
PM	特許換金者（Patent monetizer）

PMG	価格対抗保証（Price matching guarantee）
RAND	合理的かつ非差別的な条件（Reasonable and non-discriminatory）
RP	リバース・ペイメント（逆支払）（Reverse payment）
RPM	再販売価格維持行為（Resale price maintenance）
RRC	ライバルコスト引き上げ戦略（Raising rivals' costs）
SEP	標準必須特許（Standard essential patent）
SSNIP	実質的かつ一時的ではない価格引上げ（Small but significant and non-transitory increase in prices）
SSO	標準化団体（Standard setting organization）

序章

本書の問題意識と構成

1 本書の問題意識

　現代は何よりもイノベーションの時代である。企業の存続と成長に最も重要なのはプロダクト，プロセス，マーケティング，サービス，流通等にわたるイノベーションであり，国にとってもその重要性がとみに高まっているのは科学技術，生産性，新市場，教育など幅広くイノベーションに関わる諸政策である。そして，消費者は日々の生活で新商品や新サービスにより選択肢が増えていることを実感している。

　イノベーションは革新と訳されることが多いが，画期的発明のみを意味するものではない。日々の工夫による改善もイノベーションである。実際，ほぼ1世紀前に，早くも，経済発展とはイノベーションの実行であることを主張したのはシュンペーターであるが，彼は，イノベーションとして，(1) 新商品の導入，(2) 新生産方法の導入，(3) 新市場の開発，(4) 新供給源の獲得，(5) 新産業組織の実行と，幅広いものをあげている[1]。

　シュンペーターはまた，イノベーションをめぐる競争こそが競争の本質であるとして，「教科書的構図と別の資本主義の現実において重要なのは，かくのごとき競争ではなく，新商品，新技術，新供給源泉，新組織型（たとえば支配単位の巨大規模化）からくる競争である」(Schumpeter, 1942, 邦訳 p. 132) と断言

---

[1] Schumpeter (1934)，ドイツ語原著は1912年出版。引用した用語の訳は英語版より筆者による。なおシュンペーター自身は同書の中で，イノベーションの言葉も用いてはいるが，主として新結合 (new combinations) と呼んでいる。

した。

　よって競争政策もまた，イノベーションをめぐる競争の活性化をその重点課題の1つにおかなければならない。もちろん，伝統的に取り上げられてきた価格や生産量をめぐる競争（シュンペーターのいう「かくのごとき競争」）を無視してよいわけではない。このことは，シュンペーターの『経済発展の理論』（Schumpeter, 1934）より遅れて登場したチェンバレンその他の不完全競争理論や独占・寡占理論が明らかにし，また，今日の産業組織論が不完全競争のもたらす厚生損失（いわゆるデッドウェイト・ロス）として理論化しているとおりである。しかし，こうした静学的な競争（1時点だけをみた競争）が，その理論の精緻化により，あるいは競争制限効果の判断の容易性により，競争政策の中心とみなされてくることが多かったのに対し，イノベーションをめぐる動学的な競争は，その実態解明や効果予測の困難性・複雑性により，競争政策の中で十分には取り上げられて来なかった。

　しかし，こうした不備は今日のイノベーション時代にはもはや許されない。そして，実際にイノベーションに関わる幅広い競争上の問題が多く生まれている。しかも経済のグローバル化に対応し，こうしたイノベーションに関わる諸問題は日本に限らず世界的に発生し，あるいは国境を越える行動や成果の問題として発生している。

　さらに，情報・通信等のICT（情報通信技術）の発展は，単に新技術をもたらしたにとどまらず，そうした新技術を活用して消費者や事業者に利便を提供する新しい仕組みをももたらした。インターネットはその代表であり，それを仲介する仕組みとしてのプラットフォームがさまざまな形で提供されてきた。インターネットを介した商取引であるeコマース，インターネットで交通手段や宿泊施設等の共有を仲介するシェアリング・サービス，インターネットで価格比較や予約・売買を一瞬で可能とする価格比較サイトやブッキング・サイトあるいはネットオークション・サイト，インターネットで金融サービスを提供するネットバンキング，さらにはインターネットでの弁護士等の法的サービスまでも提供されるようになってきた。こうしたイノベーションは単に技術的な発明・開発ではなく，ビジネスや社会の仕組みにも大きなインパクトを与えてきたため，破壊的イノベーションと呼ばれることがある。

　こうしたプラットフォームの広がりは，一方では既存の規制制度との矛盾や

軋轢を生んでいる。タクシー規制やホテル・旅館規制はその代表である。競争政策の観点からも，価格比較・価格対抗の新しい仕組みについて，あるいはプラットフォームが持つ双方向性について，十分な考慮が必要となってきている。いずれも，ネット時代に特有の問題というわけではない。実は旧来型の市場組織においても存在した問題である。とはいえ，インターネットの急激な普及は，これらの問題をより先鋭化させている。

このように，イノベーション時代には，競争政策上の新たな課題がさまざまな形で現れてきている。本書では，これらの課題について論じるが，競争政策の中心を担うのは独占禁止法である。そこで，こうした問題への独占禁止法適用につき，その果たすべき役割と果たしうる役割を経済学的および法学的観点から検討し，また，日本や世界で実際にどのような事例が起きてきたかを解説することを通じて，「イノベーション時代の競争政策」を議論していきたい。

2 本書の構成

本書は3部からなっている。第1部第1，2章が基礎概念の概説にあてられているほかは，3部はそれぞれ，サブタイトルに合わせ，研究，特許，プラットフォームを扱う。

第1章，第2章は読者への準備として，それぞれ，独占禁止法の基礎およびイノベーションと知的財産権の基礎につき概説する。いずれも第3章以降での各論の理解に最小限必要な範囲に限定して記述しているから，それぞれの基礎知識をすでに持っている読者は省略して構わない。逆に，そうした知識を持たず，より詳しく独占禁止法を学びたい読者は標準的な独占禁止法（あるいは経済法）の教科書を読むとよい[2]。また，研究開発や知的財産権，特にそれらへの経済学的アプローチについてより詳しく学びたい読者には，その分野での参考書として，例えば，筆者がバイオテクノロジーを主たる例として共同研究，知的財産権，ベンチャー企業，政策などについて論じた『バイオテクノロジー

---

[2] そうした教科書は数多く，特定の教科書を薦めることは避けるが，本章以下の記述では，公正取引委員会の現・元職員共著の解説書（菅久ほか，2015）を参考にすることが多かった。

の経済学』（小田切，2006）をお勧めする。

　第1部の残る第3章では研究を取り上げる。イノベーションに関し競争政策上問題となりうることが最も分かりやすいのは，競争事業者間での共同行為となる場合である。その典型は共同研究開発で，研究開発活動の効率化等により社会的にも貢献することが期待されるが，企業間での共同行為である点ではカルテル・談合と共通するから，それによる競争制限が起きれば消費者にとっても社会にとってもマイナスである。よって，そうした競争制限が生じないよう注視する必要がある。独占禁止法ではこの問題をどう考えているのか，第3章で議論する。

　第2部は知的財産権，主として特許に関する諸問題を扱う。

　研究開発は，企業のイノベーション活動におけるインプット（投入物）であるのに対し，アウトプット（産出物）は発明，新製品，新工程などである。こうしたアウトプットを自社の競争優位に結びつけるために欠かせないのが知的財産権（しばしば「知財」と略す）である。知財戦略では，自社発明をいかに保護するかという観点と，他社知財の侵害をいかに避けるかという観点の双方が重要になる。競争政策の観点からは，知財保護によるイノベーション促進という動学的効果と，知財に基づいた独占によるデッドウェイト・ロスという静学的効果の双方を考える必要がある。よって後者の負の効果が顕著である一方で，前者のインセンティブ効果が大きくないのであれば，知財による競争者の排除が主たる目的であるとして，知財権の行使を独占禁止法違反として問題にすることもありうる。

　知財，主として特許に関わる独占禁止法上の問題は多方面にわたるため，第2部では，テーマに応じ第4章から第9章にかけて議論する。これらは，特許権を保有する先発者が後発者を排除するという意図が顕著な，医薬品産業を中心とした逆支払すなわちリバース・ペイメントの問題（第4章），ICT産業などにおける標準規格に関わる必須特許の問題（第5章），集積する特許の一括ライセンスを容易にするための共同行為であるパテントプールに関わる問題（第6章），必須特許を保有することによる有利な立場を用いてライセンス取引に拘束条件を課すことの競争上の問題（第7章），特許を集約しその権利を主張することをビジネスモデルとするいわゆるパテントトロールの問題（第8章），そして合併や知財売買に伴う企業結合の問題（第9章）であり，これらを順に検

討していく。

　第3部ではプラットフォームに関する問題に焦点を当てる。

　第10章では流通を考える。流通においてもイノベーションが急速に進行し，電子商取引の拡大も相まって，その産業構造は大きく変わってきている。第10章でまずそうした変化を概観し，従来からもある競争政策上の論点を述べる。第11章では流通その他のプラットフォームにおける価格競争を考える。特に，最恵国待遇（MFN）など広く価格対抗と呼ばれる行為がみられるようになってきており，競争政策の観点からどうとらえるべきか，経済的な考察をおこなった上で，電子書籍と宿泊予約のオンライン・プラットフォームに関わる欧米での最近の事例を紹介する。

　第12, 13章では，多くのプラットフォームが持つ双方向市場としての特性に焦点を当てる。双方向市場と呼ばれる市場には，双方向間で間接ネットワーク効果という外部効果が発生することが大きな特徴になっている。双方向市場自体は，例えば昔から存在する市場（いちば）がそうであるように，イノベーション時代に固有のものではない。しかし，デジタル技術の発達によるデータ処理やインターネットの普及によるオンライン取引の増加により，双方向市場特有の競争問題が多く生まれている。第12章で，これらの問題を考察した上で，第13章で双方向市場に特有の競争政策上のポイントを，事例をあげつつ議論する。また，代表例として新聞とクレジットカードという2つの市場について検討を加える。

　終章では，全体を再度整理するとともに，残された問題として，ビッグデータに関わる問題と破壊的イノベーションのインパクトについて理論上および政策上の課題を検討する。

第 1 部

研 究

第1章

独占禁止法

1 独占禁止法の4本柱

　独占禁止法（以下では「独禁法」と略すことがある）の第1条は、「この法律は、（中略）、公正且つ自由な競争を促進し、事業者の創意を発揮させ、事業活動を盛んにし、雇傭及び国民実所得の水準を高め、以て、一般消費者の利益を確保するとともに、国民経済の民主的で健全な発達を促進することを目的とする。」と述べる。

　最終的な目的として「一般消費者の利益」をあげているから、経済学でいう消費者余剰を重視していると理解できる。それとともに、「国民経済の民主的で健全な発達」という言葉が使われており、今日の一時点、すなわち静学的な観点だけではなく、将来への発達という、経済学で動学的と呼ばれる観点があげられていることに注目しよう。また、その手段として、公正で自由な競争の促進のほかに、事業者の創意の発揮があげられており、イノベーションや企業家精神（アントレプレナーシップ）に言及しているものと読み取ることができる。よって、戦後すぐの70年前（1947年）に制定された独占禁止法には、すでにシュンペーター的な競争の考え方があったと筆者には思えるのである。

　独占禁止法は、主として、不当な取引制限の禁止、私的独占の禁止、不公正な取引方法の禁止、競争を実質的に制限することとなる企業結合の禁止の4本柱からなる。以下、それぞれについて簡単に述べる。

　なお、独占禁止法では「事業者」の違法行為を問題にするが、事業者とは「商業、工業、金融業その他の事業を行う者をいう。事業者の利益のためにす

る行為を行う役員,従業員,代理人その他の者は,次項又は第3章の規定の適用については,これを事業者とみなす。」(第2条1項)とされるから,必ずしも会社組織である必要もなく,営利団体である必要もない。例えば学校や農家,個人商店,個人発明家も事業者でありうる。経済学でいう企業の概念と共通するから(小田切,2010),本書では事業者という語と企業という語を区別なく用いるときがある。

また「事業者団体」とは「事業者としての共通の利益を増進することを主たる目的とする2以上の事業者の結合体又はその連合体」(第2条2項)であり,いわゆる業界団体はもちろん,農協や国立大学協会も該当する。以下では事業者による行為に限定して述べるが,事業者団体による「一定の取引分野における競争を実質的に制限すること」や「事業者に不公正な取引方法に該当する行為をさせるようにすること」も禁止されている(第8条)。

2 不当な取引制限の禁止

不当な取引制限とは,「事業者が,契約,協定その他何らの名義をもってするかを問わず,他の事業者と共同して対価を決定し,維持し,若しくは引き上げ,又は数量,技術,製品,設備若しくは取引の相手方を制限する等相互にその事業活動を拘束し,又は遂行することにより,公共の利益に反して,一定の取引分野における競争を実質的に制限することをいう。」(第2条6項)。

一般にカルテルや談合をいう。カルテルは価格などを共同で取り決めお互いに守らせるものであり,談合は,入札において事業者同士が事前に相談して受注者を決め,他事業者は受注者に協力するものである。

カルテル・談合をハードコア・カルテル(hard-core cartel)と非ハードコア・カルテル(non-hard-core cartel)に分けることが多い。前者には価格カルテル,数量制限カルテル,市場分割カルテル,取引先制限カルテルなどと入札談合を含むのが一般的である(泉水ほか,2015)。それ以外のカルテルを非ハードコア・カルテルに区分する。ただし,その区分は一律には困難である。代表的なものは設備投資に関するカルテルで,例えば生産能力をコントロールすることにより今日あるいは将来の生産量を抑制しようとするならば,市場価格への

影響が予測されるから，明らかにハードコア・カルテルというべきである。これに対し，大幅な設備過剰があり設備廃棄しても過剰が解消されそうにはないような状況で，しかも，いわゆる囚人のジレンマとなり，各社が自主的には設備廃棄しそうにない場合に，いっせいに設備廃棄するためにおこなうカルテルを考えれば，直ちに生産量や市場価格への影響は予想されず，また社会的にも費用削減の観点から望ましい可能性があるから，非ハードコア・カルテルに分類する方が適切であろう。とはいえ，この場合でも，将来，何らかの理由で需要が急増すれば，フル稼働しても生産が追い付かず価格上昇を引き起こす可能性が残るから，結果的にハードコア・カルテルとしての効果を持つ可能性がある。このように，ハードコアか非ハードコアかの区別を明確にすることは困難である。

より非ハードコアとしての性格が明確なものとして，例えば環境規制対応のためにおこなわれる設備投資カルテルを考えることができる。生産量に影響を与える可能性はないからである。ただし，環境規制のためになぜカルテルという共同行為が必要なのかは，十分検討される必要がある。

ハードコア・カルテルは当然に違法とされるべきものである。一方，非ハードコア・カルテルは，その意図としても効果としても競争を制限するものでなく，むしろ社会的に望ましい効果が期待できるのであれば，違法とはされるべきでない。このように，その内容，目的，効果等を勘案して違法性の有無を判断することを合理の原則という。

同様に社会的有用性が期待される例として代表的なのが，研究開発における共同行為である共同研究開発や，特許ライセンスにおける共同行為であるパテントプールである。これらについては第3章，第6章で詳しく述べる。

3 私的独占の禁止

■ 私的独占

私的独占とは，「事業者が，単独に，又は他の事業者と結合し，若しくは通謀し，その他いかなる方法をもつてするかを問わず，他の事業者の事業活動を排除し，又は支配することにより，公共の利益に反して，一定の取引分野にお

ける競争を実質的に制限することをいう。」(第2条5項)。「排除し，又は支配する」とあり，前者にあたる行為を排除行為，後者にあたる行為を支配行為という。ここでは，本書で言及する排除行為についてのみ述べる。

　排除行為は，既存および潜在的な競争相手を排除しようとするものである。潜在的な競争相手とは参入を考えている企業であり，よってそれを排除する行為は経済学でいう参入阻止行動である。もちろん，企業の競争戦略はすべて，既存の競争相手や新規参入者との競争において自社が優位な立場に立つことをめざすものであるから，それが他企業の退出につながったとしても，すべて排除として私的独占にあたるわけではない。典型的には，より優れた商品，あるいはより低価格な商品を提供することで競争相手を退出させたり，新規参入を阻害したりしたとしても，「公共の利益に」反するわけでもなく，また「競争を実質的に制限する」ことにもならない。確かに，新製品が大ヒットしてこの企業が独占になってしまうこともありうるが，それは競争の結果起きたというべきであり，競争を制限したために起きたわけではないからである。

■ 競争の実質的制限

　「一定の取引分野における競争を実質的に制限する」とは「当該取引に係る市場が有する競争機能を損なうこと」をいうと最高裁は述べており，談合事件（多摩談合事件）においては，「本件基本合意のような一定の入札市場における受注調整の基本的な方法や手順等を取り決める行為によって競争制限が行われる場合は，当該取決めによって，その当事者である事業者らがその意思で当該入札市場における落札者及び落札価格をある程度自由に左右することができる状態をもたらすことをいうものと解される。」とされている（最高裁，2012年2月20日判決）。

　ただし，どのような行為が「市場が有する競争機能を損なう」と判断されるかどうかは必ずしも明確ではない。実際，「あらゆる競争過程において，事業者の事業活動の結果として，他の事業者の商品（資金の貸付け，特許権等についての実施許諾，施設・設備機器の利用許諾その他の役務を含む。以下同じ。）が市場から淘汰されることは，当然に起こり得る。このため，排除型私的独占を課徴金の対象行為とすることについては，通常の事業活動の結果として他の事業者の事業活動を排除するに至った行為と排除行為とを区分することが容易ではない

ことから，事業者に対していわゆる萎縮効果を生じさせ，公正かつ自由な事業活動の支障となるのではないかとの指摘があった。」（排除型私的独占 GL，はじめに，1）。このため，公正取引委員会は「排除型私的独占に係る独占禁止法上の指針」（「排除型私的独占 GL」）を 2009 年に発表した[1]。

同 GL は，排除にあたる典型的な行為として「商品を供給しなければ発生しない費用を下回る対価設定」，「排他的取引」，「抱き合わせ」および「供給拒絶・差別的取扱い」の 4 つをあげ，それぞれに，どのような場合に排除行為に該当するかを記述している。イノベーション時代に関連する代表的な事例として，シェア 80％ を超える支配的企業が競争企業からの購入比率を一定以下にすることを条件として取引先にリベートを提供することにより，競争企業を排除しようとしたケース（インテル事件，2005 年勧告審決）や，光ファイバー通信サービスを自ら顧客に提供するとともに他の事業者にも有料で接続させることが義務づけられていた企業が，接続料金を相対的に高く設定することにより他の事業者の参入を困難にしたケース（NTT 東日本事件，2010 年最高裁判決）などがある。また，パテントプールを用いて参入を排除した事件については第 6 章で述べる。

4 不公正な取引方法の禁止

■ 不公正な取引方法

不公正な取引方法として，例えば，以下のような公正な競争を阻害するおそれのある行為は禁止されている[2]。

---

1) 「　」内は排除型私的独占 GL からの引用である。なお，本書では，公正取引委員会が発表しているいくつかのガイドライン（以下では「GL」と略記。公式名は「指針」，「考え方」等を含む）を参考にするが，いずれも公正取引委員会ウェブサイト（http://www.jftc.go.jp/hourei.html）でみることができる。
2) 独占禁止法第 2 条 9 項および「不公正な取引方法」（2009 年 10 月 28 日改正，公正取引委員会告示）（「一般指定」と呼ばれることが多い）に基づくが，ここではより一般向けの資料である「公正取引委員会の最近の活動状況（平成 28 年 4 月）」（http://www.jftc.go.jp/houdou/panfu.html）より引用した。このほかにも，本節ではしばしば同資料（以下では単に「最近の活動状況」と記す）より引用する。

① 共同の取引拒絶

正当な理由がないのに，同業他社と共同して，特定の事業者と取引しないようにすること。

② 差別対価

不当に，地域又は相手方により差別的な対価をもって商品を供給し，又は供給を受けること。

③ 不当廉売

正当な理由がないのに，供給に必要な経費を大幅に下回る価格で継続して販売するなどして，競争事業者の事業活動を困難にさせるおそれがあること。

④ 再販売価格の拘束

正当な理由がないのに，取引先事業者に対して，転売する価格を指示し，遵守させること。

⑤ 優越的地位の濫用

取引上の地位を利用して，取引の相手方に対し，不当に，不利益を与えること。

⑥ 抱き合わせ販売

相手方に対し，不当に，商品の供給にあわせて他の商品を自己または自己の指定する事業者から購入させること。

⑦ 排他条件付取引

不当に，競争事業者と取引しないことを条件として取引し，競争事業者の取引の機会を減少させるおそれがあること。

⑧ 拘束条件付取引

販売形態・販売地域などについて不当に拘束する条件を付けて取引すること。

■ 公正競争阻害性

これらの行為は，「公正な競争を阻害するおそれ」がある場合に禁止されている。これを公正競争阻害性という。公正な競争とは，

(1) 事業者相互間の自由な競争が妨げられていないこと，および事業者がその競争に参加することが妨げられていないこと（自由な競争の確保）

(2) 自由な競争が価格・品質・サービスを中心としたもの（能率競争）であ

ることにより，自由な競争が秩序づけられていること（競争手段の公正さの確保）

(3) 取引主体が取引の諾否および取引条件について自由かつ自主的に判断することによって取引がおこなわれているという，自由な競争の基盤が保持されていること（自由競争基盤の確保）

の3つの条件が保たれている状態であり，これに対し悪影響を及ぼすおそれがあるとき公正競争阻害性があると理解されている[3]。

不公正な取引方法として上にあげた8つの行為においては，いずれも「正当な理由がないのに」または「不当に」という条件が付されている。「正当な理由がないのに」は，そうした理由がない限り公正競争阻害性があるとされるため，原則として違法になるものと理解されている。いいかえれば，事業者が当該行為をして，しかし違法ではないと主張するためには，「正当な理由」を提示しなければならない。

一方，「不当に」（あるいは「正常な商慣習に照らして不当に」）は，原則として公正競争阻害性があるとはいえない行為類型に対して用いられている表現であり，個別に公正競争阻害性の有無を判断する必要があるとされる。よって，その行為を違法とするためには，それが不当であること，すなわち公正競争を阻害することを立証する必要がある。

これらの判断はしばしば微妙なものとなり，不透明性を生むおそれがあるため，事業者の指針となるよう，公正取引委員会はいくつかのガイドライン（以下「GL」と略す）を公表している。それらは，（かっこ内は略称）

・不当廉売に関する独占禁止法上の考え方（不当廉売GL）
・優越的地位の濫用に関する独占禁止法上の考え方（優越GL）
・流通・取引慣行に関する独占禁止法上の指針（流通・取引慣行GL）

などであり，また，

・知的財産の利用に関する独占禁止法上の指針（知財GL）
・標準化に伴うパテントプールの形成等に関する独占禁止法上の考え方（パテントプールGL）

---

[3] 菅久ほか（2015），114ページ。原出所は独占禁止法研究会「不公正な取引方法に関する基本的な考え方(1)」『公正取引』382号，1982年。以下の公正競争阻害性に関する記述も菅久ほか（2015）を参考にした。

などにも不公正な取引方法に関する記述がある。

不公正な取引方法は，①〜⑧の行為類型のいずれもイノベーション時代における競争上の問題に絡むことが多く，以下の各章で上記 GL の説明も含め，議論していく予定である。

5 企業結合規制

独占禁止法は，「一定の取引分野における競争を実質的に制限することとなる場合」等における株式保有・役員兼任・合併・分割・共同株式移転・事業譲受け等（「企業結合」と総称する）を禁止している（第10条，第15条ほか）。このほか，他の国内の会社の株式を所有することにより事業支配力が過度に集中することとなる会社の設立等を禁止し（第9条），また，銀行または保険会社の議決権保有の制限を規定している（第11条）。前者は市場集中より一般集中に関連し，後者は金融支配に関連する規定であるが，これらについては，第9条が現在の形になった2002年以降に違反事件はない[4]。

これに対し，株式保有・合併など，市場集中につながる企業結合に関する案件は多い。そこで，以下では企業結合として，これらに限定して述べる。なお，株式保有の場合には，1株持っても結合というのか，あるいは逆に，過半数の株式を保有したときに限って結合というのかという問題がある。公正取引委員会は「企業結合審査に関する独占禁止法の運用指針」（以下「企業結合 GL」）において，議決権保有比率が20％を超え，かつ第1位株主になる場合などを企業結合審査の対象とするとしている。ただし，さまざまなバリエーションがあるため，詳細は企業結合 GL を参照する必要がある。

また，企業結合には
・水平型（同一取引分野内で競争関係にある企業間の結合）
・垂直型（取引段階を異にする企業間の結合）

---

[4] 一般集中とは経済全体における少数企業への集中を，市場集中とは個別市場における上位企業への集中を指す。詳しくは例えば小田切（2008），第5章参照。独占禁止法第9条は，以前は，持株会社設立を禁止し（1997年改正以前），あるいは事業支配力が過度に集中する持株会社設立を禁止するもの（2002年改正以前）であった。

・混合型(水平型・垂直型以外,多くは異業種間の結合)

があるが,以下では競争政策上の問題となりやすい水平型に限定して議論する。

審査においては,第1に,条文でいう「一定の取引分野」とは何か,第2に「競争を実質的に制限することとなる」のはどのような場合か,が問題となる。

■ 市場画定

「一定の取引分野」をどう定めるかは市場画定の問題と呼ばれる。多くの場合,2つの観点から検討される。第1は代替的な製品をどこまで含めるかである。スマホとタブレットとパソコンは十分に代替的で1つの市場に含めるべきなのか,あるいは分けて考えるべきなのか,さらには,デスクトップパソコンとノートブックパソコンとは同一市場に含まれるのか,ウィンドウズ機とマック機は同一市場に含まれるのか,といった問題である。その判断の基本となるのは,需要者がどれだけ代替的なものと認識しているかである。需要者が,製品X(例えばデスクトップ)と製品Y(例えばノートブック)をほとんど区別せず代替的とみなしているのであれば,Xの価格が上昇し,Yの価格は不変であれば,Yは相対的に安価となるから,Yの需要が増加するであろう。よって需要の交叉弾力性(Xの価格が1%上がったときにYの需要量が何%増えるか)は高く,仮にXを独占的に供給する企業があったとしても,Yへの需要代替が起きるために,価格引上げがむしろ利潤を減らすのであれば,価格上昇への牽制力が働く。このような場合には,XとYは同一市場にあると考え,この例では,あわせてパソコン市場として画定した方がよい[5]。

第2は地理的範囲をどこまで含めるかである。世界に供給者が存在しており,また商品の運送費が低いことにより,需要者は世界中の供給者の価格を比較して購入先を決めるような場合には,世界全体を1つの市場とみなすべきである。一方,例えばセメントのように運送費が大きいものは,需要者も日本国内の供給者のみを選択肢と考えるだろう。よって日本を市場とみなすべきである。逆に,例えば小売店やレストランなどの場合には,需要者(消費者)は自分が買い物に出回る範囲だけで選択をする。よって,食品や身の回り品か耐久財か,徒歩で来店する客が多いか自動車で来店する客が多いかなどに応じ,市場は

---

[5] この考え方に基づく判断方法をスニップ(SSNIP)テストあるいは仮想独占者テストという。第9章でより詳しく述べる。

500 m 以内あるいは 3 km 以内などと考える方がよい。

■ 競争の実質的制限

　このように商品特性その他に応じて市場が画定されれば，次に，そこにおける競争が当該企業結合によって実質的に損なわれることがないかを検討する。この判断をするためには，以下に示すような多面的な判断要素に基づいた検討が必要である[6]。

　① 当事会社グループの地位および競争者の状況
　　(ｱ)市場シェアおよび順位，(ｲ)当事会社間の従来の競争の状況，(ｳ)競争者の供給余力，(ｴ)差別化の程度等
　② 輸入（おおむね2年以内を目安に評価）
　　(ｱ)制度上の障壁の程度，(ｲ)輸入にかかる輸送費用の程度や流通上の問題の有無，(ｳ)輸入品と当事会社グループの商品の代替性の程度，(ｴ)海外の供給可能性の程度
　　※現在輸入が行われているかどうかにかかわらず，上記の点を検討
　③ 参入（同上）
　　(ｱ)制度上の参入障壁の程度，(ｲ)実態面での参入障壁の程度，(ｳ)参入者の商品と当事会社の商品の代替性の程度，(ｴ)参入可能性の程度
　④ 隣接市場からの競争圧力
　　(ｱ)競合品（当該商品と類似の効用等を有する商品）の存在，(ｲ)地理的に隣接する市場の状況等
　　※近い将来における競合品の競争圧力（隣接市場からの競争圧力）についても考慮
　⑤ 需要者からの競争圧力
　　(ｱ)需要者の間の競争状況，(ｲ)取引先変更の容易性，(ｳ)市場の縮小等
　⑥ 総合的な事業能力，効率性
　⑦ 当事会社グループの経営状況
　　当事会社グループの一部の会社または企業結合の対象となったその事業部門が業績不振の場合についても考慮

　これらの中でも最初に検討されるのが，①にあげられている市場シェアなど

---

6) 以下での引用は企業結合 GL および「最近の活動状況」による。

の市場の競争の程度を示す指標である。

　これについてはセーフハーバー，すなわち安全港基準と呼ばれるものがある。これは，一定の基準を満たす場合には，検討されている企業結合が「一定の取引分野における競争を実質的に制限することとなるとは通常考えられず」，上記した「判断要素に関する検討が必要となるとは通常考えられない」と企業結合GLで明記されているものである。よって，セーフハーバーとは，それを満たす企業結合は独占禁止法上問題にされることはないことを明らかにすることにより，企業結合を計画する企業に対する指針とするものである。

　セーフハーバーはハーフィンダール・ハーシュマン指数（単にハーフィンダール指数ともいう。以下「HHI」と略す）によって定められている。HHIは市場内全事業者のシェアを二乗して合計した値として計算され，0（企業が多数で，個々の企業のシェアがほぼゼロである場合）から10000（独占企業が100％のシェアを持つ場合）の値をとる。そして，企業結合後のHHIが1500以下，1500超2500以下で企業結合による増分が250以下，2500超で増分が150以下，のいずれかにあたる場合にはセーフハーバーを満たすとされる。

　セーフハーバーを満たさない場合には，上記判断要素①～⑦についてさらに検討していくことになる。よってセーフハーバーを満たさなくても，その他判断要素を検討した結果として競争を実質的に制限することはないと判断されることは多い。例えば，HHIは高くなっても，輸入や参入（潜在的可能性を含む）が十分な競争圧力になると予想されていたり，隣接市場や需要者からの圧力により価格引上げは困難と予想される場合などである。

　このほか，協調的行動による競争の実質的制限についても検討する。例えば，「互いに市場シェアを奪い合う関係にあった場合や一方が価格引下げに積極的であった場合など，従来，当事会社間で競争が活発に行われてきたことや当事会社の行動が市場における競争を活発にしてきたことが，市場全体の価格引下げや品質・品揃えの向上などにつながってきたと認められる場合には，企業結合後の当事会社グループの市場シェアやその順位が高くなかったとしても，当該企業結合によりこうした状況が期待できなくなるときには競争に及ぼす影響が大きい。」（企業結合GL，第4, 3, (1), イ）とされる。この企業結合により競争が抑制され，市場内企業間で協調性が強まることが懸念されるからである。

■ 問題解消措置

　これらの検討の結果，競争上の問題があると判断されれば，公正取引委員会はその企業結合を禁止することができるが，通常は，まず当事会社にその懸念を伝える。これに対し，その懸念を解消するための何らかの措置を当事会社が提案した場合，これを検討し，競争上の懸念を解消するに十分であると判断すれば，この措置を条件として企業結合を承認することがある。こうした措置を問題解消措置と呼ぶ（英語で remedy であるため，レメディと呼ぶことも多い）。

　例えば2015年度には，295件の企業結合が公正取引委員会に届け出られ，このうち281件がセーフハーバーを満たすなどの理由で簡易な第1次審査で承認され，6件のみがより詳細な審査である第2次審査に移行した（8件は第1次審査終了前に取り下げられた）。同年度中に第2次審査を終了したもの（届出は前年度におこなわれたものを含む）は4件であり，そのうち1件はレメディ付きで承認されている[7]。

　イノベーション時代に特有の企業結合審査の問題としては，特許などの知的財産権の取得が企業結合にあたるかという問題がある。また，レメディとして知的財産権に関わる措置がとられることがある。これらの点については，第9章で議論する。

6　知的財産権と独占禁止法

　独占禁止法第21条は「この法律の規定は，著作権法，特許法，実用新案法，意匠法又は商標法による権利の行使と認められる行為にはこれを適用しない。」とする。すなわち，一定の知的財産権（知財）の行使は独占禁止法の適用除外になる。

　知財は発明者・考案者にその排他的な利用を認めるものであるから，その権利を行使して競争者を排除すれば，排除型私的独占などの独占禁止法の規定に抵触するおそれがある。しかしながら知財は，発明へのインセンティブを高めることにより，独占禁止法第1条にいう「事業者の創意を発揮」させることに

---

[7]　公正取引委員会「平成27年度における主要な企業結合事例について」，2016年6月8日公表。

貢献すると期待されているものである。そこで，第21条が設けられている[8]。

とはいえ，知財の行使による行為がすべて独占禁止法の適用から除外されているわけではない。この点を，知財GLは以下のように明確にしている。「これら権利の行使とみられる行為であっても，行為の目的，態様，競争に与える影響の大きさも勘案した上で，事業者に創意工夫を発揮させ，技術の活用を図るという，知的財産制度の趣旨を逸脱し，又は同制度の目的に反すると認められる場合は，上記第21条に規定される『権利の行使と認められる行為』とは評価できず，独占禁止法が適用される。」（知財GL，第2，1）。

以下の各章で順次紹介していくように，知財に基づく権利行使が競争制限的として独占禁止法上問題にされることがあるのは，この文章にあるように「知的財産制度の趣旨を逸脱し，又は同制度の目的に反すると認められる場合」と判断された場合である。容易に想像されるように，この判断は単純ではない。多くの場合に，見方によっては権利の正当な行使であり，見方によっては制度の趣旨を逸脱した行為となる。それだけに，判断にあたっては，その行為の法的な位置づけにとどまらず，その動機や効果についての経済分析をも加えた緻密な検討が必要である。本書が競争政策における「研究・特許・プラットフォームの法と経済」の重要性を主張するのはこのためである。

---

[8] ただし，知財も有形資産同様に財産権であり，自己の所有する有形資産（工場，機械等）を他社に使わせないことにより他社を排除したとしても一般には問題とされることがないのと同様であるから，改めて例外規定を設ける必要はないとの考え方もある。

第2章

イノベーションと知的財産権

1 経済財としての技術

　次章以降では研究開発や知的財産権に関する競争政策上の諸問題，そして独占禁止法適用における問題点や事例を，いくつかの主題に分けて議論していく。そこで本章では，そうした議論の理解に資するよう，科学技術，イノベーション，知的財産権にまつわる基礎を概論する。拙著『バイオテクノロジーの経済学』(小田切，2006) とも重複するところが多いので，同書その他を読んでこの分野の知識をすでに持っている読者は，本章を省略して構わない。

■ 公共財的性格とフリーライダー問題

　技術は，それを生産・流通・消費等の経済活動に応用することにより人間の生活に資する知識あるいは情報であるということができよう。知識とは集積したストックとしての側面，情報とは伝播するフローとしての側面を重視した表現である。経済活動に資するという意味では他の生産要素である自然資源，人的資源，そして資本などと共通する。しかし，知識や情報には，これらにない特殊な性格がある。非競合性および非排除性である。

　非競合性とは，まったく同じものを複数の生産者あるいは消費者が利用しても競合しないことをいう。通常の財の場合，例えばリンゴであれば，Aさんが食べているリンゴをBさんも食べることはできない。しかし，知識の場合，ある知識をAさんが利用しているときにBさんもその同じ知識を利用することができる。いいかえれば，AさんがリンゴをBさんに渡してしまえば，A

さんはもはやそのリンゴを食べることはできないのに対し，知識の場合，Aさんがある知識をBさんに渡す，すなわち伝達や教示した後も，Aさんも継続して利用することができる。よって，知識の伝達・普及は知識保有者の純増につながり，社会的プラスである。また市場では，同じ知識を利用する競争者の増加にもつながるから，競争政策の観点からも知識・情報の普及は大いに望ましい。

他方，事業者の立場からは，競争激化は収益低下につながるだろう。よって，知識が普及し，他者が知識を共有するのを排除することを望む。ところが本来的には（すなわち，後述する知的財産権がない状態では），他者を排除することはできない。リンゴなら他者に渡さなければ自分だけに確保できるが，知識が口づてなりコピーなりで広がってしまうのを止めることはできないからである。この性格が非排除性または排除不可能性である。

非排除性は，いいかえれば，発明者などの知識保有者がその知識を自分だけで専有することができないことを意味する。このために，非専有性または専有不可能性ともいう。

非競合性と非排除性・非専有性とは密接に関係する。競合するのであれば一般には排除や専有も容易だからである。ただし，非競合性は知識の持つ本来的な性格をいうのに対し，非排除性・非専有性は財産権制度などの仕組みにも依存する。非競合性がある知識であっても，知的財産権制度の下では専有が可能になりうる。逆に，競合性のあるモノであっても，財産権制度がなければ他者による利用を排除することは難しい。このように2つの概念は関連しつつも同一ではないので，分けて考えよう。

非競合性と非排除性を持つのは公共財も同じである。このために，知識の公共財的性格ともいう。

公共財の代表は治安サービスである。東京は世界的にみれば安全な都市だが，私がその安全を楽しんでいることと他の東京都民が安全を楽しむことは競合しない。また，特定の住民だけこの安全から排除することもできない。某都民が税金も払わないからといって，彼や彼女だけを不安全にすることはできないのである[1]。

---

1) 公共財として多くの読者にとってイメージしやすいのはむしろ道路や公園であろう。ただし，道路や公園では，多くの人が利用すると混雑という不効用が発生する点で競合

この結果，すべての都民が安全から効用を得ているにもかかわらず，誰もがその費用を負担しようとしないという問題が生まれる。すなわち，誰かが払ってくれると思い，それにただ乗りしようとするインセンティブが生じる。これがフリーライダー問題である。このため，公共財への支出は政府が強制的に徴収する税によって賄われざるをえない。

　技術についても同様のフリーライダー問題が発生し，誰も研究開発費を負担せず，他者が研究開発して発明する技術をコピーして使おうとするインセンティブが生まれる。この結果，誰もが研究開発せず，イノベーションは起きないことになってしまう。

■ 知的財産権制度

　フリーライダー問題を解消する1つの方法は，公共財と同様に，政府が税収入に基づいて支出することである。大学や政府研究機関などでの公的資金による研究，民間部門への政府補助金による研究がこれにあたり，商業性が見込めず，また非競合性を生かしてその成果が幅広く利用されることが望ましい基礎科学のための研究開発分野では，広く実施されている。

　もう1つの方法は，公園や道路にゲートを付けて有料化するのと同様に，排除性（専有性）を付加する仕組みを政策的に設けることである。この仕組みこそ知的財産権制度にほかならない。その代表は特許であり，以下では特に断らない限り特許を念頭に置く。

　特許制度は，発明者にその発明を専有させることにより研究開発インセンティブを与えるものである。一方で特許は，いったん発明された技術の過少利用を必然のものとする。発明済みの技術をより多くの人が利用することに伴う限界費用は非競合性によりほぼゼロであり，利用からの限界利益や限界効用がプラスである限り，誰でも使えるようにすることが社会的に望ましい。ところが特許化していることにより，利用が禁止されたり，ライセンス料などの有償の支払いが必要になったりするから，限られた人しか使わなくなる。よって，社会的には過少利用となるのである。

　このように発明へのインセンティブを与えるというプラス効果と発明済み技

性がまったくないとはいえず，治安サービスがより適切な例である。

術の過少利用というマイナス効果のトレードオフ（二律背反）があり，そのバランスをとりつつ特許制度は設計される必要がある。特許の要件が緩いほど，1つの特許のカバーする範囲が広いほど，そして特許の有効期間が長いほど，インセンティブ効果は強くなるはずであるが，他方で，特許がもたらす排除効果は大きく，過少利用の弊害も大きくなる。

　競争の観点からいえば，特許による排除効果が大きいほど，模倣は難しく，競争業者は不利になり，新規業者は参入しにくくなるから，特許のマイナス効果への懸念が大きい。自由貿易の観点からも同様である。その国に特許が成立している限り，特許権者以外の製品の輸入は制限されるからである。

　実際，特許制度には，それができた当初より自由競争・自由貿易の立場からの批判があった。特許制度は15世紀イタリアにおいて始まったとされるが，近代の特許制度の先駆けは英国における1624年の独占条例（Statute of Monopolies，専売条例とも訳す）である。これは，16世紀イギリスで女王や王がお気に入りや献金者に対して独占権を与えるための手段として特許を用いたことによって，競争を阻害された業者や高値での購入を余儀なくされた国民が憤り，議会で可決したもので，独占を禁じ，その例外として「真の，そして最初の発明者」に対してのみ特許を認めることを明示した最初のものである。

　その後，18世紀末から19世紀になり米国や欧州各国で特許法が成立するが，19世紀には自由貿易を阻害するとして特許制度撤廃運動も起き，オランダなどはこの立場から一時期特許制度を廃止している。このように，古くから，競争促進や貿易促進の立場から特許制度への批判があった。現在の形での競争法が生まれるのはこれより遅れるが，当初より特許法と競争法の関係が微妙であったことは驚くにあたらない。

　しかし，特許法と競争法の交錯がより深刻な問題を生じるようになったのは最近である。イノベーション戦略としての特許の重要性と技術的・制度的な複雑化が飛躍的に進んだことにより，特許数も指数的に増加するとともに，他方では，競争政策の重要性もより広く認識されるようになったからである。それにより，医薬品産業におけるRP（リバース・ペイメント），ICT（情報通信技術）産業を中心としたパテントプール，SEP（標準必須特許），PAE（特許主張団体，いわゆるトロール），NAP（特許非係争条項），特許買収による集中など，知財に関わる競争政策上の問題が多く発生するようになった。これらの問題をどう考

えていけばよいのか，あるいは政策的にどう対応していけばよいのか。こうした問題を法解釈や事例を通じ，また経済学的考察を通じ検討していくのが，第2部を中心として，本書の狙いである。

2　知的財産権と専有性

■ 知的財産権の種類

　知的財産権にはさまざまなものがあり，それらをまとめたのが図2-1である。大きく分ければ，知的創造物についての権利と営業上の標識についての権利があり，本書ではもっぱら知的創造物についての権利を議論の対象とする。

　特許権，実用新案権，意匠権，商標権の4種は産業財産権と総称され，申請し，特許庁での審査を経て，また特許料等を納付して，権利として認められる。特許は発明に対して与えられるが，「この法律で『発明』とは，自然法則を利用した技術的思想の創作のうち高度のものをいう。」（特許法，第2条1項）と規定されている。

　著作権は，「著作物並びに実演，レコード，放送及び有線放送に関し著作者の権利及びこれに隣接する権利」（著作権法，第1条）である。著作者は著作物が発行されたことにより著作権を享有するから，産業財産権と異なり申請・審査のプロセスがない。

　営業秘密（トレード・シークレット）は「秘密として管理されている生産方法，販売方法その他の事業活動に有用な技術上又は営業上の情報であって，公然と知られていないものをいう。」（不正競争防止法，第2条6項）。秘密管理性，有用性，非公知性の3要件があり，例えば，企業内に秘匿されている技術情報や顧客情報はこれらの要件を満たすと通常考えられている。

　これらのほか，半導体集積回路については回路配置利用権が与えられ，農林水産植物の新品種には育成者権が与えられる。

　このようにさまざまな知財があり，事業者は，例えば，製品について特許権を持つとともに，ブランド名につき商標権を，パッケージについて意匠権を，広告につき著作権を，製造ノウハウや顧客リストにつき営業秘密を，いくつもの知財を組み合わせて自社事業を防御しようとするのが普通である。また，

図 2-1　知的財産権の種類

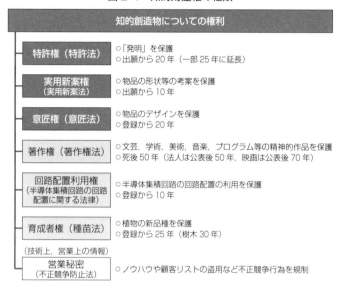

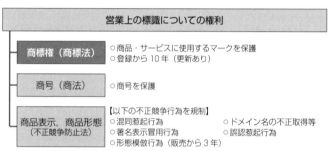

(注)　知的財産権のうち，白抜きで示した特許権，実用新案権，意匠権，商標権の4種類を合わせたものを産業財産権と呼ぶ。
(出所)　特許庁「知的財産権制度の概要　知的財産権について」(http://www.jpo.go.jp/seido/s_gaiyou/chizai02.htm)。筆者が一部改変した。

　ソフトウェアのように，かつては特許権が認められず著作権で保護されたものが，その後特許権として認められるようになったものもある。よって，異なった知財間での境界が常に明確であったり，固定的であったりするわけではない。このことを念頭に置いた上で特許権に焦点を当てよう。なお以下では，特許権を保有する者を特許権者，特許化された技術を実施して開発・製造・販売などをおこなう者を実施者と呼ぶ。また特許の実施許諾すなわちライセンスを与え

る特許権者をライセンサー（licensor），ライセンスを受ける実施者をライセンシー（licensee）と呼ぶ。

特許庁データによれば，2015年に国内で31万8721件の特許出願がなされ，24万1412件の審査請求がなされ，18万9358件の特許が登録された[2]。分野的には，電気機械・電気装置・電気エネルギー，コンピューターテクノロジー，光学機器がトップ3分野で，そのほかにも半導体や音響・映像技術など，電機，エレクトロニクス，ICT分野で多い[3]。

このように，毎年30万件を超える特許が出願され，20万件前後の特許が成立している。特許を出願するにも登録するにも毎年維持するにも相当の費用がかかるが，それでも膨大な数の特許を出願するに値するほど特許は収益に貢献するのだろうか。

■ 特許による専有性確保の有効性

多くの質問票調査は，実は，専有性確保の手段としての特許の効果は限定的であることを明らかにしている。文部科学省科学技術政策研究所（現在は科学技術・学術政策研究所）の「全国イノベーション調査」によれば，イノベーションからの利益を確保する手段として特許の効果が高いと回答した企業は全産業で18%でしかなく，大規模企業に限っても34%とほぼ3社に1社にとどまった。また，生産設備や製造ノウハウ，企業機密，リードタイム（生産・発売で他社に先駆けること）の効果の方が特許を上回っていた[4]。同様の結果は米国でおこなわれたいわゆるイエール・サーベイやカーネギー・メロン・サーベイで

---

[2] 特許庁「特許行政年次報告書2016年版」。なお，審査請求や登録がされた特許には前年またはそれ以前に出願されたものも含まれるから，同年の出願件数（31万8721）の内数ではない。

[3] 2013年の出願のうち公開された件数を，IPC（国際特許分類）を基準にWIPO（世界知的所有権機関）が作成した技術分野表に基づき集計した。特許庁「特許庁ステータスレポート2015」による。

[4] 伊地知ほか（2004），伊地知・小田切（2006）。文部科学省科学技術政策研究所が実施した第1回全国イノベーション調査による。同調査は第2回，第3回と実施されているが，専有性に関する調査は含まれなかった。なお，本文で引用したのはプロダクト・イノベーションに関する結果である。プロセス・イノベーションについても結果は類似しており略す。大規模企業とは従業者数250人以上の企業をいう。

も明らかにされている[5]。

　これらの調査に共通するもう1つの重要な結果は専有可能性の産業間差異の大きさである。いずれの調査でも，特許を最も高く評価するのは医薬品産業である。全国イノベーション調査では，大規模企業で特許の効果を高く評価したのは，全産業では上述のとおり34％であるのに対し，医薬品産業では55％であり，中程度に評価した30％を加えると85％に達する。これに対し木材・木製品製造業，出版・印刷などでは，高いと中程度を合わせても20％に満たず，食料品・飲料・たばこ・飼料製造業でも31％にとどまるなど，産業間の差が大きい[6]。

　医薬品でむしろ例外的に特許の効果が高いことについては，技術的・経済的に先進国に追い付くための発展途上国のキャッチアップの経験を国際比較した研究でも，産業ケーススタディを通じて明らかにされている[7]。

　これらの結果は，他社の持つ特許を侵害することなく類似した機能や効果・効用を有する製品や製法を発明すること（「迂回発明」という）が医薬品では困難であるが，その他の多くの産業では比較的容易であることを示唆する。

　従って，競争への特許の影響を考え，また競争政策として何をすべきかを考えるにあたっても，こうした産業間あるいは技術分野間での差異を十分に考慮する必要がある。医薬品では1個の特許が大きな効果を持ちうるからこそ，模倣品（ジェネリック医薬品）へのリバース・ペイメントによる参入阻止が大きな意味を持つ（第4章）。一方，エレクトロニクス等の分野では，大量の特許が製品に関わり，このためパテントプール（第6章）やトロール（第8章）の問題が発生する。さらに，標準規格の問題も重要になる（第5章）。

　このことをさらによく理解するために，技術の類型を3つに分けて考えることが有用である。

---

[5]　最初はイエール大学，次いでカーネギー・メロン大学に在籍する研究者たちを中心として実施された調査のため，このように呼ばれる。例えばCohen, Nelson, and Walsh (2000)。これらの調査結果についてはBurk and Lemley (2009) や田村（2011～2015, 特にその(1)）でも引用されている。

[6]　注4に同じ。なお，産業によっては回答企業数が十分に大きいとはいえない場合があることをお断りしておく。海外でも同様の調査は多くおこなわれ，医薬品産業で高いとする結果は一貫している。

[7]　Odagiri *et al.* (2010)。その要約は小田切（2011a, 2013）にある。

3 技術の3類型

　発明された技術は次なる研究開発に生かされ，あるいは新製品・新工程を生み出すのに使われていく。このことを前提に，技術を独立型，集積型，累積型の3類型に分類して考えよう[8]。この分類は厳密なものではない。また多くの技術は3類型いずれの要素も持っている。それでも，今日の技術の性格，そしてそれゆえに必然となる諸問題を理解する上で，こうした分類が効果的である。

　独立型の技術とは，それのみで完結し製品化が可能な技術である。よって，その技術についての特許を持っているか使用許諾を得ていれば，製品を生産し販売することができる。厳密に独立型の技術は今日ではほとんど存在しないが，こうした性格が強いのは医薬品である。前述のように，特許による利益の専有可能性に関する質問票調査で特許が有効と回答する比率が常に高いのが医薬品産業であるのも，独立型で，1つの特許を取れば他社を排除しやすいからである。

　集積型の技術とは，多数の技術をまとめなければ製品化や研究開発ができない技術である。この典型は電機・電子・通信関連製品や自動車である。このため，これらの製品を生産・販売するためには，数百から数千に及ぶ数多くの特許につき，自ら所有するか特許権者から使用許諾を得ること，あるいはこうした条件をクリアした材料や部品を購入することが必要である。

　累積型の技術とは，ある技術が次の技術開発に利用されるような技術である。文系であれ理系であれ，研究者は先人の研究成果の蓄積に依存している。17世紀の物理学者ニュートンの「私がより遠くまで見通せたとすれば，それは巨人の肩の上に乗ることによってです」という有名な言葉における巨人とは，それまでの研究成果の積み重ねを指す[9]。すべての発明・発見はこのように累積型の要素を持つが，典型はリサーチツールと呼ばれるタイプの技術で，研究に

---

8) 小田切（2006），第5章。独立型と累積型の区別はMerges and Nelson（1990）に倣っているが，さらに集積型を区別した。
9) この「巨人の肩の上に乗る」（Standing on the shoulders of giants）という言葉は科学技術の累積性を示す表現として広く使われている（例えばScotchmer（1991））。なおWikipediaによれば，この表現はニュートン以前に12世紀に最初に使われたという。(http://ja.wikipedia.org/wiki/巨人の肩の上)。

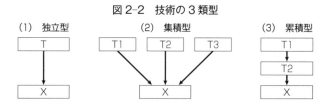

図 2-2 技術の 3 類型

使われる機器，データベース，ソフトウェア，実験材料，研究方法など広範にわたる。特許範囲の拡大に伴い，これらの多くにも特許が成立するようになり，その使用許諾を得ていなければ研究開発をおこなうことができなくなっている。

　これら3つの類型を単純化して図式化すれば，図2-2のとおりである。独立型では，技術Tのみで製品Xを作ることができる。集積型では，製品Xを作るのに，技術T1，T2，T3等を要する。累積型では，技術T1より次の技術T2等が生まれ，それが製品Xに使われる。以下では，それぞれについてより詳しく述べるとともに，発生しうる競争政策上の問題を述べよう。

■ 独立型技術

　独立型技術の場合，1つの特許を保有することにより市場を独占できる。逆にいえば，当該特許がその有効期間を過ぎるか，特許訴訟で無効とされて効力を失えば参入が起きやすく，価格も利潤も急速に低下する。この代表例が医薬品産業における後発薬（ジェネリック医薬品）の参入である。特許保有者がこれに対抗して独占利潤を維持するための1つの戦術は，新用法や新用途を追加することにより特許期間を延長する，あるいは薬品形態や製造法についても特許を取得するなどして，本体特許の本来の期間が過ぎても参入障壁が維持されるようにすることである。プロダクト・ホッピング（product hopping）と呼ばれる戦術がその代表で，ホッピングとは飛び回ったり渡り歩いたりすることを意味する英語である。詳しくは第4章で説明する。

　もう1つの戦術が，参入予定者に独占利潤の一部を支払うことにより，参入を延期してもらうことである。これが「参入遅延のための支払い」(pay-for-delay) である。特許権者が技術実施希望者に対して支払うのは，通常の特許ライセンス料支払いと逆方向であることから，逆支払，すなわちリバース・ペイメント（reverse payment, RPと略す）とも呼ばれる。こうした支払いが有利な

のは，独占企業の利潤が寡占の全社利潤合計より必ず大きいからである。よって独占利潤の一部を逆支払して独占を維持することにより，先発者（独占企業）にとっても残る利潤を参入が起きたときの利潤より大きく，また後発者（参入企業）にとっても受け取る逆支払を参入後利潤より大きくすることができる。このため，両者の合意が可能になるのである。

しかし，RPにより参入が遅れれば，独占価格がそれだけ長続きすることになり，消費者の利益は失われる。米国をはじめとするいくつかの国でRPに対して競争法上の措置がとられているのはこのためである。ただし，RPには一定の合理性があるとの議論もあり，また後発薬参入に関連する規制や薬価規制が国により異なることもあり，その評価は簡単ではない。より詳しくは第4章で議論する。

■ 集積型技術

集積型技術を要する製品の場合，該当する多数の特許をすべて自社で保有していることはまずありえないから，自社特許以外のすべての特許についてはそれぞれの特許権者から使用許諾を得る必要がある。すると，これら特許権者が要求する特許料を合わせると高額になってしまう。これはロイヤリティ・スタッキング（royalty stacking）すなわち特許料の積み重ねと呼ばれる問題である（Lemley and Shapiro, 2007）。

この結果，製品化しても利益が生まれず，結局製品化されずに終わってしまうことになりかねない。これは誰にとっても不幸である。生産者は特許料が十分に小さければ発売できて得られたはずの利潤の機会を失う。特許権者は皆が特許料を低くすれば生産が起き，その結果得られたはずの特許料収入を失う。そしてもちろん消費者は，発売されていれば商品を購入して得ていたはずの消費者余剰を失う。つまり，三方損である。技術が共有化されるか，すべての特許権者が十分に低い特許料で合意していれば製品化されるのに，特許が私有され，個々の特許権者が自らの利益を最大化するように特許料を要求することによって，製品化が実現せず，社会の誰にとっても望ましくない結果が生じてしまう。

このことをヘラーとアイゼンバーグ（Heller and Eisenberg, 1998）はアンチコモンズ（anti-commons）すなわち反共有地の悲劇と呼んだ。近年，マグロやウ

ナギなどの漁業資源が乱獲により減少し，漁業者の利益も消費者の楽しみも失われつつあるが，これは共有地（コモンズ，commons）の悲劇である。海が共有地であるため，個々の漁業者が自らの利益を求めて乱獲に走り，社会的に不幸になる。技術の場合，共有すれば製品化できるのに，知財制度により私有化される結果，個々の特許権者が特許料を要求し，製品化されず社会的に不幸になる。共有地の悲劇と反対であるため，反共有地の悲劇という。

共有地の悲劇を解消するには，国や国際機関が規制するか，漁業者が結託して漁業量を制限すればよい。同様に，反共有地の悲劇を解消するには，特許権者が結託し特許料を引き下げればよい。この結託の代表例が特許権者で組織されるパテントプールである。これは「共同して対価を決定」（独占禁止法，第2条6項）している点ではカルテルであるが，ハードコア・カルテルではなく，社会的にはむしろ望ましいことが多いため，反競争的な要素が含まれていない限り，日本をはじめ多くの国で許容されている。

こうしたパテントプールが結成される主要例として，標準規格設定に関わるものがある。標準規格は幅広く利用されることによって価値を高めるというネットワーク効果を持つから，標準規格に必須の特許（標準必須特許）についてはパテントプールを結成し，低廉な特許料で幅広く利用してもらうことが戦略的に重要だからである。

しかしパテントプールは結成が容易ではない。また競争政策上の問題も発生することがある。標準必須特許については第5章，パテントプールについては第6章で議論する。

また，製品化に特許の集積が必要なとき，買収等によりそのうち大きな割合を占める多くの特許を集約してしまう特許権者が現れれば，特許実施希望者に対し大きな交渉力を獲得し，特許侵害訴訟提起の脅しを交えつつ高額なライセンス料を要求する可能性がある。これはトロールと呼ばれる事業者の行動であり，第8章で議論する。また特許買収を企業結合の観点から規制できるかについては第9章で議論する。

■ 累積型技術

累積型技術によって生まれる最大の問題は科学技術研究への阻害効果である。著作権や特許権の結果，科学文献の入手には費用がかかり，リサーチツールは

高価である。この結果，研究費用は高騰し，実質的な研究が抑制される。また，研究者も特許侵害の訴訟を起こされるおそれがあり，彼ら彼女らの多くが特許情報も法的知識も十分に持たないだけに，訴訟を恐れて研究を抑制するおそれがある[10]。いくつかの実証研究は，特許が成立したり特許侵害訴訟が起きた後で，当該科学技術への引用や改良技術の開発が低下したことを明らかにしている[11]。逆に，米国で国立保健研究所（National Institutes of Health，略称 NIH）のリーダーシップのもと，研究目的のための技術利用については特許権の行使をしないとの了解覚書（Memorandum of understanding，略して MOU）を特許権者と結んだリサーチツールについては，その後，関連論文への引用増加がみられている[12]。

　累積性のために競争上の問題が生じるのは，ライセンス契約締結にあたり，ライセンシーが当該技術に関連して研究開発をおこない特許を得たときに，その特許の利用に関しライセンサーが予め条件を付ける場合である。ライセンサーに自動的に技術供与することを求めるグラントバック条項や，ライセンサーや他のライセンシー，あるいはそれらの販売品購入者に対し，その特許権を行使しないことを求める非係争条項（non-assertion of patents，略して NAP）がその例である。ライセンシーは当該技術の使用許諾を得ないと製品化できないため，ライセンサーの要求するこれら条項を受け入れざるをえないことが多い。その意味で，拘束条件付取引にあたるとともに，優越的地位の濫用にもあたる可能性がある。非係争条項については第 7 章で議論しよう。

4　ホールドアップ問題

　産業組織論の上級教科書（Tirole, 1989）で著名なティロールのノーベル経済学賞受賞（2014 年）が象徴するように，産業組織論はここ数十年で大きく発展

---

[10]　日本でも大学が訴えられた例として浜松医科大学事件（2002 年東京高裁判決）がある。
[11]　Murray and Stern（2005），Galasso and Schankerman（2010），Tucker（2012）.
[12]　Murray *et al.*（2009）。分析対象としたリサーチツールはマウスである。

し，競争政策にも大きな影響を与えてきた[13]。その中でも最も重要な発展の1つは，サンクコストの概念の明確化とその重要性の認識であるに違いない。サンクコストとは何か，そのために起きるホールドアップ問題とは何か，またイノベーションや知財との関係で起きるホールドアップ問題はどのようなものか，説明しよう。

■ サンクコスト

　サンクコスト（sunk cost）とは，生産，研究開発，消費等何らかの目的のためにいったん支出すると，生産等の中止によりもはや不要になったとしても，回収することができない費用をいう。埋没費用と訳されることがある。

　土地建物や機器などの資産の購入がサンクコストになるかどうかは，それが当初目的にどれだけ特殊なものか，あるいは逆にどれだけ汎用可能なものかに依存する。ある製品の生産に特殊な機器であれば，その製品の生産をやめたため不要になると，他用途には使えず，転売することもできない。それに対し，パソコンや自動車のような汎用の機器は，ある工場やある事業には不要になっても他の工場や事業で使えるだろう。またこれらには中古市場があって売却できることが多い。このため，前者のような特殊機器への支出はサンクコストとなるが，後者のような汎用機器への支出の主要部分はサンクコストとはならない[14]。

　サンクコストの存在は参入障壁を生む。参入するにあたりサンクコストへの支出が必要であれば，既存企業が価格を下げて対抗してきたなどの理由で参入後利潤が得られず退出しようとしても，その時点ではすでに支出済みのサンクコストを回収できない。参入企業はこのことを事前（参入前）に予測するから，一定の確率でサンクコストとして回収できない費用が発生することを考慮せざるをえない。これは「参入しようとする企業は負うが既存企業は負わない費用」であり，こうした費用があるとき参入障壁があるという[15]。すなわち，参

---

13) ティロール（Jean Tirole）の代表的な研究の1つである双方向市場に関する研究については第12，13章で触れる。
14) ただし中古市場での売却時に，摩耗等に起因する経済価値低下を超える値下がりがあったり，売却手数料がかかったりすれば，その分は回収できずサンクコストになる。
15) Stigler（1968）の参入障壁の定義による。

入は不利になる。

　逆にいえば，サンクコストがないなら，すなわち参入時の支出も退出時にすべて回収できるのなら，ともかく参入してしまえばよい。既存企業が値下げ等で対抗してきても，すぐ退出することにより費用が発生しないからである。よってサンクコストがないなら，また既存企業が何らかの他の理由で絶対的費用優位性を持つことがないなら，参入障壁はない[16]。このような市場はコンテスタブルであると呼ばれ，（実際に参入が起きるか否かにかかわらず）既存企業も常に参入企業からの競争圧力を受けざるをえないことを意味する[17]。

　サンクコストの存在は，事前と事後，すなわちサンクコストとなる支出をおこなう前か後かで根本的な違いを生む。事前には代案への切り替えを損失なしにおこなえるのに対し，事後には，支払済みのサンクコストを回収できないだけ，代案へ切り替えると損失が発生するからである。切替費用あるいはスイッチング・コスト（switching cost）と呼ばれる費用である。

　ある顧客に商品を納入している事業者を考えよう。例えば，アセンブラー（組立業者）に部品を納入する部品メーカーや，大手小売業者に商品を納入するメーカーである。これらメーカーは商品製造のための設備投資をおこなう。このとき，納入する商品が標準サイズのボルトナットや標準的な野菜のようにどの顧客にも納入可能であれば，当初予定顧客から他の顧客に納入先を変更することが容易である。すなわちスイッチング・コストがかからない。一方，納入する商品が顧客に特殊なものであれば，当該顧客との関係に特殊な資産，すなわち関係特殊的資産への投資が必要になる。典型的には，アセンブラーの商品モデルに合わせて部品を製造するのに要する金型や，プライベート・ブランド（PB）商品として大手小売業者に特有な仕様で作られる商品製造のための機械である。これらは当該顧客への納入ができなくなってしまえば，他の顧客向け生産に切り替えることができず，金型や機械への投資は回収できない，すなわちサンクコストとなってしまう。

16）　絶対的費用優位性を持つ例としては，特定の生産要素の独占的所有や政府認可の独占的所有がある。またより優れた技術力も絶対的費用優位性を生むが，以下に述べるように，これはサンクコストとなる研究開発投資を他に先駆けておこなった結果と解釈できる場合が多い。

17）　これはコンテスタブル市場の理論と呼ばれる。Baumol *et al.*（1982）による。小田切（2001），第5章参照。

このため,事後,すなわちサンクコストへの支出後に,納入先企業は強い交渉力を持つ。例えば納入先から値下げ要求を受けると,納入企業は,サンクコストをフルには回収できなくなってしまっても,可変費用を回収できる限り納入を続ける方が,他の納入先にスイッチするよりましだからである。納入先企業によるこうした行動はいわば強盗の行動に近いことから,ホールドアップ（手を上げろ！）という。

しかし納入企業は,事後にホールドアップされることを予測するなら,何らかの形でホールドアップが起きないことが保証されない限り,サンクコストとなる投資をおこなわないことになる。結局,商品が生産されないことになり,納入先・納入者双方にとって利益獲得の機会を失うことになる。消費者もまた消費者余剰を得る機会を失う。この問題をホールドアップ問題という。

■ ホールドアップ問題と知財

ホールドアップ問題は,独占禁止法における優越的地位の濫用規制および下請法規制への経済学的根拠としてあげられることが多い。事後のホールドアップの代表的行為である買いたたきや減額等が優越的地位の濫用行為あるいは下請法違反として禁止されていると,納入業者も安心して投資できるから,ホールドアップ問題が発生せず,社会的に望ましいからである[18]。

イノベーションとの関連でもホールドアップ問題は重要である。実際,知的財産権制度そのものがホールドアップ問題への対処といえる。研究開発費はその多くがサンクコストとなる。ある商品を開発するための支出は,多くがその商品のその開発に特殊なものだからである。確かに基礎的・汎用的な知識であれば,発明され蓄積された知識は他の研究プロジェクトにも生かされよう。しかし多くはより応用的あるいは特殊な知識であり,その発明に要した研究開発費は製品化が中止されれば回収不能である。また,他者に模倣されても回収不能である。よって,模倣を防ぎ,研究開発費を回収できるように,知的財産権制度がある。

もう1つ重要なのが,知財の利用を前提に実施した投資の事後にホールドアップされる可能性である。事業者が商品を製造し販売するときには,特許をは

---

18) 小田切（2008）,第9章。

じめとする知財が関わることが多い。自社の保有する特許であれば問題はないが，他者が保有する特許が関わるのであれば，それらの使用許諾を得る必要がある。この使用許諾が得られるとの了解の上で，事業者（実施者）はその商品製造に要する資本設備への投資をおこなう。この資本設備が特殊的なものであれば，もし事後に特許使用許諾が得られないことになれば事業者は大きなサンクコストの損害を被ることになるから，特許料が高くてもライセンスを受けざるをえない。このため，特許権者は過大なライセンス料支払いを要求するなどのホールドアップに走るインセンティブを持つ。このおそれが大きいなら，誰も投資をしなくなるであろう。再びホールドアップ問題である。

　特に集積型技術の場合，クリアしなければならない特許が数百から数千に及ぶ。それらがすべて必須であれば，そのうちの1人の特許権者でもホールドアップすれば生産はストップしてしまうから，ホールドアップ問題による投資阻害効果は深刻である。

　累積型技術の場合には，研究開発し，あるいはその成果を特許化しようとするときに，その研究開発で利用した技術の特許権者がホールドアップすれば，巨額の研究開発支出により成果を得ても，特許にすることができず，無駄になってしまうおそれがある。よって，ホールドアップ問題は研究開発意欲を失わせるおそれがある。

　こうした，知財をめぐるホールドアップ問題は深刻なものになっており，標準必須特許をめぐる特許権者・実施者間の紛争や，事後に差止訴訟を提起するとの脅しを用いることにより多数の実施者から合わせて巨額の実施料を得ることを目的とする特許主張者（トロール）の存在などが大きな問題になってきている。これらの問題は次章以降でさまざまな状況で議論される。

5 　イノベーション市場・技術市場・製品市場

　メーカーが原料調達から精製，加工，組立，販売まですべてのプロセスを統合し，社内でおこなっていることはありえない。原材料は鉱山や材料メーカーから，部品は部品メーカーから，水道光熱は水道事業者，電力事業者や石油会社から，事務所で使う電話機やパソコンは電気通信メーカーから調達している

だろう。また，製品は商社や小売店に卸したり委託したりして販売しているだろう。

同様に，イノベーションの全プロセスをすべて社内でおこなっていることはありえない。「巨人の肩の上に乗る」の表現で説明したように，研究開発に携わるすべての研究者は，論文や技術情報などの先人の研究成果の蓄積を活用してこそ，研究成果をあげることができる。

多くの企業は，そのほかにも，外部の研究資源や研究成果を積極的に活用してイノベーションをおこなおうとしている。経営学者チェスブロー（Chesbrough, 2003）がオープン・イノベーションと呼んだものである。

経済学的には，これはイノベーションにおける「企業の境界」の問題である。一般に，事業者は，垂直連鎖と呼ばれる生産プロセスの流れの中でどれだけを社内で内製し，どれだけを外部から調達すべきかを決める必要がある。これは企業の境界の問題といわれる。メイクかバイか，すなわち内製か購入かの問題ともいわれる。

イノベーションにおいても，外部の能力や成果をいかに取り入れ社内の研究と結びつけるかはイノベーション戦略の重要なポイントである。イノベーションにおける外部からの調達を外注研究と呼ぼう。外注研究には，その外注のタイミングにおいて2つのパターンがある[19]。

■ 発明のための外注とイノベーション市場

第1は，発明前に，すなわち発明をめざして研究開発している間に外部から研究能力を導入するものである[20]。これには，外部にアウトソーシングや研究を委託するものと，外部と共同研究をおこなうものがある。

アウトソーシングとは，外部の研究開発サービス提供者への定型的な研究開発業務の発注で，仕様の定まった実験や分析，データ入力・加工・統計解析，試作品製造などが含まれる。研究委託は一定範囲の研究開発をまとまって委託するもので，アウトソーシングでは発注者側が研究開発を統括するのに対し，研究委託では，委託者のモニタリングの下に受託者が自主性をもって研究開発

---

19) 以下，詳しくは小田切（2006），第7章参照。
20) なお，ここでいう発明は特許法でいう「発明」（第2節参照）に限定するものではなく，序章1節で述べた幅広い意味でのイノベーションの考案や実施を含んでいる。

を統括するのが普通である。研究開発型ベンチャー企業が大手メーカーと提携しておこなう研究開発には，この意味での委託を受けておこなわれるものが多い。研究開発自体は受託者のイニシャティブでおこなわれるが，定期的に委託者が成果を監視し，それに応じて報酬を払ったり委託の継続を決めたりする契約形態をとることが多い。マイルストーン方式という。

　これに対し共同研究は，複数のパートナーが資金や研究資源を持ち寄って共同でおこなう研究である。大学と企業の共同である産学共同研究や，国公立研究所も加わる産官学共同研究もあるが，企業間の共同研究も多い。どこまで実際に共同がおこなわれるかはさまざまで，共同研究施設を設立して，各社研究員が集まって研究するような集中型の，いわば密度の高い共同研究もあれば，各社それぞれに研究しつつ，定期的に集まって情報交換するという分散型のものもある。

　アウトソーシング・研究委託・共同研究のいずれも，発明前，すなわち研究中の段階で起きる外注研究である。こうした外注を計画する企業は発注先あるいは研究パートナーとなる企業等の研究能力や費用等を比較して，その中から自社にとって最適と判断される発注先や企業等を選択することになる。その意味で，1つの市場が成立し，発注者や委託者は需要者となり，サービス提供者や受託者は供給者となるという関係が成立する。こうした市場を米国の知財ライセンス・ガイドラインはイノベーション市場（innovation market）と呼んでいる。すなわち，「イノベーション市場は，特定の新しいあるいは改良された財やプロセスに向けられた研究開発およびこの研究開発の近接した代替物から成っている。」[21] よって通常は，研究開発サービスという無形の財についての市場である。

　これは，競争政策が通常対象とする製品市場（product market）に対比されるべき市場の概念である。よって，例えば製品市場における供給者間の合意による価格決定や供給制限がカルテルとして独禁法違反とされるのと同様に，特定の研究プロジェクトに利用される研究開発サービスや研究資源の供給者間でカルテル行為をすれば，独禁法上の問題となりうる。もちろん，例えば研究に使われる特定の研究機器（例えばシーケンサー）や特定のソフトウェア（例えば

---

21) U.S. Department of Justice and the Federal Trade Commission, "Antitrust Guidelines for the Licensing of Intellectual Property," April 6, 1995, p. 11.（筆者訳）

遺伝子解析ソフト）について製品市場として問題にすることもあるが，特定の研究プロジェクトに必要とされる研究開発活動を総体的にとらえたい場合には，イノベーション市場としてのアプローチが有用になる。

■ 発明したものの外注と技術市場

　外注研究の第2のパターンとして，発明が起きた後に，その発明成果を外部から導入するものがある。いうまでもなく，技術導入すなわちライセンスである。導入であることを明示するためにライセンスインと呼ぶこともある。

　ここにも，技術導入の対象になりうる技術群からなる市場を考えることができる。これを技術市場（technology market）と呼ぶ。再び，米国ガイドラインを引用すれば，「技術市場はライセンスされる知的財産とその密接な代替物から成る」[22]。

　ただし，技術市場を「ライセンスされる知的財産」に限定するのは場合によっては狭すぎるように思われる。1つには，確かに，特許のような知財になった技術の使用許諾を得るという形のライセンスが通常であるが，特許にはなっていないが秘匿されているノウハウ等（その多くは営業秘密と判断される可能性が高いので，その場合には知財である）をライセンスすることもあるからである。

　また，もう1つには，ライセンスを得るのではなく，特許そのものを買収してしまうという選択肢もあるからである。すなわち，ライセンスによる使用許諾は，特許権者が保有し続ける特許技術の使用許諾を実施者が有償で得るものであるが，それに対し，特許権者から特許そのものを買収してしまうことも可能である。このときは，特許権がオリジナルな特許権者（発明者または発明者から特許権を譲渡された者）から買収者に移転するので，オリジナルな特許権者は改めて買収者とライセンス契約を結ばない限り特許技術を使えなくなる点で，ライセンスと異なる。また，ライセンス契約ではライセンス期間中ロイヤリティを支払い続けるのが一般的なのに対し，買収では買収時に一括で支払われる点も異なる。

　しかし，例えば大手製薬会社がバイオベンチャーの発明した新薬候補の技術を取得しようとする場合には，ライセンスを受けるか買収してしまうかは，条

---

22) 前注に同じ。p. 8.

件に応じて代替的に考えることが多い。従って，技術市場はこうした買収候補となる技術，および，ノウハウのように必ずしも知財になっていないがライセンス対象となりうる技術をも含んだ概念として定義する方が適切と思われる。

　日本の知財ガイドラインでも技術市場の語が用いられているが，単に技術の市場と定義されているだけであり，その市場画定について，「技術の市場（以下「技術市場」という。）及び当該技術を用いた製品の市場（以下「製品市場」という。）の画定方法は，製品又は役務一般と異なるところはなく，技術又は当該技術を用いた製品のそれぞれについて，基本的には，需要者にとっての代替性という観点から市場が画定される。」（知財 GL，第 2，2，(2)）と記し，技術市場と製品市場の間での共通性をまず述べる。

　さらに，「一般に技術取引は輸送面での制約が小さく，また，現在の用途から他の分野へ転用される可能性があることを考慮し，技術市場の画定に際しては，現に当該技術が取引されていない分野が市場に含まれる場合がある。また，ある技術が特定の分野で多数の事業者により利用されており，これら利用者にとって迂回技術の開発や代替技術への切換えが著しく困難な場合，当該技術のみの市場が画定される場合がある。」（知財 GL，第 2，2，(3)）として，個々の状況に応じて，製品市場よりも広く代替性を考える可能性も，逆に限定的に考える場合もありうることを示唆している。

　すなわち，公正取引委員会は，「技術の利用に係る制限行為について独占禁止法上の評価を行うに当たっては，制限行為の影響が及ぶ取引に応じ，取引される技術の市場，当該技術を用いて供給される製品の市場，その他の技術又は製品の市場を画定し，競争への影響を検討することになる。」（知財 GL，第 2，2，(2)）とする。「その他の技術又は製品の市場」としては「当該技術を用いた製品の製造に必要な他の技術や部品，原材料の取引」に係る市場が例示されている。

　これらの記述は「技術の利用」に関してのものであり，基本的にはライセンス（「ある技術の利用を他の者に許諾すること」と定義されている）を対象としている。これに対し，特許権の買収については，基本的には企業結合とみなされるため，企業結合ガイドラインが適用されることになる[23]。とはいえ，上記した

---

23) ただし第 9 章で，知財譲渡に企業結合規制を適用することの難しさについて議論する。

ようにライセンスと特許買収には代替性のあるケースも多く，技術市場の概念は，それに応じて柔軟に適用されるべきであろう．

　このように，イノベーション市場，技術市場，製品市場を分けて，それぞれに市場としての働き，すなわち需要者と供給者による意思決定およびそれらの間での相互作用に基づく取引の成立を考えていくことが概念的に可能である．ただし，上でも述べたように，これらの間での境界は必ずしも明確なものではなく，また実際にはこれらを重複的に検討しなければならない場合が多いと考えられる．そうした限定を念頭に置いた上で，市場の働きを分析するために，あるいは競争政策の必要性を考えていくために，次章以降でこれら概念を用いることがある．

第3章

共同研究

1 共同研究の要因

　第1章で述べたように，価格，数量，販売先などに関する複数企業間の共同行為は競争制限を目的とすることが明確であり，一般にハードコア・カルテルと呼ばれ，独占禁止法により禁止されている。これに対し非ハードコア・カルテルと呼ばれるその他の共同行為については，競争制限効果をもたらすことがないか競争当局は注視しているものの，むしろその競争促進効果や社会的意義が認識されているものもある。その代表が研究開発活動における共同行為，すなわち共同研究である[1]。なお，共同研究開発や共同開発などの語も用いられるが，以下ではこれらを区別することなく，総称して共同研究と呼ぶ。

　共同研究はなぜ当該企業にとっても，また社会にとっても望ましいのだろうか。その主な要因はスピルオーバーの内部化と補完的能力の結合である。これらはそれぞれ，需要面，すなわち企業にとっての研究開発への誘因を高め研究開発活動への需要を増やすという側面と，供給面，すなわち研究開発活動へのインプットたる研究機器・研究人材・知的財産権・その他知識をより効率的に結合し研究成果を高めるという側面にあたる。

■ スピルオーバーの内部化

　スピルオーバーの内部化から説明しよう。前章で述べたように，技術知識は

---

[1] 非ハードコア・カルテルへの独占禁止法での評価については，米欧との比較も含め，泉水ほか（2015）参照。

非排除性や非競合性という公共財的性格を持ち，発明者からすれば，発明した技術が他者にスピルオーバー（流出）するのを防ぐのが困難であることを意味する。もちろん知財化できる技術等については，知財としての範囲内でスピルオーバーを防ぎ，あるいはスピルオーバーに対する見返りとしてライセンス収入を得ることができる。しかし，一方では基礎科学知識から他方では工夫やノウハウのような形式化されにくい知識まで，知財化困難な技術や情報は多い。また，知財化されても，特許は公開されるから，それによって新技術を知り，特許には抵触しないように同様製品・同様製法を発明するという迂回発明が起きる。もちろん，前章で明らかにしたように産業間での特許による専有可能性の差異は大きく，迂回発明は医薬品等では困難であるが，機械関係，通信関係，ソフトウェア関係などでは，第5章で議論する必須特許を別とすれば，迂回発明を防ぐことは困難である。

　スピルオーバーが多ければ，企業の研究開発意欲は低下する。発明からの収益を独占できず，ライバル企業に部分的にでも共有されてしまうからである。逆にいえば，自らは研究開発投資せず，他社発明からのスピルオーバーにフリーライドしようとするインセンティブが生まれる。この結果，発明技術のうち他社にスピルオーバーする程度が大きいほど，またライバル企業数が多いほど（よって，より多くのライバル企業にスピルオーバーするほど），各社の研究開発費への支出は減少する。自社の発明は減っても他社からのスピルオーバーが増えれば，自社発明・他社発明を問わず自社が使えるようになる技術情報の総計（以下，「技術フロー」と呼ぶ）は増加する可能性があるが，スピルオーバーする程度が大きく企業数も多いと技術フローも減少してしまうことを，一定の条件の下で証明することができる[2]。よって企業の研究開発費が減少するのみではなく，技術フローも減少することによって，実現されるイノベーションは少なくなり，消費者が享受できるイノベーションからの利益も減少する。

　共同研究はこうしたスピルオーバーを内部化することにより，企業にとっても社会にとっても望ましい場合がある。内部化は意思決定に関して起きる。企業にとって重要なのは技術フローを最大化することである。個々の企業が独立に意思決定しているとき，各社は他社からのスピルオーバーにただ乗りしよう

---

2) 小田切（2001），第9章，定理9⑤。

として研究開発インセンティブを低下させるのは上記したとおりである。ところが、これら企業が一体となって共同研究プロジェクトを作り、メンバー全体としての技術フローを最大化するなら、スピルオーバーによる他メンバー技術フローへの貢献も考慮して（すなわち「内部化」して）各社研究開発費を決定するため、ただ乗りによるマイナス効果は限定的となる。実際、スピルオーバーが十分に大きいとき、共同研究のもとでは技術フローがより大きくなるだけではなく、各社研究開発費も大きくなることが証明される[3]。

　共同研究には研究の重複を防ぐという効果もある。しばしば同一テーマの研究が複数企業で実施されている。共同研究で企業間の研究テーマの配分を最適化することができれば、重複を避け、それによって研究費を節約できたり、余裕のできた研究資源を他のテーマに再配分できたりすることがある。これは研究開発の効率化を可能にし、企業にとっても社会にとっても望ましい。

　ただし、すべての重複研究が社会的に無駄というわけではない。同一テーマの研究をA社とB社がおこなっていたとしても、それぞれ特有の人材や経験を反映して異なったアプローチや手法で研究がおこなわれることは多く、この結果、A社は失敗してもB社が成功したり、同一テーマではあっても差別化された製品につながったりすることがあるからである。

■ 補完的能力の結合

　こうした企業間の違い、すなわち研究人材や機器から資料・試料、成果、経験の蓄積あるいは経営カルチャー、研究カルチャーまで、広い意味での研究能力が違うという事実が、共同研究への第2の要因である補完的能力の結合というメリットを生み出す。このメリットが顕著なのは、大学と企業との共同研究である産学協同のように基礎研究に強い機関と開発研究に強い機関が共同する場合であるが、企業間でも、半導体技術の開発においてエレクトロニクス技術に強い電機メーカーと焼き付け技術に強い光学メーカーが共同するように、また、ハードウェア・メーカーとソフトウェア・デベロッパーが共同するように、異業種間で共同することで同様の効果を期待できる。また、同一業種内においても、研究開発戦略の違いや歴史的発展経路の違いにより、研究アプローチが

---

[3] 小田切（2001），第9章，定理9⑥，⑦。

異なったり，蓄積されてきた技術能力が異なることは多く，それらを組み合わせることにより，新しい技術が生まれやすくなることがある[4]。実際，かつて日本の産業政策においてコンピューターや半導体に関する技術研究組合が政府の補助で作られ，いくつかの組合は大きな成果をあげたが，補完的能力の結合が大きな狙いであった[5]。

ただし，共同研究と一言でいっても，実際には多くのバリエーションがある。後述する共同研究ガイドラインは，共同化の方法として4つのパターンをあげている。

(1) 参加者間で研究開発活動を分担するもの
(2) 研究開発活動を実施する組織を参加者が共同で設立するもの
(3) 研究開発活動を事業者団体でおこなうもの
(4) 主として，一方の参加者が資金を提供し，他方の参加者が研究開発活動をおこなうもの（一方のみが研究開発活動をおこない，他方はその成果を一定の対価ですべて取得する場合のように，単に技術開発を目的とする請負契約類似の関係と考えられ，事業者間の共同行為という性質を持たないものは除かれる）。

これらのいずれであっても，意思決定が集中的に，あるいは合意によって，全メンバーの合計利益を最大化するようになされていれば，上述したスピルオーバーの内部化は実現されよう。しかし研究能力の結合については，実現可能性に強弱がある。(2)のように共同の組織や共同の研究施設を設けて各社研究者が集まって研究する場合や(3)で事業者団体がコンソーシアム等を結成しメンバー会社の研究者を集める場合には，補完性は働きやすい。一方，(1)のように研究テーマを各社に振り分けるような場合や(4)のように研究活動が一方に偏在する場合には，メンバー間での研究会等を通じた意見交換や成果共有が計画的になされないと，能力結合も不十分にしか実現できず，またメンバーが他メンバーの努力にただ乗りしようとする可能性がある。従って，共同研究の要因としてのスピルオーバー内部化と補完的能力結合が実際にどれだけ有効になされているかは，共同研究の形態や運営方法による。

---

[4] ただし，それゆえにこそ，企業間の研究カルチャーの違いが大きく，研究者間の交流を妨げるなど，共同研究を難しくすることも多い。

[5] 小田切・後藤（1998）。第5世代コンピューター・プロジェクトの事例研究としてOdagiri, Nakamura, and Shibuya（1997）。

スピルオーバー内部化と能力結合が実現されれば，共同研究は企業にとって有利なだけではなく，社会にとっても望ましいことが多い。このため，競争企業間の共同行為であっても，共同研究は独占禁止法上問題ではないとされることが多い。本章では，こうした共同研究の競争政策上の問題について，経済学的に，また独占禁止法上の扱いについて，述べていこう。

2 　競争への影響

　以上で述べたのは，あくまでも研究開発のみについての共同行為であり，その成果としての技術や製品の生産や価格決定については各企業が独立に意思決定していることを前提としている。スピルオーバーの内部化を分析した上述の経済モデルにおいても，第1段階で研究開発費について共同決定するものの，第2段階では，第1段階で決められた各社技術レベルを所与として，各社は独立に自社の生産量や価格を決定するという2段階モデルにより分析している。

　いうまでもなく，価格や生産量についても共同決定がおこなわれるのであれば，それはカルテルであり，高価格および社会的厚生の損失（デッドウェイト・ロス）を生む。よって，いかにスピルオーバーの内部化による研究開発投資増加というプラス効果があろうとも，それを上回るデッドウェイト・ロスがあれば社会的損失となるから，そのような共同研究は禁止されるべきである。

■ 共同研究ガイドライン

　公正取引委員会は「共同研究開発に関する独占禁止法上の指針」[6]（以下，「共同研究GL」という）を発表しているが，以上と同じ考え方に立って，共同研究が独占禁止法上問題になるのはどのような場合かを明らかにしている。すなわち，「公正取引委員会としては，共同研究開発を一般的に問題視するものではなく，それによって競争制限的効果が生じるおそれがある場合に限り，独占禁止法上の検討を行うものであるが，その際に共同研究開発の競争促進的効果を

---

[6] 平成5年発表，平成22年改定。同GLでは「共同研究開発」を「複数の事業者が参加して研究開発を共同で行うこと」と定義している。本章では，冒頭で記したように「共同研究」と略す。

考慮することはもちろんである。」（共同研究GL, 1）とする。

上記したように，競争制限的効果が最も起きやすいのは，共同研究が価格等のカルテルにつながるときである。よって，

「製品市場において競争関係にある事業者間で行われる共同研究開発において，当該製品の価格，数量等について相互に事業活動の制限がなされる場合には，主として独占禁止法第3条（不当な取引制限）の観点から検討される。」（共同研究GL, 第2, 1）。

また，共同研究が他社（既存の競争企業あるいは潜在的な競争企業，すなわち参入企業）を排除する効果を持つ場合にも，競争を制限するおそれがある。このために，

「参加者の市場シェアの合計が相当程度高く，規格の統一又は標準化につながる等の当該事業に不可欠な技術の開発を目的とする共同研究開発において，ある事業者が参加を制限され，これによってその事業活動が困難となり，市場から排除されるおそれがある場合に，例外的に研究開発の共同化が独占禁止法上問題となることがある（私的独占等）。」（共同研究GL, 第1, 2, (2)）

とする。

しかし，競争事業者間での共同研究であるからといって，また，不可欠技術の開発を目的とする共同研究だからといって，すべて独占禁止法違反になるわけではない。上記したように，共同研究の競争促進効果をも考慮しつつ，個々のケースに応じていわゆる合理の原則に立って判断していくことになる。

■ 4つの考慮事項

それでは，どのような共同研究では，競争制限や排除のおそれは低いだろうか。そうした考慮事項として共同研究GLは4点をあげる。

第1は，参加者の数やシェアである。当該製品あるいは技術の市場における競争者の多くが参加しているのでなければ，また，高シェアの企業や，技術能力で支配的な企業が参加しているのでなければ，価格の取決めのおそれは低く，また他者を排除する効果も限られる。すなわち，「一般的に参加者の市場シェアが高く，技術開発力等の事業能力において優れた事業者が参加者に多いほど，独占禁止法上問題となる可能性は高くなり，逆に参加者の市場シェアが低く，また参加者の数が少ないほど，独占禁止法上問題となる可能性は低くなる。」

(共同研究 GL, 第 1, 2, (1), [1])。

　この観点から，セーフハーバー（安全港基準）が設けられている。「製品市場において競争関係にある事業者間で行う当該製品の改良又は代替品の開発のための共同研究開発についていえば，参加者の当該製品の市場シェアの合計が 20% 以下である場合には，通常は，独占禁止法上問題とならない。」（共同研究 GL, 第 1, 2, (1), [1]）というものである。このセーフハーバーは，第 1 章で述べた水平型企業結合におけるセーフハーバーと同様に，事業者に対して目安を与える役割を果たしている。ただし，メンバー合計シェアが 20% 以下というセーフハーバーを満たしているとしても，通常は問題とならないとしているのであって，必ず問題にならないといっているわけではないことに注意する必要がある。逆に，「当該市場シェアの合計が 20% を超える場合においても，これをもって直ちに問題となるというわけではなく」（共同研究 GL, 第 1, 2, (1), [1]），その他の条件をも総合的に勘案しつつ判断することとなる。

　第 2 は，開発する技術の性格である。研究が各社発売製品の開発に近いものであれば，これら企業間での製品競争が損なわれる可能性は高い。また，共同開発に伴う知識の共有等を通じて製品発売に伴う価格や生産量・製品仕様等の情報も共有され，あるいはお互いに推測しやすくなり，協調が起きる可能性がある。これに対して，基礎的・科学的な研究であれば，知識が共有されても競争が損なわれるおそれは低い。特に，基礎研究でその成果も論文等で公表されるのであれば，社会的にもメリットが大きい。

　こうした観点から，共同研究 GL は，「特定の製品開発を対象としない基礎研究について共同研究開発が行われたとしても，通常は，製品市場における競争に影響が及ぶことは少なく，独占禁止法上問題となる可能性は低い。一方，開発研究については，その成果がより直接的に製品市場に影響を及ぼすものであるので，独占禁止法上問題となる可能性が高くなる。」（共同研究 GL, 第 1, 2, (1), [2]）としている。

　第 3 は，共同で研究をする必要性である。単純にいえば，共同研究をすることの社会的意義がないのであれば，各社単独で研究をすることによる社会的デメリットもないのであるから，共同行為を特に認めるべき必然性もない。いいかえれば，共同研究のメリットがないのに競争企業間で共同研究を計画するのであれば，研究上以外の他の目的があるのではないかとの疑いを持たざるをえ

ない。

よって共同研究GLは「研究にかかるリスク又はコストが膨大であり単独で負担することが困難な場合，自己の技術的蓄積，技術開発能力等からみて他の事業者と共同で研究開発を行う必要性が大きい場合等には，研究開発の共同化は研究開発の目的を達成するために必要なものと認められ，独占禁止法上問題となる可能性は低い。」（共同研究GL，第1, 2, (1), [3]）とし，そうした共同研究の意義が高いものの例として「環境対策，安全対策等いわゆる外部性への対応を目的として行われる共同研究開発」（共同研究GL，第1, 2, (1), [3]）をあげている。

第4は，共同研究の対象範囲や期間が限定的であることである。すなわち，「共同研究開発の対象範囲，期間等についても共同研究開発が市場における競争に及ぼす影響を判断するに当たって考慮される。すなわち，対象範囲，期間等が明確に画定されている場合には，それらが必要以上に広汎に定められている場合に比して，市場における競争に及ぼす影響は小さい。」（共同研究GL，第1, 2, (1), [4]）。

このように，共同研究の案件ごとに，セーフハーバーに該当するかどうかをまず判断した上で，以上の諸点を考慮しつつ，独占禁止法上の評価がなされていくことになる。

3　共同研究への独占禁止法上の判断事例

共同研究に関し独占禁止法上の排除措置命令等が出された事例はないが，相談は公正取引委員会に対し多く寄せられている。これらの相談内容は原則非公表であるが，共同研究以外に関するものも含め，毎年10件強程度，事業者の事業活動に資するため，相談者の了解が得られたものについて，相談者名を匿名とした「相談事例集」として公表している[7]。ここから関連する事例を紹介しよう。

---

7)　以下の事例については，該当年度の相談事例集（http://www.jftc.go.jp/dk/soudanjirei/index.html）より引用。

■ 事例：システム開発会社共同研究

 例えば2003年度には，システム開発会社2社が，金融機関における資金・有価証券の管理運用事務に用いる情報システム（資金証券系システムと呼ばれる）の共同開発をおこなうことについて相談している。会計制度等の大規模な制度改革がおこなわれたため，それに対応する資金証券系システムを開発する必要があり，両社で開発費用を分担し共同開発したいというものである。共同開発の期間は2年間である。両社は，営業活動は各社独自におこない，販売価格も各社独自に設定するとする。

 当該2社は，資金証券系システム市場において，シェア約10％（3位）および約5％（5位）であり，合わせて約15％にとどまり，しかもよりシェアの大きい競争業者が存在する。よって合計シェア20％以下というセーフハーバーを満たすこと，共同開発の計画内容に競争制限的な内容が含まれていないことから，独占禁止法上の問題はないと公正取引委員会は回答した。

■ 事例：輸送機械メーカー共同研究

 セーフハーバーを満たさないものの，独占禁止法上問題ないとされた例としては，2013年度の輸送機械メーカー5社による共同研究がある。5社は，いずれもある輸送機械のメーカーであり，同機械の市場における合算シェアは約90％に達することから，セーフハーバーを満たさない。しかし，同業界では，地球温暖化防止のために，同機械のエンジンについて温室効果ガス排出量を低減する新技術（以下「新技術」という）の開発が求められており，そのためには，エンジン作動時に発生する窒素酸化物の発生等の現象が生じるメカニズムの基本的原理を研究（以下「現象研究」という）する必要がある。この現象研究には膨大な時間と費用を要する。そこで，5社は共同して，エンジンに係る現象研究を大学または研究機関に委託し，研究成果を共有することを計画した。研究対象は現象研究に限られ，エンジンに関する新技術の研究や新技術を利用したエンジンの開発および製造は各社が独自におこなう。また共同研究期間は3年を上限とする。

 よって，上記GLでの4つの考慮事項のうち，(1)セーフハーバーは満たさないものの，(2)基礎的な研究であり，それを応用した製品開発等は各社でおこなうこと，(3)大学等に研究委託する必要があり，また研究費も膨大になる

と予想されているため，共同研究の必要性が高いこと，(4)期間も3年を上限とすることから，独占禁止法上問題となるものではないとされた。

■ 事例：機械メーカー共同研究

独占禁止法上問題ありとされた事例もある。2005年度の機械メーカー2社による共同研究開発計画である。この機械の場合，2つの規格（甲と乙）があり，A社とB社は規格甲に係る技術開発をおこない，自らは製造・販売をおこなうことなく，A社はAブランド，B社はBブランドとして，それぞれ異なる5社の機械メーカーに技術供与していた。両社は規格乙に参入しようとして，共同研究開発を計画したものである。規格乙について両社は新規参入となるから，シェアはゼロであり，規格乙のみの市場で考えるなら，セーフハーバーをクリアすることになる。問題は規格甲である。両社は，規格甲についても，技術力の向上およびシェア拡大を目的として，既存技術の統廃合による共通ブランドの確立を検討していた。しかし，共通ブランドの確立はブランド間の競争を減殺すること，両者を合わせたシェアは50％になることから，独占禁止法上問題となるおそれがあるとされた。

相談事例集は，相談者を推定できないように，機械や規格の詳細を明らかにしていない。このため，甲と乙の間では，「容易に規格を切り換えることは不可能」と記されているのみで，需要面での長期的な代替の可能性や技術面・研究面での関連性の程度は不明である。よって，本事例での判断を評価することは困難であるが，単に共同研究にとどまるのではなくブランドの共通化にも踏み込むこと，また共同研究開発や特に既存技術統合が，基礎研究というより製品開発に近いことから，問題にされたものとみられる。規格乙については独占禁止法上問題となるものではないと回答しているが，相談事例集は事後のフォローをしていないので，実際に両社が規格乙に限って共同研究開発を実施したのか，結局，甲乙両方について断念したのかは不明である。

なお，A，B両社とも自らは製造・販売せず技術供与していたものであり，直接的には製品市場でなく，技術市場，すなわち技術ライセンスをめぐる市場における競争を問題にしていたことになる。ただし，A，Bは製品ブランド名にもなっていたから，製品市場における競争と技術市場における競争は基本的に一体のものであったと推測される。

4 　共同研究に係る不公正な取引方法

　共同研究は，上記した不当な取引制限や排除型私的独占に加え，不公正な取引方法の観点からも独占禁止法上問題になることがある。不当な取引制限や排除型私的独占の場合，一定の取引分野における競争を制限することを問題にするから，基本的には，水平関係にある企業間，すなわち同一市場で競争関係にある企業間での共同研究が対象になる。これに対し，不公正な取引方法については，垂直関係にある企業間，すなわち納入者と購入者の関係にある企業間の共同研究でも問題になることがある。

　実際に，部品メーカーと組立メーカー間での部品設計等をめぐる共同研究や，素材メーカーと部品メーカー間での新素材開発をめぐる共同研究など，垂直関係企業間での共同研究は多い。企業間ではないが，基礎科学を研究する大学とその成果を実用化しようとする企業での産学共同研究も垂直関係といえる。医薬品産業では，新薬の種となる化合物を探索するベンチャー企業とそれに基づいて臨床試験や承認申請を実施する大手医薬品メーカーとの間での共同研究がみられるが，これも垂直関係というべきである。これらの場合には，共同研究参加者らは同一市場で競争しているのではないので，不当な取引制限や私的独占にあたる行為が起きることは通常考えられない。

　それに対し，不公正な取引方法にあたる行為は起きることがある。その多くは，参加者の活動に関連して，「相手方とその取引の相手方との取引その他相手方の事業活動を不当に拘束する条件をつけて，当該相手方と取引すること」（一般指定，第12項）という拘束条件付取引にあたる場合である。以下，共同研究GLに従い，どのような場合がこれにあたるか，主なポイントをみてみよう[8]。

■ 不公正な取引方法に関する判断

　不公正な取引方法に該当するかどうかの判断は，共同研究の実施，成果，製

---

[8] 共同研究GL，第2，2。なお，同GLで「不公正な取引方法に該当するおそれがある」または「不公正な取引方法に該当するおそれが強い」とする事項をすべて以下で取り上げるわけではないことをお断りしておく。全体的な詳細は同GL参照。

品の3つの観点からなされる。

　共同研究の実施に関しては，共同研究で取り上げられているテーマ以外のテーマを各メンバー企業が自社研究として取り上げることを制限すれば，企業間でのイノベーション競争を阻害する拘束条件を付けての共同研究であり，拘束条件付取引として公正競争阻害性が強いとみなされる可能性がある。また，共同研究と同一テーマの研究開発をメンバー企業が共同研究終了後におこなうことを制限しても同様である。

　共同研究の成果に関しては，成果の第三者への実施許諾を制限することは原則的には不公正な取引方法にはあたらないが，例外的に私的独占や不公正な取引方法（共同の取引拒絶等）にあたる場合があるとされる。一方，成果を利用した研究開発を制限することや，成果の改良発明等を他の参加者へ譲渡する義務を課すこと，または他の参加者へ独占的に実施許諾する義務を課すことは不公正な取引方法に該当するおそれが強いとされる。

　共同研究の成果である技術を利用した製品に関しては，その販売価格を制限することはもちろん，生産・販売地域，生産・販売数量，原材料・部品の購入先，製品品質・規格を制限することは，いずれも不公正な取引方法に該当するおそれがあるとされる。ただし，成果であるノウハウの秘密性を保持するために必要な場合に，合理的な期間に限って，成果に基づく製品の販売先や原材料または部品の購入先について，他の参加者またはその指定する事業者に制限することは原則として不公正な取引方法に該当しないとされている。「合理的な期間」は，リバース・エンジニアリング[9]等によりその分野における技術水準からみてノウハウの取引価値がなくなるまでの期間，同等の原材料または部品がほかから入手できるまでの期間等により判断されるとしている。これは，秘密保持が合理的な理由とみなされうる期間の解釈として，1つの根拠を与えているといえよう。

　とはいえ，実際には，共同研究のインセンティブ維持等のために合理的かつ必要な拘束条件か，それとも共同行為あるいは他事業者排除であって競争制限的かの線を一意的に決めることは困難であり，実際の事例に即して判断せざる

---

[9] リバース・エンジニアリングとは，技術的・商業的に先行した製品を分解し，その構成要素の構造，素材，性能，メカニズムを理解して複製あるいは改良，調整して組み立て直すことによって技術を習得することをいう。分解工学と訳されることがある。

をえない。

■ 事例：建築資材メーカー・建設業者共同研究

2004年度相談事例集には，建築資材メーカーB社とその製品のユーザーである建設業者A社の2社が，建築工法について共同で開発するという事例が掲載されている。A，B両社は垂直的関係にあり，またA社もB社もそれぞれの市場において支配的な企業ではないので，不当な取引制限等のおそれはない[10]。A，B両社はビル建設のための新たな工法について共同で開発し，共同で特許出願している。当該工法において使用する建築資材Xについては，B社が全量生産し，A社に供給するものとなっていたが，A社以外の建設業者がA社およびB社からライセンスを受けて当該工法を実施する場合には，B社はこの建設業者にXを販売できるが，その際の販売価格は，A社への販売価格を下回らないものとすることが決められていた[11]。

このように，B社の第三者への販売価格の下限が拘束されているから，拘束条件付きということができる。しかしながら公正取引委員会は，「B社が建築資材Xを全量生産し，A社に他社より有利な条件で供給することを義務付けることは，共同研究開発の成果を両社の間で配分する手段として行われる場合においては，制限が合理的な期間にとどまる限り不当性を有するものではない。」と判断した。「合理的な期間」に関しては，契約期間が5年になっているところ，特許が取得された場合には，特許有効期間内は原則として自動更新するとされていたため，「契約期間が5年にとどまる限りは，直ちに独占禁止法上問題となるものではない。しかしながら，その後も特許の存続期間は原則として自動更新されるとすることは，独占禁止法上問題となるおそれがある。」と結論づけた。

共同研究へのインセンティブを維持するという観点から，B社がA社に対し有利な待遇を与えることは容認されるものの，研究成果を普及させ消費者にその恩恵を広めるためには，5年のような一定期間に限定すべきとの判断にな

---

10) Aは総合建設業で12位，Bの当該建築資材の市場におけるシェアは約10%にとどまる。
11) A社がB社に最恵国待遇（MFN）を求めているともいえる。MFNについては第11章で詳しく議論する。

ったものと推測される。

■ 事例：電子機器メーカー・ソフトウェアメーカー共同研究

　共同研究開発終了後の同一テーマの開発に関し設ける制限が問題になった事例もある（2011年度相談事例集）。これは，電子機器Aを製造するX社と，それを作動するためにインストールすることが必要なソフトウェアBの開発事業者Y社の間での共同研究である。両社は，開発に係るノウハウの流出を防ぐため，守秘義務契約を締結することとした。しかしながら，ソフトウェアBの開発のノウハウは開発担当者個人に蓄積されるため，X社は，守秘義務契約だけではノウハウの流出を防止することはできないと考え，Y社に対し，開発期間中および開発終了後3年間に限定し，本件開発に携わったY社の技術者（以下「担当技術者」という）を，電子機器AのメーカーのうちX社と特に競合する者（このような者は3社存在する）の開発業務に従事させることを禁止する内容の契約を締結することを検討していた。なお，ソフトウェアBの共同研究開発においては，当事者間において，開発終了後3年から5年程度の期間に限って，同一のテーマの第三者との研究開発を禁止することが業界内で一般的とされているとのことであった。

　この事例も拘束条件付きといえる。しかしながら，ノウハウ流出防止という目的自体は正当であること，守秘義務契約だけでは不十分と認められること，担当技術者のみを対象としており必要最小限の制限と考えられること，制限期間も業界内で一般的とされている期間の中で最短のものとしていることから，制限の内容は不合理なものとはいえず，またソフトウェアBの技術市場および製品市場への影響も軽微であるとして，独占禁止法上問題となるものではないとされた。

　これらの事例が示すように，垂直的関係にある企業間での共同研究であり，当該企業も支配的な事業者ではない場合には，競争制限効果は通常は小さく，また共同研究に付加される拘束条件も研究インセンティブの観点から合理的なことが多い。よって，独占禁止法上問題となるケースは一般的には限られるとみられるが，公正取引委員会は共同研究GLに沿って個別ケースごとに評価していくことになる。

第 2 部

特　許

第4章
リバース・ペイメント (RP)

1 | リバース・ペイメントの原理

　リバース・ペイメントの基本的な誘因は明確である。企業数が1社のときを独占，2社以上のときを寡占という。また，参入は容易でないものとする。すると経済学は，独占企業の利潤が，寡占企業の利潤合計を必ず上回ることを教える。この命題がリバース・ペイメントを有利にするのである。そこで，まず数式を用いて基本理論を説明するが，こうした理論や数式表現に苦手な読者は省略して構わない。

■ 独占利潤と寡占利潤

　独占企業が設定する価格を p^m，そのときに企業が得る利潤を π^m としよう。一方，この市場が n 社の寡占（$n=2,3,...$）のときに均衡で成立する価格を p^n，n 社中の i 社が得る利潤を π_i^n としよう。すると，独占利潤 π^m は寡占での利潤合計 $\sum_{i=1}^{n} \pi_i^n$ を必ず上回る。すなわち，不等式，

$$\pi^m > \sum_{i=1}^{n} \pi_i^n \tag{1}$$

が企業数 n にかかわらず成立する。

　この命題は，寡占均衡としてクールノー均衡（各社が数量を決定する場合の均衡）やベルトラン均衡（各社が価格を決定する場合の均衡）を仮定して均衡解を求めれば得られるが，実は，均衡解を分析することなく自明である[1]。

　独占企業は他社の動きを気にすることなく価格を設定できるので，独占価格

p^m 以外の価格，例えば p^n を採用することも自由である。そのときには1社で寡占企業の合計利潤 $\sum_{i=1}^{n} \pi_i^n$ に等しい利潤を得る。しかし独占企業が価格を p^n ではなく p^m にするのは，p^m にしたときの利潤 π^m がこれを上回るからにほかならない。すなわち不等式(1)が成立する。いいかえれば，命題は独占均衡価格の定義により，つまり，独占企業が利潤を最大化するように価格設定していることにより自明である。

また次のように考えることもできる。n 社がカルテルを結成し，産業全体での利潤合計を最大化するような行動をとったとすれば，独占企業と同じことができるから，利潤合計は π^m である。寡占企業が（独占禁止法がなければ）カルテルを結ぼうとするのは，これがカルテルなしのときの利潤合計である $\sum_{i=1}^{n} \pi_i^n$ を上回るからである。

この命題は，独占企業にとり，潜在的参入企業にいわば賄賂を払っても参入をあきらめさせることが有利であることを示唆する。独占企業をA社とし，潜在的参入企業をB社とすると，参入後には $n=2$ となるから，それぞれの利潤は π_A^2, π_B^2 である。不等式(1)をこれに当てはめ，書き直せば，

$$\pi^m - \pi_A^2 > \pi_B^2 \tag{2}$$

となる。左辺は参入が起きたときの独占企業の利潤減少分である。そこで

$$\pi^m - \pi_A^2 > x > \pi_B^2 \tag{3}$$

を満たす x を決めて，これをB社に支払う賄賂とすれば，賄賂を払って独占を維持したときの利潤 ($\pi^m - x$) が参入された後の利潤 (π_A^2) を上回り，A社にとり有利である。B社にとっても，この賄賂 (x) を受け取る方が，参入して得る利潤 (π_B^2) より大きく，有利である。よって，独占企業から潜在的参入企業への支払いは両者にとり有利となり，実行されることになる。こうした支払いは，ペイ・フォー・ディレイ (pay-for-delay) すなわち参入遅延のための支払いと呼ばれる。

---

1) 均衡解による利潤の比較は，特に線型モデルでの対称均衡を仮定すれば容易である。小田切 (2001)，第3章参照。なお，この独占利潤が必ず上回ることを Tirole (1989) は効率効果 (efficiency effect) と呼んでいる。もちろん，独占企業にとって効率的なのであって，社会にとって効率的なのではない。

■ リバース・ペイメント

　独占の理由がA社による特許の排他的利用であり，参入が起きる可能性が特許の無効化，例えば特許期間の終了あるいは特許取消訴訟での原告勝訴によるものであるとき，この支払いをリバース・ペイメント（reverse payment, RPと略す）すなわち逆支払と呼ぶ。通常，技術実施者が特許権者に対しライセンス料を払うのに対し，特許権者が技術実施者に支払うので逆支払である。

　RPは医薬品産業に起きやすい。その最大の理由は，第2章で述べたように，医薬品では特許が参入阻止手段として強力だからである。また，以上の議論は潜在的参入企業が限られた数でないと成立しない。次から次へと参入を狙う企業が現れるのでは，それらすべてに賄賂を払うより，参入を認めて寡占利潤を受け入れた方が有利だからである。医薬品産業の場合には，参入企業も当局による承認を得る必要があることなどから，一定数にとどまると予測される。またRPが米国で最も広範に起きているのも，米国の諸制度がこれらの条件をよく満たすからである。

　RPは生産者（既存の独占企業，参入企業）の利潤は増やすとしても，消費者厚生を損なう。高い独占価格をより長期間払わされるからである。このため，米国を中心に，RPを独占禁止法違反で摘発する事例が生まれている。

　そこで以下では，RPに関連するこれら法制度や競争政策事例を説明し，またより詳細な経済分析でRPの功罪を検討しよう[2]。

2 　医薬品研究開発と特許[3]

　RPを理解するためには，医薬品研究開発と特許における特殊性を知る必要がある。

　医薬品研究開発を他産業のそれと比較すると，その特殊性は，何よりもまず高費用，長期性，不確実性にある。医薬品研究開発プロセスは4段階よりなる[4]。

2）　同様の趣旨の研究報告として土井ほか（2015）がある。
3）　医薬品研究開発のプロセスや特許に詳しい読者は本節を省略してよい。
4）　日本製薬工業協会「製薬協ガイド2012-2013」，「てきすとぶっく製薬産業2014-2015」

① 基礎研究（創薬あるいは探索ともいう）　　2〜3年
　　薬のもととなる新規物質の発見・創製
② 非臨床試験（前臨床試験ともいう）　　　　3〜5年
　　動物や培養細胞を用いて有効性と安全性の研究
③ 臨床試験　　　　　　　　　　　　　　　　3〜7年
　　ヒトを対象として有効性と安全性の研究
④ 承認申請と審査　　　　　　　　　　　　　1〜2年
　　厚生労働省への承認申請と審査

右端に記したのは，それぞれに要する平均的な年数である。よって合わせると9〜17年となる。大雑把にいって少なくとも10年を要することになる。

■ 研究開発費用

日本製薬工業協会（製薬協）調査によれば，研究開発費用は②〜④を単純に足し合わせると，中央値で89億円であった[5]。しかしこれは上市（市場発売）に成功した医薬品についての値であり，企業にとって1個の新薬を上市するまでに要する真の費用を2点で過小評価している。

第1は，非臨床試験を開始しても，そのうち上市に成功するのは一部でしかないという不確実性である。実際，製薬協調査では，成功確率は18%に過ぎなかった。平均的にいう限り，5〜6個の新薬候補について非臨床試験を始めないと，1個の新薬が上市できないことになる。よってこの新薬の開発費用には，失敗に終わった4〜5個のプロジェクトの費用も含めなければならない。

第2は，資本費用である。この調査では，②〜④に中央値で9.2年要した。すると，開発企業にとってみると，研究開発に投資した資金が回収できるのは（上市に成功したとして）9.2年後になるため，その間の資本費用，単純にいえば金利費用が発生する[6]。

　（http://www.jpma.or.jp/about/issue/gratis/）。
5) 27社への2000〜2008年の計471プロジェクトについての調査で，国内における上市に成功した自社開発品についての値である。以下の数字も含め，出所は八木・大久保（2013）。
6) 厳密には，9.2年間の資本費用がかかるのは非臨床試験のみで，臨床試験（3つのフェーズに分かれる），審査については，上市までの期間がこれより短い。以下の推定値は，このことを考慮して求めたものである。

これらをすべて合わせると，資本コストを10％として484億円，7％として396億円であった。これに加え，基礎研究の費用も要し，これについても資本費用が発生する。

新薬開発にいかに高費用を要し，また長期間かかり，またリスクの高いものであるかが理解されよう。それだけに，上市に成功した企業は，それからのリターンを最大限，また長期間得ることによって開発費用を回収しようとする。この事実が，医薬品メーカーにリバース・ペイメントへのインセンティブを与えるのである。

■ 医薬品特許

特許についても，2点で特異性がある。

第1は，特許有効期間に関する問題である。基礎研究により新薬候補を発見すると，企業はその段階で特許を出願する。他社に先願されてしまえば上市できなくなってしまうからである。特許が認められれば，出願から20年間有効である。しかし，当該新薬を上市するまでにはまだ非臨床試験，臨床試験，承認申請が残っている。上記のとおり，これらには7～14年，あるいは前項で引用した調査によれば9.2年要する。すると，上市した時点では，もはや特許期間は10年強しか残っていないことになる。これでは，膨大な研究開発費を回収するだけの収益をあげられないおそれがある。

この点を改善し，新薬開発へのインセンティブを高めるため，医薬品については，申請すれば特許期間の最長5年間延長を可能とすることとした。これが最初におこなわれたのは米国で，1984年に制定された医薬品価格競争および特許期間回復法，一般にハッチ＝ワックスマン法（Hatch-Waxman法）と呼ばれる法律による。日本でも同様の趣旨で1987年に特許法改正がおこなわれた。

第2は，特許による利益の専有可能性（発明から利益を確保する手段としての特許の有効性）が他産業に比べ高いことである。このことは，第2章で引用したように，日本をはじめ各国での質問票調査で明らかにされている。これは，新規性が認められれば物質特許が与えられることと，これも第2章で述べたように，医薬品に関する技術には独立型の色彩が強く，化学式などで特定されれば，その特許を侵害することなく類似品を発明すること（迂回発明）が，医薬品については他産業に比べ困難だからである[7]。さらに，製法についても特許を取

得し,ブランドについては商標権を獲得すれば,参入はいっそう困難になる。
　逆にいえば,特許期間が終了すれば参入が起きやすい。後発薬(ジェネリック)である。後発薬についても承認申請が必要であるが,先発薬との生物学的同等試験が中心であり,先発薬に比べ短期間に低費用で可能である。よって先発薬メーカーが前項で述べたような多額の研究開発費を負担するのに対し,後発薬メーカーは低コストで参入でき,価格を下げても利益を得ることができる。いうまでもなく後発薬参入により市場構造も独占から寡占に変わるから,米国のように自由価格のもとでは,後発薬参入は価格低下への大きな圧力となる。日本のように薬価制度によって価格規制がおこなわれている国でも,後発薬には低価格が設定される。

■ 略式新薬承認申請制度(ANDA)

　米国ハッチ＝ワックスマン法は,新薬発明者の特許期間延長によって新薬開発インセンティブを高めるとともに,後発薬参入を促進するための仕組みも取り入れた。それが後発薬承認申請における略式新薬承認申請(Abbreviated New Drug Application,略してANDA(アンダと読む))で,2点に特徴がある。

　第1は,最初のANDA申請者に発売開始から180日間の排他的販売期間を与えるというもので,これにより最初に申請した後発薬メーカーは,180日間は唯一の後発薬メーカーとして他後発薬との競争がなく,利益をあげることができる[8][9]。このことは,すべての潜在的な後発薬参入者に他社に先駆け申請するインセンティブを与える。また先発薬メーカーにとってみれば,第1申請者の発売を遅らせれば2番目以降の申請者の参入も遅らせることができるから,

---

[7] ただし,オリジナルな特許の分子構造を一部改変して「ゾロ新」と俗称される類似新薬の開発に成功する事例もある。

[8] Aitken et al. (2013)は,医薬品価格が第1の後発薬参入とともに低下し,180日後の第2以降の後発薬参入によりさらに低下することを示している。ただし,医薬品間の差も大きい。

[9] なお,この180日間の参入禁止は第三者すなわち先発メーカーおよび最初のANDA申請者以外に対するものであり,先発メーカーが自ら(あるいは承認したメーカーに有償または無償でライセンスして)後発薬を出すことを禁止しない。こうした後発薬をオーソライズド・ジェネリック(authorized generics,略してAG)と呼ぶ。参入遅延のための支払いの一環として,先発メーカーがAGを出さないことを条件にANDA第1申請者に参入遅延を承諾させることが増えてきていることについては第6節で述べる。

第1申請者の参入を遅延させることのメリットが大きい。

　第2に，ANDA申請にあたり，次の4つの「パラグラフ」のいずれかが成立していることを証明する必要がある。

　Ⅰ　必要な特許情報が出願されていない
　Ⅱ　特許期間が終了済み
　Ⅲ　特許期間中だが特定日に終了することとなっており，終了日後の承認を申請
　Ⅳ　特許が無効である，または申請する新薬によって侵害されることがない
　　（以下，「パラグラフⅣ」という）

Ⅰ～Ⅲは後発薬参入の条件として一般的だが，特異なのはパラグラフⅣである。これは，まだ特許が有効な期間中に，それが無効だと主張してANDA申請することが可能だということを意味し，前述の180日間の排他的販売期間の供与と相まって，特許期間終了を待たず，また他の後発薬メーカーによるパラグラフⅣ申請に後れをとることがないよう，競ってパラグラフⅣ申請するインセンティブを与える。

　パラグラフⅣ申請者は特許保有者に通知する義務があり，通知されれば，特許保有者である先発薬メーカーは自己の権益を守るため特許侵害訴訟を提起することが多い。この訴訟は長期間にわたり，多大の法廷費用を要することになりやすいから，両者で和解し，独占利益の一部を参入者に分配して参入時期を延期してもらうことで両者にとって有利となる。逆支払（RP）であり，参入遅延のための支払い（pay-for-delay）である。

　なお，パラグラフⅣ申請者は，訴訟の有無にかかわらず，その間に製造・発売を開始しなければいけないわけではない。上記したように180日間の排他的販売期間を確保しており，それは発売開始から始まるので，発売しない限り，そして発売してからも180日間は，後発業者の参入は起きないからである。よって発売のための投資をする必要はないから，訴訟に敗れたとしても損害は限られる。この結果，少しでも勝訴する見込みがあれば，パラグラフⅣ申請をしておいた方が有利だとの計算が働く。実際，ある論者は，敗訴確率が97％であってさえも，パラグラフⅣ申請して争うのが有利であると論じている（Smith and Gleklen, 2012）。この事実は，米国における訴訟およびRPの多発は多分にANDAという米国特有の制度に依存していることを示唆する。以下の

第7節で日本との比較をするときには、このことを念頭に置くが、その前に、RPの米国での事例を示そう。

3 米国でのRP事例

米国でのRP事件は数多い。ドレークら（Drake et al., 2014）によれば、1993～2013年に先発薬メーカーと最初の後発薬申請者との間で和解が成立した事例は、公表されたものだけで110件に及ぶ。このうち、彼らが分析に十分な情報を得ることができたものは68件で、うち27件がRPにあたると判断された[10]。

以下では、代表的な事例としてK-Dur 20事件とアクタヴィス事件を取り上げよう[11]。

■ K-Dur 20事件

K-Dur 20はシェリング・プラウ社（Schering Plough、以下「シ社」）が発売した持続性塩化カリウム錠剤であり、塩化カリウムそのものについては公知であるが、シ社は持続性を維持するための錠剤コーティングに関する特許（Patent No. 4863743、通称743特許）を保有していた。特許期間は2006年9月までである。これに対し、1995年、アップシャー・スミス社（Upsher-Smith Laboratories、以下「ア社」）がANDA申請し、さらに同年、ESI社が引き続きANDA申請したため、シ社は両社を特許侵害で提訴した。

1997年6月、シ社とア社は和解し、シ社はア社にア社のその他5製品に関するライセンス料として6000万ドル支払うとともに、ア社は2001年9月まで発売延期することとなった。また1998年1月には、ESI社と和解し、シ社はESI社に500万ドル支払うこと、ESI社が承認申請中の製品が1999年6月末

---

10) ドレークらは情報が得られた68件について株価イベント分析をおこない、和解が先発薬の株価を高める効果があることを実証している。なお、株価イベント分析は合併や発明の効果の分析などにも広く使われる手法である。小田切（2010）、第7章および第12章参照。

11) Bigelow and Willig (2014)、鞠山（2014）、Sriskandarajah (2014) など参照。

までに承認を受ければさらに1000万ドル，またESI社の別の2製品のライセンス料として1500万ドル支払うことに合意した。一方，ESI社は2004年1月まで発売延期することとなった。

米国連邦取引委員会（以下FTC）は，これら合意を競争制限と問題視し，審判が開始された。2002年6月，行政法判事（administrative law judge）が審判官として審決案（または仮決定〔initial decision〕）を出し，競争制限，不公正取引が立証されていないとして，違反を否定した。2003年12月，FTCは委員会決定により審決案を覆し，競争制限であり違法と認定した[12]。

当事会社はこれを不満として提訴し，2005年3月，第11巡回区裁判所は「特許の範囲基準」（The scope of the patent test）を採用し，当該和解は特許の有する競争者排除権の範囲内に含まれると考えるべきとして，FTCの違法認定を否定した。FTCは最高裁に上告したが，2006年6月，最高裁はFTCの上告を棄却した。

一方，同事件については民事訴訟も起き，2012年7月に，第3巡回区裁判所は，「簡略化された合理の原則基準」（The quick-look rule of reason test）[13]を用いるべきであり，両当事者が逆支払で合意したということが不当な取引制限の一応の証拠（prima facie evidence）となるとして違法とした。ただし，①参入遅延以外の目的のためか，②何らかの競争促進効果があることを示すことができれば，これに反論することができるともした。

■ アクタヴィス事件

もう1つRPで重要な事件がアクタヴィス事件（FTC v. Actavis）である。これもFTCによる提訴（2009年）で始まっているが，2013年6月，最高裁は「合理の原則基準」（The rule of reason test）として，RPの効果はいくつもの要因に依存するから，合理の原則で判断すべきだとした。ただし，本件についての合理の原則による判断は下級審に委ねた。

このように，RPに関しては，大きく分けて，和解も特許権者の権利の範囲内と考える「特許の範囲基準」，逆に，RPで両者（特許権者および後発者）が合

---

12) こうした米国の審判の手続については，公正取引委員会ウェブサイトの「世界の競争法」にある米国をみるとよい。

13) 合理の原則については第1章2節参照。

意したこと自体が消費者の犠牲のもとに両者が利益を改善したことを意味し反競争的だとする「簡略化された合理の原則基準」、そしていわば中間的な、RPの効果は一概にいえないから「合理の原則基準」によるべきだとする3つの考え方があり、現時点では、アクタヴィス事件最高裁判決により、「合理の原則基準」が司法の判断になっていると解釈できる。

また先発者特許の有効性という観点に注目するなら、後発者が特許無効としてANDA申請した以上、当該特許はもはや有効ではない可能性が高いとみる立場をとるのであれば、RPは後発者参入を遅らせるので反競争的だとする「簡略化された合理の原則基準」に近くなり、逆に、当該特許がいったん成立している以上、その効力が法廷等によって否定されない限り、特許は有効とみなすべきだとする立場に立つのであれば、RPは特許権者の有する権利の利用にほかならず反競争的ではないことになり、「特許の範囲基準」に近いといえよう。これらはいわば両極端であって、裁判で当該特許が有効とされるかどうかは確率的とみるべきだとすれば、反競争性の有無はさまざまな要因の考慮なしにはできないとする「合理の原則基準」に近くなろう。

次節では、こうした確率的要因を考慮した経済分析を提示することにより、RPの反競争性をどう評価するか再検討しよう。

4 │ RPの（反）競争効果の経済分析

特許残存期間中に後発者が特許無効の訴訟を起こしたとしよう。あるいは、先発者である特許権者が後発者による特許侵害の訴訟を起こし、特許の有効性が争われたとしよう。この裁判で当該特許が有効と判断される確率を p とする。この意味で p が高い特許は強い特許ということができる。

特許の残存期間を T（例えば T 日）とするとき、有効として残る期間の期待値は pT である。特許が無効になれば後発者が参入するから、pT は参入までの期間の期待値であり、強い特許ほどこの期間（期待値）は長い。

RPは、単純化すれば、特許権者が後発者に X を支払い、後発者の参入を期間 t まで待ってもらうという合意である。$t>pT$ のとき、RPは参入を（期待値的に）遅らせる効果がある。参入が遅れれば、参入による価格低下も遅れるの

で，消費者余剰は減少する。また，特許期間終了後さらに遅い参入で合意するというRPもありうるが，これは違法と判断されやすいため，実際には特許期間終了以前の参入で合意するのが普通である。よって$t<T$として議論するが，分析自体は$t>T$であっても変わらない。

一方，RPがなく裁判になれば訴訟費用が発生する。これは社会的損失である[14]。一方，X（RP支払額）は特許権者には費用だが後発者には利得という所得移転であり社会的には費用でない。また，Xは参入後の後発者利益よりも高い。それでなければ後発者はRPに合意しないからである。このため，訴訟費用が消費者余剰減少を上回るなら，RPは社会的余剰（消費者余剰＋生産者余剰－訴訟費用）を増加させる可能性がある。

すなわち，RPが反競争的かどうかは，消費者余剰減少を反競争性の要件とするか，あるいは社会的余剰減少を反競争的の要件とするかに依存し，また訴訟費用の大きさや独占による消費者余剰減少の程度に依存する[15]。

■ 理論的分析[16]

単純化のため，将来利益は割引しない，すなわち割引率はゼロと考えられているとする。また，生産者（先発者および後発者）も消費者も危険中立的であるとする。すると，参入前は独占，参入後は複占であることから，第1節で用いた変数記号を再び用いて特許期間終了までの各社利益（訴訟費用後）や余剰の期待現在価値を数学的に示せば，表4-1のとおりである。

よってRPによる消費者余剰増をΔSとすれば，表の3行目のRPなしの値をRPありの値から引くことで計算されるから，整理して

$$\Delta S = (t - pT)(S^m - S^2)$$

---

14) 弁護士費用も社会的損失である。これは弁護士収入の増加，すなわち弁護士への所得移転であって社会的損失ではないとの議論がされることがあるが，正しくない。弁護士への需要がなければ，これらの（おそらくは大変に優秀な！）人々は他の職に就き貢献していたはずで，それが失われることによる機会費用が発生しているからである。

15) Shapiro（2003）は消費者余剰を基準とすべきとしているが，訴訟費用軽減効果を社会的に評価しないことで，RPやパテントプールなど，特許関連訴訟を軽減するために考案された仕組みの社会的役割を過小評価するおそれがあるように思われる。

16) 数式を用いた分析になじみのない読者は省略して構わない。なお，以下の分析ではEdlin et al.（2013），補論を参考にしたが，結論は必ずしも同じではない。

第4章 リバース・ペイメント (RP)   69

表4-1 RPの有無による利益と消費者余剰の変化（期待値，現在価値）

	RPなし	RPあり
特許権者 (A) 利益	$T[p\pi^m+(1-p)\pi_A^2]-C_A$	$t\pi^m+(T-t)\pi_A^2-X$
後発者 (B) 利益	$T(1-p)\pi_B^2-C_B$	$X+(T-t)\pi_B^2$
消費者余剰 (S)	$T[pS^m+(1-p)S^2]$	$tS^m+(T-t)S^2$
社会的余剰 (W)	上記3項の合計	上記3項の合計

(注) 記号は以下のとおり。独占利潤 (π^m)，複占利潤 (π_i^2)，RP支払 (X)，訴訟費用 (C)，消費者余剰 (S)，社会的余剰 (W)。上付き添字 $=m$ (独占)，2 (先発者と後発者の複占)，下付き添字 (i) $=A$ (特許権者で先発者)，B (後発者，参入は1社のみとする)。

となる。複占から独占になると消費者余剰は減少する（すなわち $S^m<S^2$）から，$t>pT$ すなわち RP による参入が RP なしでの期待参入時期より遅い限り，$\Delta S<0$ となり，RP により消費者余剰は減少することが分かる。

一方，RP による社会的余剰増を ΔW とすれば，表の4行目の RP なしの値を RP ありの値から引き，整理することで

$$\Delta W=(t-pT)[(\pi^m+S^m)-(\pi_A^2+\pi_B^2+S^2)]+(C_A+C_B)$$

となる。右辺 [ ] 内は独占と複占との生産者余剰（利益）・消費者余剰合計の差であり，これはいわゆるデッドウェイト・ロス分だけ独占により減少するから，マイナスである。しかし訴訟費用合計である (C_A+C_B) が十分に大きく，このデッドウェイト・ロス減少の期待現在価値を上回るなら，RP は社会的余剰を増加させることが分かる。

■ 小括と検討

以上をまとめると，(1) RP が期待値として参入時期を遅らせる限り，RP は消費者余剰を減少させる[17]。(2) RP が社会的余剰を減少させるかどうかは，複占から独占になることによって発生するデッドウェイト・ロスの期待現在価値

---

17) 逆にいえば，期待値的に参入時期の遅れを伴わない RP は消費者余剰を減少させない。例えば，特許権者が予想される訴訟費用 (C_A) よりも低い金額を参入企業に払い，両社が参入時期 (t) を特許期間終了期待値 (pT) に等しくすることに同意するとしよう。これは RP にあたり，訴訟費用を節約できるため両社にとり有利でもある。しかし消費者余剰は変わらないから，社会的余剰は増加し，この意味で競争制限効果は発生しないといえる。

が訴訟費用節約効果より大きいかどうかによる。デッドウェイト・ロスの大きさは，需要関数の形状や寡占での競争形態による。

以上の分析での危険中立性（リスク・ニュートラル）の仮定は重要である。より現実的な仮定として，人々は危険回避的（リスク・アバージョン）であるとしよう。このとき，RP は参入時期を確実にすることにより社会的に貢献しているとの議論が可能である。上表をみると，特許権者利益，後発者利益，消費者余剰のいずれもが RP なければ確率 p に依存しているから不確実であることが分かるが，他方，RP のもとでは不確実性がないことが分かる。すなわち，RP は企業の利益をより確実にするのみではなく，後発薬入手時期が確実になることによって消費者にとっても望ましい可能性がある[18]。このため，RP の競争制限効果の評価はいっそう困難である。

最後に，RP の競争制限効果は特許が弱いほど，すなわち特許権者勝訴確率 p が小さいほど，大きいといえるかどうか，検討しておこう。一方で，p が小さいほど pT は小さく，RP がなければ期待される参入は早い。しかし，p が小さいほど，特許権者・後発者間のバーゲニングにおいて後発者の交渉力も強い。よって RP で合意する参入時期は早くなる，すなわち t は小さくなるはずである。よって p が小さいほど，t も pT も小さく，RP がより競争制限効果を持つといえるかどうかは一般的には不明である。

5 欧州および韓国での RP 事例

今日，特許に関連した訴訟は頻発している。それらは当事会社の大きな費用負担となっているだけではない。裁判所としても，案件の多さが大きな負担になっている。それだけに，当事者同士で和解することは，むしろ望ましいこと

---

[18] Harris *et al.*（2014）。なお，企業が消費者同様に危険回避的か否かについては異論もある。企業が株主のものであり，株主は多数の金融資産に分散投資できると考える限り，個々の企業からの収益が不確実であってもポートフォリオ全体としてリスク分散できるため，個々の企業経営者が危険回避する必要はないとの議論があるからである。この議論に従い，Drake *et al.*（2014）は，RP が株価を高めるとの彼らの実証結果（前出注10参照）はリスク減少効果によるものではなく，競争制限効果によるものだと主張している。

がある。このことも念頭に置きつつ、海外での医薬品産業における和解事例をみてみよう。

■ 欧州での実態調査

　欧州委員会（EC）は 2012 年に EU における医薬品先発企業（53 社）と後発企業（66 社）との間での特許にまつわる和解の実態を調査したところ、183 件の和解が成立していた[19]。EC はこれらを次の 3 類型に分類している。
　A 類型：後発薬メーカーの販売への制限なし
　B I 類型：後発薬メーカーの参入制限効果あるが、金銭収受なし
　B II 類型：参入制限効果あり、先発薬メーカーから後発薬メーカーへの金銭
　　　　　供与あり
いうまでもなく B II が RP にあたり、競争制限効果を持つ可能性があるものである。これに対し、A および B I は原則として競争政策上問題にする必要がない。
　183 件のうち、A が 78 件（43%）、B I が 93 件（51%）と大多数を占め、B II に分類されるのは 12 件（6%）のみであった。しかも、これらの中には、むしろ参入を補助するためのものも含まれ、競争制限効果が窺われるものは皆無であった。このように、EU では米国の ANDA にあたる制度がないこともあり、RP は少ない。

■ 欧州での事例

　しかしながら、EC 競争当局も 2014 年 7 月時点で 3 件の RP を参入遅延のための RP として摘発している（さらに 1 件を調査中）[20]。
　最初の事件は抗うつ剤シタロプラム（citalopram）に関するもので、2002 年にルンドベック社（Lundbeck）が保有する基本特許が期限切れに近づき、製法特許など排除効果が限定的な特許のみとなることが見込まれており、数社の後

---

19) European Commission, "4th Report on the Monitoring of Patent Settlements," December 2013（http://ec.europa.eu/competition/sectors/pharmaceuticals/inquiry/patent_settlements_report4_en.pdf）.
20) OECD Competition Committee, "Generic Pharmaceuticals: Note by the European Union," DAF/COMP/WD（2014）62, June 2014（http://www.oecd.org/officialdocuments/publicdisplaydocumentpdf/?cote=DAF/COMP/WD(2014)62&docLanguage=En）.

発薬メーカーが参入を計画している状況で，ルンドベック社はこれら後発薬メーカーに支払いをする代わりに参入を延期させたとして，2013年7月にECは同社に9380万ユーロ，複数の後発薬メーカーに合わせて5220万ユーロの制裁金を科した。ルンドベック社および後発薬メーカーはEC決定を不服として欧州一般裁判所（General Court，普通裁判所とも記す）に提訴したが，2016年9月同裁判所はEC決定を支持する判決を下した。

また鎮痛剤フェンタニル（fentanyl）事件では，特許はすでに失効していたが，先発メーカーのジョンソン・エンド・ジョンソン社（Johnson & Johnson，以下J&J社）が，参入を計画していたサンド社（Sandoz，ノバルティス社の子会社）に対し支払うことにより参入を延期させていたとして，EC競争当局は2013年12月にJ&J社に1070万ユーロ，ノバルティス社に540万ユーロの制裁金を科した。この事件のように，特許はもはや参入障壁となっておらず，それとは関わりなく遅延のための支払いがおこなわれたケースをむき出しのペイ・フォー・ディレイ（naked pay-for-delay）と呼ぶ。参入阻止の意図がむき出しだからである。

2014年7月にはEC競争当局は仏セルヴィエ社（Servier）および後発薬メーカー5社に合わせて4億2770万ユーロの課徴金を課したが，これはセルヴィエ社の高血圧治療薬ペリンドプリル（perindopril）の基本特許が2003年に終了し，製法等の二次的な特許は残っていたものの，後発薬メーカーが参入を計画し，残る特許の有効性も争うことを決めたため，セルヴィエ社は後発薬メーカーに対し参入遅延の見返りとして支払いをしたものである[21]。

EC競争当局は，上記したように，特許に関する和解の多くは競争制限効果を持たないもので，むしろ法廷費用節約効果があるとみているが，競争制限効果を持つものに対しては今後とも厳しい対応をすることを表明している。

■ 英国での事例

米国，EU以外でRPを競争法違反としたものとして，英国と韓国の事例がある。英国では，グラクソ・スミスクライン社（GSK）が抗うつ剤パロキセチン（paroxetine）の特許を有しセロキサット（seroxat）のブランドで発売してい

---

21) ECプレスリリース，2014年7月9日（http://europa.eu/rapid/press-release_IP-14-799_en.htm）。

たが，2001 年にジェネリクス UK 社（Generics UK，略して GUK）およびアルファーマ社（Alpharma）を含む数社がジェネリック薬発売による参入を計画した。これに対し GSK は GUK とアルファーマ社が特許侵害しているとして提訴したが，裁判開始前に合意が成立し，参入を遅らせる見返りに GSK からの支払いがおこなわれた。英国競争市場庁（CMA）はこの行為を競争法違反とし，2016 年 2 月に 3 社およびそれらの親会社等に合わせて約 4500 万ポンド（70 億円強）の制裁金を科した。グローバル・コンペティション・レビュー（GCR）誌によれば，これは英国での初めての RP 事例であり，また制裁金は CMA が科した額としてこれまでで最高だという[22]。

■ 韓国での事例

次に韓国であるが，これも GSK に関わるもので，同社はゾフラン（Zofran）のブランド名で制吐薬オンダンセトロン（ondansetron）を販売していた。GSK は 2005 年まで有効な製法特許を保有していたが，韓国の東亜製薬（Dong-A Pharmaceutical，以下「東亜」）は異なった製法により特許を取得してオンダンセトロン後発薬発売を計画した。1999 年 3 月に GSK は東亜に対し特許侵害との警告書を送り，東亜は自社特許が GSK 特許を侵害していないことの確認を求める訴訟を同年 5 月に提起した。両社は和解して 1999 年 12 月に訴訟を取り下げるとともに，2000 年 5 月に販売協定を結び，東亜がオンダンセトロン後発薬を取り下げる代わりに，GSK は東亜に対し販売先の一部を譲渡し，また売上高の一部を東亜に支払うなどの合意をした[23]。

韓国公正取引委員会（KFTC）は，2011 年に，当該行為は遅延のための支払いであり，不当な共同行為であって韓国独占禁止法に違反するとして両社合わせ 51 億ウォン（当時のレートで約 3.4 億円）の課徴金を課した。GSK はこれを不満として取消訴訟を起こしたが，2014 年 2 月に最高裁はこれを却下し，KFTC 決定は確定した。

---

[22] "CMA imposes record high fine in first pay-for-delay case," *Global Competition Review*, 12 February 2016. CMA 公式発表は 2016 年 2 月 12 日プレスリリース。

[23] OECD Competition Committee, "Generic Pharmaceuticals: Note by Korea," DAF/COMP/WD (2014) 58, June 2014 (http://www.oecd.org/officialdocuments/publicdisplaydocumentpdf/?cote=DAF/COMP/WD(2014)58&docLanguage=En)。

このほかの国でも多くの競争当局は競争制限的な RP に関心を持っているが，本書執筆時点（2016 年 10 月）までに措置をとった事例はないようである[24]。

6 その他の参入遅延戦術

これまで医薬品産業において参入を遅延させるために企業がとる戦術として，もっぱら特許権者が参入予定者に金銭支払いをする行為，すなわち RP について述べてきた。フェルドマンとフロンドルフ（Feldman and Frondorf, 2015）は，これを第 1 世代の参入遅延戦術と呼んでいる。

■ 第 2 世代の戦術

これに対し第 2 世代では，直接的な金銭支払いに代わり，あるいはそれに加えて，その他の条件が付与されるようになってきたという。例えば，特許権者が問題となっている特許以外の特許を好条件で参入者にライセンスする，逆に参入者の持つ特許に対するライセンス料という名目で好条件の支払いをする，あるいは参入者に対し製造や販売などでの便宜を供与するなどである。また上記注 9 で記したように，参入者にとっての有力な競争相手となりうるオーソライズド・ジェネリック（自社後発薬）を発売しないこと，あるいは発売を遅らせることを約束するのも，この例である。実際，以上で米国なり EU なりでの RP の例をあげたが，この中には，第 1 世代にあたる金銭支払いに加え，第 2 世代にあたる非金銭的な利益供与をしているものも含まれていた[25]。

---

[24] 例えばカナダについては，Competition Bureau, "Patent Litigation Settlement Agreements: A Canadian Perspective," 2014（http://www.competitionbureau.gc.ca/eic/site/cb-bc.nsf/eng/03816.html）。また OECD 競争委員会におけるラウンドテーブル "Generic Pharmaceuticals and Competition"（http://www.oecd.org/daf/competition/generic-pharmaceuticals-competition.htm）が参考になる。

[25] 米国については，OECD Competition Committee, "Generic Pharmaceuticals-Note by the United States," DAF/COMP/WD（2014）51, June 2014（http://www.oecd.org/officialdocuments/publicdisplaydocumentpdf/?cote=DAF/COMP/WD(2014)51&docLanguage=En）。

■ 第3世代の戦術――プロダクト・ホッピング

第3世代では，その他の参入遅延戦術が生まれた。その代表は，第2章3節でも述べた，プロダクト・ホッピングである。これは，特許切れ間近の医薬品につき新用法・新錠形などで新しい特許や承認を取り，参入者が後発薬を発売できなくする，あるいは，医師に新用法・新錠形の効用を強調することにより旧用法・旧錠形での後発薬しか発売できないジェネリック・メーカーの参入を難しくすることをいう。特に米国では，ANDA申請に対して特許訴訟を提起すれば，特許権の有効・無効にかかわらず，申請製品への承認手続を30カ月停止することが可能なため，この戦術により参入を大きく遅らせることができる（土井ほか，2015）。

このほか，プロダクト・ホッピング以外にもさまざまな手法が使われ，中には，ジェネリックの安全上の問題をユーザーにキャンペーンし，ユーザーから規制当局に不安を訴えさせてジェネリックへの審査期間を長引かせたケースもあるという。

米国FTCはプロダクト・ホッピングが競争制限効果を持つことを懸念している。例えば，米国におけるマイラン（Mylan，以下マ社）対ワーナー・チルコット（Warner Chilcott，以下ワ社）事件は，ワ社が発売していたニキビ治療薬ドキシサイクリン（商標名ドリックス）に対しマ社がジェネリックス参入しようとしていたところ，ワ社が製品を改変するというプロダクト・ホッピングにより参入を困難にしたとして，反トラスト法違反でマ社がワ社を訴えたものである。地裁はマ社の訴えを斥け，反トラスト法違反にあたらないとしたが，マ社は控訴した。この控訴審裁判に対しFTCは意見書（アミカス・キュリエ）を提出し，「ブランド品メーカーが，予期されるジェネリック参入の少し前にブランド品を微調整し，元の組成品の市場を除去し始めると，元の組成品についてのみジェネリック発売のためのFDA（食品医薬品局）承認を求めてきて，それに置換する商品については求めてきていないジェネリック参入予定者からの競争を抑圧することができる」と述べて，競争制限効果を主張し，地裁判決の誤りを正すよう求めている[26]。

---

26) FTCプレスリリース，2015年9月30日 "Mylan Pharmaceuticals, Inc. v. Warner Chilcott plc, et al." にある Amicus Curiae より p. 10 を筆者訳。

■ プロダクト・ホッピングの競争法上の評価

　ただし，プロダクト・ホッピングの競争法上の評価は一般的には難しい。確かに米FTCのいうように，参入を困難にし，消費者により安いジェネリックの入手を遅らせるという意味では，競争制限的ということができ，消費者にとってマイナスである。しかし，その反面，新用法・新錠形などがより高い効用をもたらすこともある。例えば改良薬ではより効果が持続し，1日3回の服用を要したものが1日1回で済むようになれば，価格が3倍になっても，服用回数が減ることで消費者の効用は高まるだろう。このため，プロダクト・ホッピングを原則違法とすることはイノベーションの抑圧につながるおそれも存在する。

　またカールトンら（Carlton *et al.*, 2016）は，改良薬（あるいは改良したと主張される薬）が旧薬に比し十分な改良がないなら，旧薬のジェネリック・メーカーが自らの営業努力によってこの事実を医師や患者に周知させ，価格メリットを強調して売り込めばよいのであって，それをしないために医師たちがブランド薬メーカーの営業努力によって改良薬を選択するようになったとしても，それは競争法上の問題ではないと論じている。

　これらの論点を考えると，プロダクト・ホッピングを競争法上の問題とすべきかどうかは，商品の特性やその改変の効果などに応じ，またブランド薬メーカー，ジェネリック・メーカー両者の行動に応じ，ケースバイケースで合理の原則に基づいて判断する必要があることが分かる。

　なお，プロダクト・ホッピングは医薬品市場に限定されるものではないともいえる。例えば，ギルバート（Gilbert, 2015c）は，ソフトウェアのバージョン・アップもプロダクト・ホッピングにあたると論じている。旧バージョンへのサポートや補完製品が入手できなくなり新バージョンへの移行を迫られることがしばしば起きる点で，医薬品の場合と共通するからである。明らかに，バージョン・アップについても，これに伴う費用増というマイナスと，改良されたバージョンによる効用増というプラスのトレードオフがある。

7 日本の状況

■ メトクロプラミド事件

　日本で一見 RP に類似するものとしてメトクロプラミド事件がある[27]。藤沢薬品（現アステラス製薬，以下「藤沢」）は消化器官用薬メトクロプラミドの製法特許につき仏セシフ社から専用実施権を得て製造・販売していた。ところが山之内製薬（現アステラス製薬）等国内 3 社（以下「3 社」）が独自製法特許に基づいて同薬の製造・販売を開始したため，藤沢は 3 社がセシフ社特許を侵害するおそれがあることを指摘し，3 社と和解契約を締結した。その内容は，①互いに特許上の異議を唱えない（不争条項），② 3 社は当該薬販売高 7％ を尊重料（または敬意料）として藤沢に支払う，③藤沢および 3 社は第三者の参入阻止に協力する，④藤沢および 3 社はその納入価格を契約書附帯覚書に定める価格を下回らないものとし，また 3 社の生産量シェアも附帯覚書に定めるとおりとする，というものである。

　公正取引委員会は，これらが独占禁止法第 21 条にいう特許権の正当な行使とは認められないとし，4 社の私的独占（特に③の参入阻止）または不当な取引制限（特に④の価格およびシェア協定）にあたるとして，1982 年，4 社に対し警告した。警告にとどめたのは，藤沢と 3 社の契約がすでに終了，あるいは残存期間が僅少であったためである。

　本件は，先発者・後発者間で特許侵害訴訟を避けて金銭支払いがなされた点で RP と類似するが，先発者（藤沢）に対しすでに参入済みである後発者（3 社）が支払った点で大きく異なる。また，④はカルテル行為であり，違法性が高い。

　これ以外に医薬品産業において RP に類似する事件が日本において摘発された例はない。日本において RP がない（少なくとも摘発された事例がない）ことについては，理由がいくつか考えられる。

---

27)　中村（1982），稗貫（1990）。

■ RP が日本で起きにくい理由

第1は，米国の ANDA の仕組み，特に発売後 180 日間という第1申請者の排他的販売期間の規定が日本にはないため，後発薬メーカーが先を争って参入するという競争が起きにくいことである．特に，特許期間中の医薬品につき特許権者から侵害訴訟を受けることがほぼ確実な状況では，参入するインセンティブは低い．

第2に，米国では，第2節で述べたように，第1申請者への RP によりその発売を遅らせることができれば，それ以降の参入者の発売も遅らせることができる[28]．これに対し，こうした制度のない日本では，第1申請者の参入を阻止しても，それ以外の申請者が現れる可能性が大きく，参入を阻止できない．これらすべての潜在的参入者にすべて RP を支払わなければならないのであれば，参入阻止のコストがメリットを上回ってしまう．

第3に，米国では，後発薬メーカーが参入するに従い価格が大きく低下する．2005～2009 年の 25 のトップ医薬品の調査によれば，特許終了（または特許無効化）6カ月後では平均8社弱の後発薬メーカーが参入し，価格は当初の 78% であるが，12カ月後には 10 社弱が参入し 50%，24カ月後では 11 社で 23% と大きく低下する（Berndt and Aitken, 2011）．これに対し日本では，最初の後発薬の薬価は先発薬の 60～70% で，それ以降の後発薬はより低くされるものの，米国に比べるとその低下率は緩やかである．しかも，米国では自由価格制のため，ジェネリック参入以前のブランド薬は日本よりはるかに高いから，参入による価格低下額における日米差はさらに大きい．

しかも，日本では，国民皆保険により本人負担は原則 30% であること，医師が使い慣れや安心感からブランド薬を選ぶ傾向があることなどから，ブランド薬のシェアは急速には低下せず，米国に比し後発薬シェアに伴う利益減が小さい傾向にある．よって RP を支払ってでも後発薬参入を抑えるインセンティ

---

[28] Kobayashi *et al.* (2014) は，2番目以降の参入者の脅威を考慮すると，RP はよりいっそう有利な選択肢になると論じている．先発薬メーカー（特許権者）が RP によらず後発者への特許侵害訴訟を起こし，敗訴したときには，特許の無効性が確定してしまうため，最初の後発者（ANDA 第1申請者）の排他的販売期間 180 日が過ぎると，その他多くの後発者が参入し，価格がさらに下がると予想されるからである．そうした事態を避けるためには和解し，特許の無効性が確定してしまうリスクを避けた方がよいとされる．

ブは低い[29]。

　第4に、後発薬の承認審査にあたって、日本では、パテント・リンケージと呼ばれる承認申請と特許の関連を確認し、申請された後発薬が先発品の特許権（物質特許、用途特許）を侵害していないことを条件としており、米国のANDAのパラグラフIV申請と根本的に異なる。

　これらの理由から、日本ではRPが起きにくいものと予想される。とはいえ、日本でも、先発薬メーカーが後発薬メーカーを特許侵害で提訴するという私訴は数件存在する。アステラス製薬対大洋薬品（経口用セフェム系製剤セフジニル、2007年最高裁、勝訴）、味の素対マイラン製薬（骨粗鬆症治療薬アクトネル®、2011年提訴）、中外製薬対岩城製薬等（尋常性乾癬等角化症治療剤オキサロール®軟膏、2013年提訴）、興和対ダイト等（高コレステロール血症治療剤リバロ®、2013年提訴）などである（いずれも前者が提訴者）。

　従って、訴訟費用を考えれば、RPによって後発薬メーカーの参入を防ぐ方が有利であるとの戦略的判断が生まれる可能性は否定できない。それによって競争制限効果が生まれることがないか、日本でも十分な監視をすることが必要であろう。

---

29) ただし、厚生労働省は医療保健財政の改善と患者負担の軽減の観点から後発薬利用を推進しており、後発薬シェア（後発薬が発売されている医薬品中に占める後発薬の数量比率）を2015年現在の56%から2017年には70%以上とすることを政策目標としている（http://www.mhlw.go.jp/stf/seisakunitsuite/bunya/kenkou_iryou/iryou/kouhatu-iyaku/）。

第5章

標準必須特許（SEP）

1　標準規格の広がりと特許

　補完的なものを組み合わせて生産や消費に利用するとき，それらが一定の関係を持っていないとうまく利用できないことは多い。そうした関係を確保するのが標準規格である。従って，標準規格と呼ぶべきものは近代技術成立以前から存在する。例えば調理用具としての竈は奈良時代には広く普及していたというが，釜を置く穴の口径は一定の標準に従っていた。竈と釜で径が一致していないと釜が落ちてしまうからである。

　多くの場合，おそらくは竈と釜の関係がそうであったように，試行錯誤と選択を通じて特定の規格が次第に普及し，「事実上の標準規格」（デファクト規格，de facto standard）となる。しかし，それでは時間がかかりすぎたり，標準以外の規格を利用してしまったものにとっての損害が大きくなりすぎたりするため，政府などの公的機関が「法律的な標準規格」（デジュール規格，de jure standard）を設定することも広くおこなわれる。日本工業規格（JIS）のように，基礎的で多くの技術の基盤となる技術には法律的に画一化することへの必要性が高い。

　一方，今日の情報通信産業のように技術革新が急激な場合には，国による規格の制定を待っていては製品の市場化が遅れ，また技術が陳腐化しかねない。このため，メーカーやユーザー，補完製品開発者など利害が関わる個人・団体が集まってコンソーシアム（協会）やフォーラム（広場）を作り，協議のうえ決定するコンソーシアム規格（consortium standard）あるいはフォーラム規格（forum standard）と呼ばれる規格が一般的となってきた[1]。

また，規格は多くの技術について設定され，複雑化している。例えばラップトップ・コンピューターについての調査では，251 の標準規格が関わっており，このうち 44％ がコンソーシアムによって，36％ が公的な標準化団体によって定められた規格であった。残る 20％ は個別企業によって定められたデファクト規格であった（Biddle *et al*., 2010）[2]。

　このように，情報通信やエレクトロニクスなどの産業では数多くの標準がさまざまな形で設定されており，それらには知的財産権も関わるため，権利処理が重要な課題になっている。第 2 章で述べたように，これら技術は集積型であり，アンチコモンズ（反共有地）の悲劇が起きやすいからである。すなわち，すべての権利者が自己の利益を追求すれば製品化が妨げられかねない。これが標準規格必須特許または標準必須特許（Standard Essential Patents）の問題である。本章後半で引用するように知財ガイドラインでは標準規格必須特許の語が用いられているが，本書ではより簡便な標準必須特許の語を主に用いる。SEP と略される。

　本章は，この SEP に関わる競争政策上の問題を論じる。なお，標準規格には，著作権（ソフトウェア関連で多い）や商標権あるいは回路配置利用権（半導体関連）なども関わることがあるが，特許権が中心であるため，以下では断らない限り，特許を念頭に置いて知財を論ずる。

2 ｜ アンチコモンズの悲劇とホールドアップ問題

　1 つの規格には，しばしば数百から数千の特許が関わる。複数特許を同一者が持っていることが多いが，それでも特許権者数は 100 を超えることがある。すると，個々の特許権者に支払う特許料は小さくても，積み重ねることにより

---

1) 江藤（2010）。こうした標準化のための共同活動自体は「独占禁止法上直ちに問題となるものではない」ことを公正取引委員会は「標準化に伴うパテントプールの形成等に関する独占禁止法上の考え方」（パテントプール GL）で明らかにしている。このガイドラインについては第 5 節で説明する。
2) ここで引用している論文では，公的な標準化団体として ISO（国際標準化機構）や第 3 節等で述べる ETSI，JEDEC などの永続的な標準化団体が含まれる。これに対しコンソーシアムは特定の規格設定のために複数企業・組織が集まって作られるものをいう。

多額となり，時には利益が見込めず生産・販売されないことになってしまう。これが特許料の積み重ね，すなわちロイヤリティ・スタッキングの問題である。

　第2章ですでに述べたが，例えば個々の特許権者が，その保有する特許群は少なくとも売上の1％には貢献しているはずだと考え，1％のロイヤリティを要求したとしよう。しかし，同様に考える特許権者が100を超え，同様の行動をとれば，ロイヤリティ総額は100％を超えるから，製品化されないことになってしまう。それよりは，各特許権者の取り分を例えば0.1％にとどめた方が，100の特許権者への支払いを合わせても10％にとどまり，製品化されるから，事業者には利益が生まれ，特許権者には特許収入が生まれ，消費者には製品購入の可能性が生まれ，いずれにとっても有利である。経済学的にいえばパレートの意味で改善される。技術がコモンズ（共有地）に置かれ，自由にあるいは低廉に利用可能であれば解消されるのに，私有化されているために起きる悲劇，すなわちアンチコモンズ（反共有地）の悲劇である。

　こうした状況で，特許権者にその要求を抑制させるにはどのような仕組みが必要だろうか。これが，標準化団体（Standard Setting Organization，略してSSO）にとっての大きな課題である。なお，標準化団体とは，コンソーシアムやフォーラムを含む公的あるいは民間主導の標準規格設定および維持のための団体を指していう。

■ 特許権者の異質性

　特許権者にはさまざまな団体・企業・個人などがあり，異質性が高いことが問題を複雑にする。特に，特許権者の中に，自らもその標準規格を利用して製品やサービスを提供する主体となる事業者と，自らはそうした事業をおこなわないものが含まれることが多く，合意を難しくする。前者は特許のライセンサーであるとともに，他者特許のライセンシーとして規格と特許の実施者になるのに対し，後者はライセンサーであるのみで，非実施者（Non-Practicing Entity，略してNPE）だからである。実施者であれば，自社特許のライセンシーでもある他特許権者に非合理的な要求をすればその権者からライセンスを受けられなくなるという，いわば報復への懸念がある。これに対し，非実施者ではこの懸念がない。この非対称性のために，非実施者はライセンシーに非合理的な要求をすることになりやすい。

ただし NPE も同質的ではない。一方では，大学のように利益のみを追求するわけではない非営利団体がある。特に大学は，研究と科学技術の進歩をその使命としているので，特許を保有していても，無償あるいは謙抑的なライセンス料で，広く技術を利用させるところが多い[3]。他方では，特許の権利行使により利益をあげることを事業とするもの，すなわち特許主張者（Patent Assertion Entity，略して PAE），俗称トロールと呼ばれる権利者もある。PAE は多額の特許料を要求することになりやすく，標準化団体にとっても悩みとなっている。詳しくは第 8 章で議論する。

■ ホールドアップ問題

こうした問題をさらに複雑にするのがホールドアップ問題である。第 2 章で述べたように，ホールドアップ問題はサンクコスト（埋没費用）となる投資，すなわち回収不能となる投資（以下，「サンク投資」という）をおこなったときに起きる。多くの場合，標準規格が決まった後，各社はそれに沿って製品化するための開発投資をおこない，生産設備に投資し，販売網の確保や広告等に投資する。これらの多くはサンクコストとなる。例えば開発投資の中心は研究者への人件費や試作品製造費であるが，事業化をやめたからといって研究者から賃金を取り返せるわけでもなく，試作品を転売できるわけでもない。つまり，いったんある規格あるいは商品に特殊な資産に投資すれば，それは回収不能となるので，その規格や商品にこだわり続けざるをえない。ロックイン効果ともいう。

このため，サンク投資をした後に多額の特許料を要求されても，拒否して事業から撤退することが困難になり，このことを見越して，特許権者，特に自らはそうした投資をする必要のないトロールが，非合理に高い特許料を要求するおそれがある。これがホールドアップ（「手を上げろ！」）である。

さらに，こうしたホールドアップを受けることが予測されていると，サンク投資に支出することのリスクが大きいため，十分な投資や十分な製品化が実現

---

[3] この観点からは，大学が TLO（technology licensing organization）や TTO（technology transfer organization）と呼ばれる技術移転機関を作り，こうした機関による特許料収入を産学連携の指標として高く評価する傾向があるのは危険である。小田切（2006），第 4 章。

しないおそれがある。これは消費者にとって損失である。

このように，標準必須特許についての最適デザインを考える際には，アンチコモンズの悲劇への対応とともに，ホールドアップ問題の可能性を考慮する必要がある。

3 SSO における SEP への対応

標準化団体（SSO）では，標準規格設定時に当該規格に必須な特許（SEP）を保有するものは SSO に対し登録するよう要求する[4]。その上で，SEP の円滑な使用許諾，ホールドアップ問題の防止のために，次の２つの方法のいずれかを採用するのが普通である。

■ パテントプール

第１はパテントプールである。理想的には当該規格に係るすべての SEP を包含するパテントプールを結成し，利用者にライセンスすることが望ましい。パテントプールの最大の利点は，規格に従い製品等の開発・製造・販売等をおこなう実施者にとり，パテントプールとさえ契約すればすべての SEP についての実施許諾を得られるという，ワンストップ・サービスである。これは，特許権者にとっても実施者にとっても取引費用（探索費用，契約費用，監視費用など含む）の節約というメリットを生む。

一方，欠点は，特許権者間での必須性の認定や特許料収入の配分に関する合意が難しいことである。特許権者数や特許数が増えるほど，また異質な特許権者が混在するほど，難しさは増す。このため，初期には MP3（音楽ファイル規

---

[4] 必須特許には技術的必須特許（technologically essential patents）と商業的必須特許（commercially essential patents）がある。規格実現のために代替的な特許技術 A, B が利用可能であれば，いずれも技術的に必須ではない。例えば A がなくても B で規格実現可能なためである。しかし，B を用いるときには他の費用を多く要し A を用いるよりも不利になる場合や A を用いる方がより魅力的な商品を製造できる場合には，A は商業的に必須であるとされる。技術的に必須ではないが商業的に必須な特許にも登録を要求するかどうかは SSO によりさまざまである（Bekkers and Updegrove, 2012）。以下ではこの区別を無視する。

格）や DVD（録音・録画ディスク）などパテントプールを結成する事例も多かったものの，最近では次に述べる FRAND 条件の確約がより普及している（EC, 2014）。パテントプールおよびその独禁法との関わりについては第6章で論じる。

■ FRAND 宣言

第2は，SEP 保有者に合理的かつ非差別的な条件（Reasonable and Non-Discriminatory，略して RAND）または公正，合理的かつ非差別的な条件[5]（Fair, Reasonable and Non-Discriminatory，略して FRAND）でライセンスすることの宣言（以下，「FRAND 宣言」）を義務づけるものである。例えば米国の JEDEC 半導体技術協会（JEDEC Solid State Technology Association）では，その特許政策において「すべてのメンバーは潜在的に必須の特許を告知し，(中略)，すべての潜在的なライセンシーに RAND 条件でライセンスを提供することに合意する」[6] ものとしている。また欧州電気通信標準化機構（European Telecommunications Standards Institute，略して ETSI）も「FRAND 条件で取消不能なライセンスを供与する」[7] ことを求めている。この2つの例が示唆するように，米国では RAND，欧州では FRAND の言葉が一般的である。ただし，「公正」（Fair）も「合理的」の要件の中に含まれうるので，両者に差はないと考えてよい。あわせて F/RAND と記す場合もあるが，以下では FRAND で代表させる。知財 GL や日本の知財高裁判決（以下の第7節参照）でもこの用語を用いているからである。

現在，FRAND を要件とする SSO は一般的となっており，本章ではこれに焦点を当てて議論する。

---

5) これは第7節で説明するアップル対サムスン裁判での判決文でも用いられている和訳である。公正取引委員会の知財 GL（第3, 1, (1), オ）では「公正，妥当かつ無差別な条件」と訳されている。

6) 筆者訳。原文は "All committee members, …, agree to disclose potentially essential patents, …, and to offer to license their essential patent claims to all potential licensees on RAND terms and conditions, …"。出所：*JEDEC Manual of Organization and Procedure, JEDEC Manual*, No. 21Q, Article 8.2.

7) 筆者訳。原文は "… to grant irrevocable licenses on fair, reasonable and non-discriminatory ("FRAND") terms and conditions …"。出所：*ETSI Rules of Procedures*, 20 March 2013, Article 6.

■ FRAND に係る諸問題

FRAND に係る問題としては，以下の4点が大きい。

① 登録

すべての特許権者がその保有する SEP を，そして SEP のみを SSO に登録（または告知あるいは宣言）するか。

② FRAND の解釈

FRAND の解釈で特許権者と実施者は合意できるか。合意できないときに特許権者は差止請求を起こせるか。個々の特許権者が求める特許料は FRAND を満たすとしても，合わせると過大になるロイヤリティ・スタッキング問題は起きないか。

③ アウトサイダー

SSO に登録せず，FRAND に拘束されようとしないアウトサイダーが出てきたときにどう対応するか。

④ 所有権の移転，特許権の変動

事後的（規格に基づいた製品発売後）に特許の所有権が変わったときに FRAND 宣言は維持されるか。また特許権が期間満了や取消訴訟により無効化したり，特許の分割や追加等が起きたときに，その事実は開示されるか[8]，また再交渉は必要になるか。

このうち，③のアウトサイダー問題はパテントプールとの関連でより先鋭的に現れる問題であるため，次章で論じる。また④所有権移転等の問題は，競争政策での企業結合の問題と関わるところが大きいため，第9章で論じることとし，ここでは①と②に焦点を当てよう。

■ SEP の登録

登録に関しては，すべての SEP を登録しない特許権者による過少登録の問題と，真に必須ではない特許も登録するという過大登録の問題がある。いっさい登録しない特許権者の存在も過少登録にあたるが，これはアウトサイダーと同一視できる。

過大登録の問題は現実として深刻である。特許権者には，できるだけ多くの

---

8) この開示を事後の開示（ex post disclosure）と呼び，事前の開示（ex ante disclosure）である登録（①）と区別する。

保有特許を当該規格に必須だと主張し，特許料収入を多く獲得しようとするインセンティブがあるからである。もちろん，真に必須でないものや特許としての成立要件を疑われるものを入れれば，訴訟で敗れその正当性を疑われるおそれはあるが，過大登録へのインセンティブが上回ることが多い。

例えば，第3世代移動通信技術の改良版であるLTE（Long Term Evolution）についての調査によれば，上記したETSIによって公開され，必須と宣言されている特許は5919件（ファミリ単位[9]，2012年11月時点）に及んでいた[10]。そのうち2129件を選び分析したところ，発明が規格と一致し必須と判断されたのは56%，発明の一部の要件が規格と一致すると判断されたのは29%，残りの15%は発明が規格と一致しないと考えられた[11]。またこれら特許は未審査のものが多く，登録に至ったものは54.1%にとどまった。これは，45.9%と半数弱が審査中または審査未請求，取り下げ（特許登録料未払いを含む），特許審査で無効とされた，のいずれかであることを意味する。

また第3世代通信規格3GPPおよび3GPP2については，7796件の特許が必須と宣言されており，ファミリ単位では887件であった。これらについて技術専門家集団が評価したところ，必須と判断されたのは21.4%（3GPP），20.5%（3GPP2）にとどまった（Goodman and Myers, 2005）。

このように自主登録に委ねる限り過大登録はほぼ必然である。これを避けるためには，SSOにおいて専門機関へ必須性の検証を委嘱するなどの対策が必要となる。しかしこうした検証を数千件に及ぶ特許についておこなうには，高額の費用を要する。このため，必須性をすべての必須宣言特許（すなわち特許権者により必須と宣言された特許）につき客観的に検証しているSSOはない（Bekkers and Updegrove, 2012）[12]。特許権者・実施者間での交渉により個別に判断されることが実態となっている。

---

9) ファミリ単位とは，同一技術に関して複数国出願，分割出願，継続出願があっても1件と数えることをいう。

10) なお，LTEに係るSEPについての欧州連合司法裁判所のファーウェイ対ZTE（Huawei v ZTE）判決文では，同標準規格が4700以上のSEPからなると認定されている（http://curia.europa.eu/juris/celex.jsf?celex=62013CJ0170&lang1=en&type=TXT&ancre=）。

11) サイバー創研「LTEに関するETSI必須特許調査報告書 第3.0版」，2013年6月。http://www.cybersoken.com/interview/patentresearch/lte/（2016年3月アクセス）。

12) パテントプールでは検証をおこなう場合があることを次章で述べる。

4　FRAND条件

繰り返すが，FRANDとは公正（fair），合理的（reasonable）かつ非差別的（non-discriminatory）な条件をいう。

■ 非差別性

　非差別的とは，他の条件に違いがなければ同一特許群をライセンスするときは同率のロイヤリティを課すなど，ライセンシー（実施者）間で差別しないことをいう。ライセンス交渉はゲーム論の状況であるから，均衡解はそれぞれ交渉者の交渉力に依存するのが普通で，その交渉力は，交渉が決裂したときに当事者が選択できる最善の代案（次善解という）のもとでのペイオフ（利益，効用等）に依存する。このペイオフが小さい交渉者は，交渉が決裂したときに受けるダメージが大きいので，より不利な提案でも受諾せざるをえなくなるからである。このため，このペイオフをゲーム論では威嚇点という。FRANDにおける非差別性の要件は，威嚇点の異なる実施者に対しても差別なく同一条件でライセンスすることを要求する。

　SEPにつきライセンス交渉する場合，当該必須特許の使用許諾を得られなければその規格に合った製品を発売できなくなるから，次善の規格を用いざるをえず，そのときの利益が威嚇点となる。多くの場合，これは実施者間では大きな違いはないであろう。次善の規格は同じなのが普通だからである。

　大きく異なるのは，事前，すなわち当該規格に沿った製品開発・製造・販売のためのサンク投資をおこなう前の実施者（この段階ではまだ実施予定者）と事後，すなわちこれら投資をすでにおこなった実施者との間である。別規格に切り替えるのは前者では容易だが，後者では投資済み資産を諦めなければならなくなるというコストを払うことになるから，威嚇点は事前から事後に移ると大きく低下し，それだけライセンサー（特許権者）は大きな交渉力を持つことになる。これが第2節で述べたホールドアップ問題が生じる要因である。

　非差別性の要件は，事前に契約をおこなうものと事後に契約をおこなうものとの間で差別することも禁止するから，事前に契約するものがいる限り，特許権者による事後のホールドアップを不可能にする。この意味で，FRANDにお

ける非差別性の要件は重要である (Gilbert, 2011)。また,他の実施者とのライセンス契約がすでに存在し,その条件が知られている場合には,それをベースに交渉できることによって,交渉を容易にして取引費用を低減する効果もある。しかしながら,ライセンシーもSEPを有することが多く,その場合にはクロスライセンスによりライセンス料を一部ないし全部相殺するため,相殺後残るライセンス料のみをみても実態が分からないこと,その他諸条件でもライセンシーによる違いがあることなどから,ライセンス契約内容は公表されていないのがほとんどであり,非差別性の要件がどれだけ有効に実施されているかは明らかではない。

■ 合 理 性

FRANDのもう1つの要件である「合理的」はどう考えればよいだろうか。均衡で価格は限界的な利益貢献に等しくなるという経済学の原則に従えば,当該技術がもたらす利益増が,実施者が支払ってよいと考えるライセンス料最高額であり,自由な交渉により成立するはずの額といえる[13]。従って,これが合理的なライセンス料と理論的には考えられる。

しかしながら,この考え方を現実に応用するのは不可能であり,また望ましくもないおそれが強い。それは,第2章で述べた技術の集積性のため,1個の技術の限界的な貢献という概念に意味がないからである。ユーザーにとり,パソコンの部品だけ1個もらっても限界効用はゼロであるのと同じである。

逆にいえば,真に当該技術が必須であれば,その技術がなければ商品価値はゼロであり,他のすべての技術が利用可能である限り,限界的貢献はその商品の全価値になる。しかし,SEPが複数あれば,それぞれに全価値を払うことは不可能である (Gilbert, 2015a)。このため,ICT・エレクトロニクス産業のように集積性が強い産業や技術で,限界的貢献という概念でライセンス料の合理性を判断することは適切でない。

---

13) 米国FTC報告書も,「次善の技術を超えての特許発明がもたらす増分価値が,仮想される交渉においてライセンシーが払う気になる最大額を規定する」(筆者訳,原文は "the incremental value of the patented invention over the next-best alternative establishes the maximum amount that a willing licensee would pay in a hypothetical negotiation") としている (US FTC, 2011, p. 22)。

それでは，特許権者と実施者が自由に交渉したときに成立する解はどのようなものになるだろうか。経済学では，売り手と買い手がいずれも完全競争の状況にあれば均衡解はパレート最適を満たすという意味で，成立する価格は合理的あるいは最適なものと考えられている。しかし，ライセンス交渉においては明らかに競争が不完全である。売り手である特許権者についていえば，その特許が真に必須であれば独占である。この独占は，標準規格がすでに設定されており，また買い手である実施者がそのためのサンク投資をした後であれば，完全である。サンク投資前であれば，当該規格商品を発売しない，あるいは別規格商品に切り替えるという選択肢がある。また標準規格設定前であれば，当該特許を必要としない規格に変更するという選択肢がある。よって特許権者の独占力は代替技術により制限される。つまり，ここでも事前か事後かの違いが大きく，事後の解は，特許権者が必然的に持つ独占力により，合理性からの乖離がより大きいと考えるべきである。事前の解であれば，他技術あるいは他規格との比較の上での交渉解である分だけ競争解に近づくが，特許の性質上，独占力は残り，完全に競争解になるわけではない[14]。

他方，買い手である実施者は多数存在するのが通常である。ライセンス交渉は特許権者と個々の実施者の間でおこなわれ，個々の交渉においては双方独占である。しかし，実施者間でライセンス料情報が共有され，しかも上述の非差別性が確保されているならば，ある実施者との間で決められるライセンス条件は，他のすべての実施者との間でのライセンス条件にも適用されるから，特許権者はこのことを考慮に入れてライセンス条件をオファーせざるをえない。このため，事前では，実施者側は，他規格・他技術へのスイッチの可能性を有することから得られる高い威嚇点をもって交渉にあたることができるのに対し，特許権者側は代案としてその他に実施者を持たないために威嚇点が低いという，むしろ実施者に有利な非対称性が生まれる可能性も存在する[15]。

---

14) 米国FTC報告書が「法廷は，ロイヤリティを，標準設定時に存在する代案を超えて当該技術がもたらす増分価値以下にするべきである」(Courts should cap the royalty at the incremental value of the patented technology over alternatives available at the time the standard was chosen.) (US FTC, 2011, p. 23, 筆者訳，また傍点は筆者付記) と，事前での解をベンチマークとしているのも同趣旨である。

15) この結果，ライセンス料が低く決まり，特許権者は研究開発費（すでにサンク投資済み）が回収できなくなる可能性もある。これをリバース・ホールドアップ問題という

とはいえ，上記したように非差別性は十分には効力を持たず，また実施者間での情報の共有も起きにくい。このため，実施者の交渉力は限定的になってしまう可能性が高い[16]。

以上の議論は，FRAND 条件の概念そのものは賞賛されるべきであるものの，実際問題としては，何をもって FRAND というかを厳格に定義することは事実上不可能であり，その実施にも多くの困難があることを明らかにしている。このため，標準化団体（SSO）でも，その意味を明確にしているところはない。また，必須特許の開示（登録）にしても，締結済みのライセンス条件の開示にしても，十分におこなわれているわけではない。このことは，SSO が事業形態としても，利害としても，異質な企業・団体の集合体であることにもよる（Bekkers and Updegrove, 2012）。

■ ホールドアップ問題の存在と独占禁止法

このため，SEP に関わるどのような行為を独占禁止法の観点から違反とすべきかを判断することも容易ではないが，事後の交渉におけるホールドアップ問題の存在に関連して 2 点を指摘しておこう。

第 1 は，事後には，特許権者が優越的地位にあると考えてよい場合があることである。「優越的地位の濫用に関する独占禁止法上の考え方」（優越 GL）に筆者のかっこ書きで当てはめれば，サンク投資後であれば，「乙（実施者）にとって甲（特許権者）との取引の継続（特許技術の使用許諾）が困難になることが事

（西村ほか，2012）。

[16] Lemley and Shapiro (2013) は，第三者の仲裁者を設け，次の手順をとることによりライセンス条件を決定することを提案している。①特許権者は実施者に条件を提示する。②実施者はこれを受諾するか，拒絶する。受諾した場合はそれで決定。③拒絶した場合は，両者は仲裁者に仲裁を依頼するとともに，それぞれが適切と考えるライセンス条件を仲裁者に提案する。④仲裁者はそのいずれかを採択する（両者とも，この仲裁者の判断に従うことを事前に確約する）。この案で重要なのは，④において，仲裁者はいずれかの提案を採択するのみで，独自案を出すことはできないことである。このため，特許権者も実施者も，それなりに合理的な案を出さないと，仲裁者が相手方の案を採択する確率が高くなることを予測する。このことが各当事者に合理的な条件を提案させるインセンティブとなる。また，仲裁に移って実施者提案が採択される可能性が高まることを恐れて，特許権者は①の段階でより合理的な条件を提示するであろう。この理由で，Lemley and Shapiro は，この手順を使えばより合理的な解が実現され，また交渉自体も簡略化できると主張している。

業経営上大きな支障を来すため，甲が乙にとって著しく不利益な要請等を行っても，乙がこれを受け入れざるを得ないような場合」（優越GL，第2,1）という優越的地位の定義に当てはまりやすいからである。第2章4節で優越的地位の濫用規制がホールドアップ予防効果を生む可能性を指摘したが，それと同様に，FRANDにおける非差別性は，事後の交渉によって決まる条件も他者が事前に交渉して決まった条件と無差別であることを要求することによって，事前交渉解が存在する限り，ホールドアップを予防する効果があるといえよう。

さらに，第2に，結局，SEPのライセンス条件は当事者同士の交渉によって決まらざるをえず，決められない場合にはいずれかの提訴により法廷で決められることになるが，事後の差止めの可能性はホールドアップとなるから，特許権者の優越的地位の濫用につながったり，競争事業者を排除する効果を持ちうる。この考え方に立ち，2016年1月の公正取引委員会の知財GL改定においては，FRAND宣言をしたSEP保有者が差止請求訴訟を提起することの独占禁止法上の問題の可能性を指摘している。

この点を含め，次節で，日本における独占禁止法上の考え方について，公正取引委員会が公表しているガイドラインに沿ってより詳しく説明することにしよう。また，SEPにおける合理性が何を意味するかは，判例や前例の積み重ねによって次第に目安が得られるようになることを期待したいが，2014年のサムスン対アップル事件における知財高裁判決はその意味で重要な判例を示しているので第7節で紹介しよう。

5　独占禁止法からの検討

すでに第1章で述べたように，公正取引委員会は標準化や知財に関わる考え方を示したものとして，「知的財産の利用に関する独占禁止法上の指針」（以下「知的財産ガイドライン」または「知財GL」という）および「標準化に伴うパテントプールの形成等に関する独占禁止法上の考え方」（以下「標準化に伴うパテントプール・ガイドライン」または「パテントプールGL」という）を公表している。その中から，本章の主題である標準規格と必須特許に関わるポイントをまとめよう。

■ 標準化活動

　パテントプール GL は標準化活動に関する部分（第2）と規格に係る特許についてのパテントプールに関する独占禁止法上の問題点の検討に関する部分（第3）からなっている。標準化活動とは「関連する事業者が共同で規格を策定し，広く普及を進める活動」と定義されている。第1節で述べたように，今日の多くの標準化活動はコンソーシアムやフォーラムなどのSSOによっておこなわれているから，「事業者間において新技術を製品化するに先立ち情報伝達方式や接続方法などの規格を共同で策定し，広く普及を進める活動」（パテントプール GL，第2，1）であり，他の事業者と共同するから，不当な取引制限すなわちカルテルとして独占禁止法第3条違反とされることはないか，あるいは事業者団体を通じた競争制限行為として同第8条違反とされることはないかが実施者にとって懸念となる。

　そこでパテントプール GL は，「標準化活動は，製品の仕様・性能等を共通化するなどにより参加者の事業活動に一定の制限を課すものであるが，一方で，製品間の互換性が確保されることなどから，当該規格を採用した製品の市場の迅速な立上げや需要の拡大が図れるとともに，消費者の利便性の向上に資する面もあり，活動自体が独占禁止法上直ちに問題となるものではない」（パテントプール GL，第2，2）ことを明記した上で，しかしながら，「市場における競争が実質的に制限される，あるいは公正な競争が阻害されるおそれがある場合には独占禁止法上問題となる」（パテントプール GL，第2，2）とし，そのような場合として，標準化活動に関して以下のような制限が課される場合をあげている（かっこ内は該当する可能性のある独占禁止法違反行為である）。

（1）販売価格等の取決め

　　規格を採用した製品等の販売価格等の共同での取決め（不当な取引制限等）。

（2）競合規格の排除

　　競合規格の開発の制限，競合規格を採用した製品の開発・生産等の禁止（不当な取引制限，拘束条件付取引等）。

（3）規格の範囲の不当な拡張

　　互換性の確保など標準化のメリットを実現するために必要な範囲を超えての製品の仕様・性能等の共通化（不当な取引制限等）。

(4) 技術提案等の不当な排除

不当に，特定事業者の技術提案の採用を阻止，規格が技術改良の成果を踏まえた内容に改定されることの阻止（私的独占，共同行為による差別取扱い）。

(5) 標準化活動への参加制限

標準化活動に参加しなければ製品市場から排除されるおそれがある場合に，合理的な理由なく特定の事業者の参加を制限（私的独占等）。

これらの例が示すように，標準化にあたって必要な範囲を超えて共同での取決めや競争の排除がおこなわれれば，不当な取引制限であるカルテルに該当するおそれがある。また，競合する可能性のある規格，技術，事業者などを排除することになれば，排除行為として私的独占に該当するおそれがある。さらに，標準をめぐっての取引に拘束的な条件が付されれば不公正な取引方法にあたると判断される場合がある。

■ SEP

規格技術に関する特許権の行使について，パテントプール GL は，一方では，「標準化活動に参加していない事業者が当該活動により策定された規格について特許を有していた場合に，規格を採用する事業者に対して当該特許をライセンスすることを拒否したとしても通常は独占禁止法上問題となるものではない」（パテントプール GL，第 2, 3）とする。すなわちこれは，通常は，知的財産権の正当な行使とされる。

他方，標準化活動に参加する事業者は関連特許の利用を許諾する義務があることを以下のように述べる。

「標準化活動に参加し，自らが特許権を有する技術が規格に取り込まれるように積極的に働きかけていた特許権者が，規格が策定され，広く普及した後に，規格を採用する者に対して当該特許をライセンスすることを合理的理由なく拒絶する（拒絶と同視できる程度に高額のライセンス料を要求する場合も含む。）ことは，拒絶された事業者が規格を採用した製品を開発・生産することが困難となり，当該製品市場における競争が実質的に制限される場合には私的独占として，競争が実質的に制限されない場合であっても公正な競争を阻害するおそれがある場合には不公正な取引方法（その他の取引拒絶等）として独占禁止法上問題となる。」（パテントプール GL，第 2, 3）。

これは，規格の策定・普及によりサンク投資した，あるいはせざるをえなくなった者に対してホールドアップする行為であり，競争者の排除をもたらすのであれば私的独占として，排除されなくても不公正な取扱いを受けているのであれば不公正な取引方法として，独占禁止法違反に問われる可能性があることを明示するものである。SEPに伴うホールドアップを問題にするものといえる。

　同様の観点は知財GLにおいても示されている。

「多数の事業者が製品の規格を共同で策定している場合に，自らが権利を有する技術が規格として採用された際のライセンス条件を偽るなど，不当な手段を用いて当該技術を規格に採用させ，規格が確立されて他の事業者が当該技術についてライセンスを受けざるを得ない状況になった後でライセンスを拒絶し，当該規格の製品の開発や製造を困難とする行為は，他の事業者の事業活動を排除する行為に該当する。」（知財GL，第3，1，(1)，エ）。

　いずれのGLにせよ，事後的にホールドアップできることを知りつつ，事前に，自らに有利となることが予測される規格の設定に向けて働きかける行為を問題としており，主として排除型私的独占での違反とみなされる可能性がある。この意味で，ホールドアップ問題への一定の抑止が働いていると期待される。

　また，知財GLは2016年1月に改正され，FRAND条件を宣言することの意義を認めた上で，以下のように述べる。

「このようなFRAND宣言をした標準規格必須特許を有する者が，FRAND条件でライセンスを受ける意思を有する者に対し，ライセンスを拒絶し，又は差止請求訴訟を提起することや，FRAND宣言を撤回して，FRAND条件でライセンスを受ける意思を有する者に対し，ライセンスを拒絶し，又は差止請求訴訟を提起することは，規格を採用した製品の研究開発，生産又は販売を困難とすることにより，他の事業者の事業活動を排除する行為に該当する場合がある。」（知財GL，第3，1，(1)，オ）[17]。

　これは排除型私的独占の観点からの記述であるが，同様に，不公正な取引方

---

17) なお引用文に続き，「上記については，自らFRAND宣言をした者の行為であるか，FRAND宣言がされた標準規格必須特許を譲り受けた者の行為であるか，又はFRAND宣言がされた標準規格必須特許の管理を委託された者の行為であるかを問わない。」と記載されており，これは第8章で述べるトロールなどによる悪用を防ぐ趣旨も含まれる。

法の観点からも問題になりうる。

「FRAND宣言をした標準規格必須特許を有する者が，FRAND条件でライセンスを受ける意思を有する者に対し，ライセンスを拒絶し，又は差止請求訴訟を提起することや，FRAND宣言を撤回して，FRAND条件でライセンスを受ける意思を有する者に対し，ライセンスを拒絶し，又は差止請求訴訟を提起することは，規格を採用した製品の研究開発，生産又は販売を困難とすることにより，当該規格を採用した製品の研究開発，生産又は販売を行う者の取引機会を排除し，又はその競争機能を低下させる場合がある。

　当該行為は，当該製品の市場における競争を実質的に制限するまでには至らず私的独占に該当しない場合であっても公正競争阻害性を有するときには，不公正な取引方法に該当する。」（知財GL，第4, 2, (4)）。

■ ライセンスを受ける意思

　こうした記述で常に問題になるのは，「ライセンスを受ける意思を有する」か否かをいかに判断するかである。第7節で紹介するアップル対サムスン事件でもこの点が問題になった。知財GLはこれに関し，

「FRAND条件でライセンスを受ける意思を有する者であるか否かは，ライセンス交渉における両当事者の対応状況（例えば，具体的な標準規格必須特許の侵害の事実及び態様の提示の有無，ライセンス条件及びその合理的根拠の提示の有無，当該提示に対する合理的な対案の速やかな提示等の応答状況，商慣習に照らして誠実に対応しているか否か）等に照らして，個別事案に即して判断される。」（知財GL，第3, 1, (1), オ）

とする。

　同様の考え方は，2015年7月16日にドイツの裁判所から意見を求められた欧州連合司法裁判所（The Court of Justice of the European Union, CJEUと略される）が下した判断にもみられる。これは，LTE技術のSEPを有しFRAND宣言をしていたファーウェイが実施者のZTEに対して特許侵害として差止請求をした事件に関し，ドイツの裁判所が，この差止請求がEU法における市場支配的地位の濫用にあたるか否かの判断をCJEUに求めたものである。CJEUは，以下の3つの条件が満たされる限りにおいては，差止請求や製品回収請求などのSEP保有者の行為が市場支配的地位の濫用にあたらないとした。第1は，

訴えを提起する前に，問題となる特許，侵害と考える事実などを特定して警告していること，第2は，ライセンス条件を具体的に，かつ書面で特許侵害者に対して申し出ていること，第3は，侵害者がこの申出に対し真摯に対応しなかったこと，である[18]。

6 海外事例

前節で引用した2つのガイドラインは，事後的にホールドアップできる可能性を念頭に置きつつ事前に戦略的に標準規格への働きかけをする行為が独占禁止法違反とされる可能性を明らかにしている。こうした事例は日本では顕在化していないが，欧米ではランバス事件が有名である。

■ 米国ランバス事件

ランバス社（Rambus，以下「ラ社」）は米国を本拠とする半導体等の技術開発および技術ライセンスを業とする会社である[19]。問題となったのは，代表的な記憶素子であるダイナミック・ランダム・アクセス・メモリー（DRAM）に関する規格で，ラ社は JEDEC 半導体技術協会においておこなわれた標準規格設定作業に参加した。JEDEC は1993年に DRAM の一種である SDRAM 規格を採用し，さらに1998年には DDR SDRAM 規格を採用した。ラ社は1991年12月の JEDEC 会合に参加，翌年にはメンバーとなったが，1996年に脱退した。なお，第3節で述べたように，同協会は SEP につき RAND（FRAND）条件でのライセンスを義務づけている。

1999年から2000年にかけて，ラ社は，JEDEC が SDRAM，DDR SDRAM 規格に取り入れた技術に関連した特許を米国で取得し，これら規格に基づいた半導体を製造する企業にライセンスを呼びかけるとともに，それに応じない企業に対して訴訟を開始した。

---

18) http://curia.europa.eu/juris/document/document.jsf?text=&docid=165911&pageIndex=0&doclang=EN&mode=lst&dir=&occ=first&part=1&cid=225010（2016年3月アクセス），そのパラグラフ71より筆者和訳および要約。

19) 以下の記述では小畑（2010），Tallman（2012）を参考にした。

米国連邦取引委員会（FTC）は，ラ社がSSOメンバーとしてこの標準規格設定の場に参加しながら，JEDECの規定に反し，標準化作業の間，当該規格に盛り込まれることとなった技術について特許化の作業を進めていたことを秘匿していた，また会議で得られた知識を利用して特許クレームを作成していた，として独占行為（シャーマン法第2条違反），不公正な競争方法（FTC法第5条違反）にあたるとして，2002年6月に審判手続に入った。

2004年2月，行政法判事（ALJ）が審判官となり，ラ社が欺瞞行為をおこなったという証拠がないとして，審判開始決定を斥ける審決案（initial decision）を出した。これに対しFTCは委員会決定で2006年7月に審決案を覆して違反とし，最終審決（2007年2月）で，すべての希望者への非独占的ライセンスを許諾すること，定める最高限度額を超えるロイヤリティの支払いを得てはならないことを命じた。

ラ社はこれに対し提訴し，ワシントンDC地区控訴審判決（2008年4月）は，秘匿し特許クレーム作成に情報利用したことにより技術独占に成功し，また，合理的ロイヤリティとするよう制約が加えられるのを避けたとするFTCの議論は，反トラスト法違反を立証するには証拠不十分であるとして，審決を取り消した。FTCは上告したが，2009年2月に最高裁は上告を却下した。

このように，米国競争当局による競争法違反の認定は否定されたが，ラ社による私訴である特許侵害訴訟ではラ社が敗訴したものもあり，また米国特許商標局（PTO）により一部特許に対する無効決定も出されているなど，米国での判断は明確に決着をみたわけではない。

■ EUランバス事件

一方，この事件はEUでも取り上げられた。2007年7月に，欧州委員会（EC）はラ社に異議告知書を送付し調査に入ったが，ラ社は2009年6月に改善措置を約束する確約を提出し，ECはこれを受け入れ，2009年12月に確約決定（commitment decision）をおこなった。この確約は，ラ社の保有する関連特許に関し，ロイヤリティを一部無料また一部低率化するものである。確約であるので，ラ社が競争法違反を認めたわけではないが，ロイヤリティ低減効果をもたらしたことになる。

日本では，この問題は事件として取り上げられていない。取り上げる場合に

は，前節で紹介したガイドラインに従って判断されることになる。

■ 韓国クアルコム事件

韓国公正取引委員会（KFTC）は 2009 年に，米クアルコム社（Qualcomm，以下「ク社」）に対し市場支配的地位の濫用として，是正措置と約 2600 億ウォン（約 200 億円）の課徴金を課すことを発表した[20]。ク社はソウル高裁に取り消しを求めたが，ソウル高裁はこれを認めず，さらに最高裁で争われている。

本件は携帯電話の標準規格 CDMA に関するものであり，ク社はその保有する SEP につき FRAND でのライセンスを約束していた。同時に，ク社はモデムチップや RF チップと呼ばれる半導体を販売していた。このため，CDMA 規格に則った携帯端末を発売する事業者は，ク社よりライセンスを得るとともに，ク社あるいは競合メーカーからチップを購入する必要があった。また，韓国の CDMA モデムチップ市場においてク社は 98% のシェアを持ち，韓国公正取引法でいう市場支配的事業者にあたるものとされた[21]。

この状況において，ク社はク社製チップを購入する端末メーカーに対し，競合他社製チップを購入する端末メーカーに対するライセンス料と比較して安いライセンス料（5.75% に比し 5%）でライセンスしたり，チップ購入にリベートを提供したりした。これは競争事業者（競合するチップメーカー）を不当に妨害または排除する行為であり，市場支配的地位の濫用にあたるとして，KFTC は上記措置をとったものである。もちろん，FRAND のうちの ND すなわち非差別性の条件に反するものである可能性が高い。

このため，KFTC は上記のとおり課徴金を課すとともに，ライセンス料の差別的扱いやリベートを禁止した。また，ク社はライセンスを供与するにあたり，特許有効期間終了後（または，それ以前に特許が無効になったときはその後）もそれまでの 50% のライセンス料を支払うことを約束させていたが，それも取りやめるよう命じた。

よって KFTC は，FRAND のうち ND すなわち非差別性が満たされておら

---

20) KFTC プレスリリース，2009 年 7 月 23 日。また以下の記述は Kim and Yang (2015) も参考にした。
21) 韓国公正取引法（正式名は「独占規制及び公正取引に関する法律」）は，シェア 50% を超える企業があるとき，当該企業は市場支配的事業者と推定されるとしている。

ず，しかもその差別が競争事業者の排除の効果をもたらすことから競争法違反としたものである。FRANDのうちのFRすなわちライセンス条件が公正で合理的なものかどうかについては判断していない。

7 FRAND再訪――アップル対サムスン事件

　ランバス事件は，標準規格設定作業に参加し，影響力を行使したり，その作業過程を通じて得た情報を自社の特許戦略に生かすことができた企業が，事後にはアウトサイダーになり高額のライセンス料を要求したケースである。公取委の2つのガイドラインも，こうした行動は独占禁止法違反と判断される可能性を明示している。

　これに対し，標準規格設定作業に関わり，FRANDでのライセンスも約束した企業が，事後的に，FRANDを満たさない条件でのライセンスを実施者に強要した場合は独占禁止法上の問題になるだろうか。理論的にみる限り，これはまさにホールドアップ行動であるから，社会的に規制することが望ましい。

　しかしながら，現実問題としては，独占禁止法の観点からこれを規制することは容易でない。FRANDを明確に定義することが事実上不可能だからである。上で「FRANDを満たさない条件でのライセンス」と述べたが，それは実施者が主張するのみで，特許権者はFRANDを満たしていると主張するに違いない。非差別性については，韓国のクアルコム事件のように実施者によりライセンス料の差別をしていることが明瞭で，しかも排除効果を持つことが容易に推定される場合には独占禁止法を適用しやすい。しかし特に公正性・合理性については，通常は，競争当局は特許権者・実施者の主張のいずれが正しいかを判断する能力を持たない。また当事者同士が自由に交渉をおこない決定する価格は，何らかの欺瞞行為（カルテル行為を含む）がない限り尊重されるのが市場経済の基本でもあるから，その意味でも，競争当局が介入すべきかどうかは難しい問題となる。2つのガイドラインにこうした場合についての言及がないのは，これらの理由によるものであろう。

■ 優越的地位の濫用でいう「著しく高い対価」か？

　独占禁止法を適用するための1つの考え方は，事後的（規格設定後）にSEP特許権者が（SEPを持たない）実施者に対し優越的地位に立つとみなして，優越的地位の濫用として取り締まることである。製品化等のサンク投資をした実施者に対して特許権者が優越的地位に立っていると考えることができる理由はすでに述べた。

　優越的地位の濫用とみなされる行為はいくつかあるが，その1つは「（前略），その他取引の相手方に不利益となるように取引の条件を設定し，若しくは変更し，又は取引を実施すること」（独占禁止法，第2条9項5号ハ）であり，「取引上の地位が相手方に優越している事業者が，取引の相手方に対し，一方的に，著しく低い対価又は著しく高い対価での取引を要請する場合であって，当該取引の相手方が，今後の取引に与える影響等を懸念して当該要請を受け入れざるを得ない場合には，正常な商慣習に照らして不当に不利益を与えることとなり，優越的地位の濫用として問題となる」（優越GL，第4，3，(5)，ア）とされている。特許権者が実施者に対し，一方的に著しく高い対価でのライセンスを要請する場合であって，実施者がSEPの実施差止めを受けることを懸念して当該要請（高ライセンス料）を受け入れざるをえないなら，優越的地位の濫用として不公正な取引方法にあたると判断できることとなろう。

　ただし，ここでもまた，「著しく高い対価」かどうかの判定がきわめて困難である。優越的地位の濫用事件として一般的な，物品や役務の購入の場合には，通常「著しく低い対価」での購入が問題となるが，他業者から購入した場合の価格，類似物品・役務の価格，製造コストなど，比較できる数字があり，それに比して著しく低いという議論がしやすい。これに対し特許技術は基本的に唯一のものであり，利用の限界費用はゼロである[22]。このため，著しく高いかどうかの判断基準がない。FRAND条件でいう「合理的」価格かどうかの判断基準もない。このために，優越的地位の濫用規制の適用もきわめて難しい。

■ 自由放任論は正しいか？

　競争政策の観点からライセンス交渉に介入することに懐疑的な意見もある。

---

[22] 発明には費用がかかるとしても，その技術を追加的に誰かに利用させることに費用はかからない。技術の持つ「非競合性」による。第2章参照。

当事者同士の交渉に任せ，それが成立しないのであれば，不服な側が民事訴訟を起こすはずなので，裁判所の判断に任せればよいというものである。このいわば自由放任論に立てば，ライセンス条件が合理的かどうかを競争当局が判断する必要はない。

この考え方は，訴訟費用を無視できる限りにおいては正しいと思われる。しかしながら，現実には訴訟費用は大きなものになりがちで，特に資金力の限られた中小企業にとっては訴訟費用が捻出できず，やむなく特許権者のいうままになるという事態が起きている。この問題はトロールのような特許主張者（PAE）との関わりで大きな問題になっているので第8章で改めて論じるが，こうした場合には民事訴訟に任せず，競争当局が私的独占や優越的地位の濫用の観点から介入することが妥当であろう。

逆にいえば，大企業間の争いであれば民事訴訟に任せるという考え方には一定の妥当性があり，FRANDにおける「合理的」対価をどう考えればよいかについての判断も，判例の蓄積によりいわば相場観が形成されることが期待される。こうした判例の日本における最初のケースとして注目されるのが，アップル対サムスン事件の知的財産高等裁判所（以下，「知財高裁」）判決（2014年5月16日）である[23]。

■ アップル対サムスン事件判決

韓国サムスン社（以下，「サ社」）は，「移動通信システムにおける予め設定された長さインジケータを用いてパケットデータを送受信する方法及び装置」に関する特許を日本その他で取得していた。欧州電気通信標準化機構（ETSI）は第3世代携帯電話システムに関する規格であるUMTS規格を定めていたが，第3節で述べたように，ETSIはそれに必須な特許を所有する企業にFRANDでのライセンスを求めており，サ社は上記特許がこれにあたるとしてFRANDでのライセンスを宣言していた。

米国アップル社（以下，「ア社」）はUMTS規格に準拠した製品（iPhone 4等）を発売していた。サ社はア社が自社特許を侵害しているとして，東京地裁に対して訴訟を起こしたが，同地裁がこれを却下したため，知財高裁に控訴したの

---

[23] 以下，「　」で示すのはすべて判決文（平成26年5月16日判決言渡し，平成25年（ネ）第10043号）からの引用である。

第 5 章　標準必須特許（SEP）　103

がこの事件である。この裁判では，当該特許の技術的範囲や，特許権の消尽の問題も争われているが，これらについては略し，FRAND に関わる部分だけを議論する。

ア社によれば，サ社（控訴人）が提示したライセンス料は法外に高く[24]，「控訴人に対し，ライセンス料の算定根拠を詳細に説明した上で，繰り返し確定的なライセンスの申出を行ったにもかかわらず，控訴人は従前の申出をいまだに維持し，当該申出に係るライセンス料の算定根拠も，アップル社の申出に対する代案も示すことなく，一方で，必須宣言特許である本件特許権に基づいて差止めを求める本件仮処分の申立てを維持し，アップル社に対して，必須宣言特許に基づく差止仮処分命令の脅威を背景として圧力をかけている。」。これは「いわゆる『ホールドアップ状況』の策出行為に当たるもの」であり，「必須宣言特許である本件特許権についてのライセンス契約締結義務及び誠実交渉義務に違反している。」。これがア社の主張である。

判決は，「控訴人による（中略）本件特許権に基づく損害賠償請求権の行使は，FRAND 条件でのライセンス料相当額を超える部分では権利の濫用に当たるが，FRAND 条件でのライセンス料相当額の範囲内では権利の濫用に当たるものではないと判断」した。特にこの前半部については，「仮に，後に必須宣言特許に基づいて FRAND 条件によるライセンス料相当額を超える損害賠償請求を許容することがあれば，FRAND 条件によるライセンスが受けられると信頼して当該標準規格に準拠した製品の製造・販売を企図し，投資等をした者の合理的な信頼を損なうことになる」と，ホールドアップ問題の存在に言及していることが注目される。

■ FRAND ライセンス料の決定

さらに本判決で重要なのは，「FRAND 条件でのライセンス料相当額」を実際に裁判所が計算して示したことである。この計算のためには，3 つの数字を決定する必要があるとする。これらは，

---

24)　ア社の主張によれば，「仮にアップル社が同様のライセンス料率を他の UMTS 規格に関する必須宣言特許の保有者に対して支払うと仮定すると，アップル社は，UMTS 規格に関する全ての必須宣言特許についてライセンスを受けるために，本件ベースバンドチップの平均販売価格の約 18 倍のライセンス料を支払わなければならなくなる。」。

(ア)　UMTS 規格に準拠していることが製品売上に貢献している部分の割合
　(イ)　累積ロイヤリティの上限の割合
　(ウ)　必須と認められる特許の数

であり，特許あたりライセンス料相当額は

$$[(ア)\times(イ)\div(ウ)]\times 製品売上高$$

で計算された。

　この式において必須特許数(ウ)で除しているのは，「本件特許も他の UMTS 規格の必須特許も，同程度に，UMTS 規格に貢献していると評価するのが相当である」からである。すなわち，本件特許が他必須特許に比べ特に貢献度が高いという証拠がない以上，すべての必須特許は同程度の貢献であると仮定されたのである。

　また(イ)は UMTS 規格必須特許の利用に対して支払うことが合理的なロイヤリティ合計の上限であるが，これは他規格や他特許権者の提案等を参考に 5% とされた。

　(ア)および製品売上高については判決文でも秘されているが，それらに基づきライセンス料相当額は 995 万 5854 円すなわち 1000 万円弱と計算された。

　この判決は FRAND についての 1 つの裁判所の判断を示したものとして重要である。特に，(1) 製品（本件ではスマートフォン）にはいくつもの規格が関わっていることに鑑み，問題となっている規格の貢献割合を推定すべきこと，(2) その規格に対する必須特許への累積ロイヤリティの上限として 5% という数字を示したこと，(3) 個々の必須特許の貢献度が不明であれば単に特許数で割ればよいとしたこと，において画期的な判断である。この判断が，当該案件（アップル対サムスン）や当該製品（スマートフォン）に限定されるべきものなのか，あるいは標準規格必須特許に関わる幅広い事案に応用可能と考えられるべきものなのかは，今後さまざまに議論されていくに違いない。

　しかしながら，特に通信やエレクトロニクス分野では多くの規格が 1 つの製品に関わり，多くの特許が 1 つの規格に関わっていることを考えれば，あくまでも私見ではあるが，本判決は妥当かつ有用な判断を下したものと思われる。

■ ま と め

　本章では，標準必須特許（SEP）に伴う諸問題と独占禁止法で対処できる可能性について論じた。電機・通信・情報等の産業ではハードウェアとソフトウェア，本体とメディア，部品と部品などの補完性のため，また送り手と受け手間での接続性確保のため，数多くの標準規格が策定される。また，技術の集積性が顕著であり，1つの製品，1つの規格に数多くの特許が関わる。このためにSEPに係る権利をいかにクリアするか，そして同時にSEPへの研究開発インセンティブをいかに維持するかが，技術政策上の大きな課題になっている。また，SEPが参入障壁を生むことがないか，ホールドアップ問題をもたらすことがないか，競争政策の観点からも大きな課題になっている。

　現在では標準化団体（SSO）が規格策定にあたり，当該規格に必須な特許を所有すると考える権利者にその旨を登録させるとともに，FRAND条件でのライセンス義務を課すことが一般的である。自社特許が必須であるように規格策定を誘導しつつ登録しなかったり，FRANDでのライセンスを拒否したりすれば，それは欺瞞行為であり，かつ競争業者の排除や優越的地位の濫用として独占禁止法に違反する行為として問題にすることが可能である。

　一方，自らは規格策定に影響を与える行為をしたわけではない企業がアウトサイダーとしてFRANDに拘束されない形でのライセンス条件を要求したとしても，それは特許権の正当な行使といわざるをえない。高ライセンス料が最終製品価格に反映されることによって，消費者が負担を余儀なくされるとしてもである。

　また，SEPの登録をし，FRANDでのライセンスにコミットしている場合でも，FRANDでいう「合理的」条件が実際に何を意味するかについて，特許権者（ライセンサー）と実施者（ライセンシー）の間では紛争が頻繁に起こりうる。このとき，私訴での解決が十分に機能するのか，独占禁止法の立場から介入する余地があるのか，については明らかでなく，論者により意見が分かれているように思われる。

　いずれにせよ，実際にそうした民事訴訟はすでに起きており，それによる判例の積み重ねができれば，ライセンス交渉における議論の収束も期待しやすくなり，また，要求が不当である，あるいは著しく高い（または低い）ものであって優越的地位の濫用にあたるといった判断もしやすくなるはずである。いう

までもなく，こうした判例の蓄積には多大の時間と訴訟費用を要することになる。そして，その間にも，技術は変化し，特許数は膨張し，新たな標準規格が生まれていくことになろう。それだけに，SEP を競争政策の観点からどうとらえていくかは試行錯誤の連続とならざるをえない。

# 第 6 章

パテントプール

1 パテントプールの機能

「パテントプールとは,ある技術に権利を有する複数の者が,それぞれの所有する特許等又は特許等のライセンスをする権限を一定の企業体や組織体(その組織の形態には様々なものがあり,また,その組織を新たに設立する場合や既存の組織が利用される場合があり得る。)に集中し,当該企業体や組織体を通じてパテントプールの構成員等が必要なライセンスを受けるものをいう。」。これは公正取引委員会のガイドラインにおける定義である(パテントプール GL,第 1,注 1)。

より一般的に,パテントプール(以下しばしば単に「プール」という)は次の機能を有する組織体であるということができる。

① 複数特許権者は当該プールにその保有特許を寄託,または保有特許のライセンス業務を委託する。以下,これら特許権者をプールメンバーという。

② メンバーおよびメンバー外の特許実施希望者,すなわちライセンスを受けることを希望する者は,プールとライセンス条件を交渉し,プールが管理するすべて(または一部)の特許のライセンスを受ける。

③ ライセンスを受ける者(ライセンシー)はライセンス料をプールに支払い,プールは,手数料ないし事務管理費を除いた収入を,予め定められたルールに従い特許権者たるプールメンバーに配分する。

もちろんプールは多様であり,(ア)ある製品またはある規格に必須なすべての特許が包含されているか,(イ)特許権者自らが必須と主張するものをすべて含むか,または,技術専門家により必須と認定されたものに限定するか,(ウ)プール

が課すライセンス条件はすべてのライセンシーに共通か，予め公開されているか，㈢プール収入の特許権者への配分において，全特許を等価値と仮定して特許件数に比例して配分されるか，あるいは，特許によりその重要性の違いを反映させるか，などに応じさまざまである．

■ 取引費用節約効果

いずれにせよ，特許実施希望者はパテントプールとライセンス契約を結べばプールメンバーである特許権者のすべてから利用許諾を得られ，他方，特許権者にとっては，その保有特許の管理をプールに預託すれば自ら個々の特許実施希望者と契約することなくプールが受け取るライセンス収入の分配を受けることになる．つまり，両者にとってパテントプールはワンストップの窓口となり，取引費用節約効果は大きい．

この効果は製品化や標準規格の実施に多数の特許が関わり，また特許権者が分散しているほど大きい．このため，集積型技術が顕著な機械産業や電子通信産業を中心にパテントプールは重要な役割を果たしている．ただし，多くの特許権者に分散しているほど，これら特許権者の間での合意を形成するのも困難となり，また特許権者による機会主義的行動（自らの利益のみを追求して，社会的に公正あるいは最適か否かにかかわらず戦略的にとる行動をいう）も起こりやすくなる．こうした問題も含め，本章ではパテントプールと競争の関係を考えていこう．

■ 共同行為としてのパテントプール

パテントプールは企業間の共同行為であるが，アンチコモンズ（反共有地）の悲劇を解消するために効果的な手段である．すなわち，個々の特許権者が自らの利益を最大化すべくライセンス条件を要求するとロイヤリティ・スタッキング（特許料の積み重ね）が起き，費用が過大となって製品化されず，または製品化されても高価になって売上が伸びず，この結果，各特許権者のライセンス収入は結局ゼロになるか，ゼロではないにしても小さくなってしまう．これはゲーム論でいう囚人のジレンマの状況である．囚人間で共謀できるとき，このジレンマは解消する[1]．同様に，すべての特許権者が共謀し，トータルとしてのライセンス料を合理的に決めることができれば，アンチコモンズの悲劇は起

きない。

　共謀はカルテルや談合の形をとり，通常は社会的に損失であるが，パテントプールはむしろ社会的に貢献する。それゆえ，ハードコア・カルテルと呼ばれる価格や生産量等に関するカルテルや談合が不当な取引制限として独占禁止法違反とされるのに対し，「パテントプールは，事業活動に必要な技術の効率的利用に資するものであり，それ自体が直ちに不当な取引制限に該当するものではない」(知財 GL，第 3，2，(1)，ア) とされている。

　ただしパテントプールが無限定に容認されているわけではなく，競争制限効果を持つ場合には禁止される。また，パテントプールが競争制限効果を持つ形で結成されることもある。このために，競争政策の観点からの注意が必要になる。本章ではこうした問題を説明する。まず第 2 節でパテントプールの基本的な効果を経済学的な観点から論じる。次に第 3 節でパテントプールがロイヤリティ・スタッキングの防止や取引費用節約に貢献する一方で，その結成・維持に固有の困難性があることを論じる。そうした困難性はメンバー間の異質性のためにより深刻になりうるが，それにもかかわらず機能している代表として，CD やブルーレイに関するパテントプールがあり，また，最近のパテントプールは複雑化・重層化してきている実態を説明する。第 4 節では，米国競争政策におけるパテントプールへのアプローチの歴史的展開を概観した上で，日本における 2 つのガイドラインを解説するとともに，代表的事例であるパチンコ機製造特許プール事件に言及する。

2　パテントプールの価格効果

　パテントプールはアンチコモンズの悲劇を解消する効果があると述べた。すなわち，複数の特許が必須であるとき，プールがライセンス料を共同決定することにより，均衡ライセンス料は，個々の特許権者がライセンス料を独立に決定したときのライセンス料合計より小さくなる。これにより，当該特許群を用

---

1) 囚人 A は囚人 B が先に自白してしまうことを恐れ自白する，B も同じ理由で自白し，ともに極刑に処される。この「囚人のジレンマ」は，両者が共謀し，お互いに信頼し合って黙秘できれば避けられる。警察が犯罪を立証できなくなり放免されるからである。

いた製品化が容易になり，消費者利益に貢献する。このことを経済学で説明しよう[2]。

■ 複数必須特許（双方向ブロック）のモデル

今，簡単化のため，必須特許の特許権者を2者としよう。またライセンス料は，製品1個あたり定額として課されるものとする。すると，プールがなければ，例えば第1特許権者は，第2特許権者の課すライセンス料（r_2とする）を所与として，自社ライセンス料（r_1とする）を，自らのライセンス収入である$r_1 Q$を最大化するように決定する。同様に第2特許権者は，r_1を所与として，自社ライセンス料（r_2）を，ライセンス収入（$r_2 Q$）を最大化するように決定する。ただしQは製品販売量であり，製品製造企業（メーカー）である特許実施者（ライセンシー）が自らの利益を最大化するように決定するが，両特許とも必須のため，メーカーは両特許権者からライセンスを受けないと製造・販売できない。よって，ライセンス料合計である$r_1 + r_2$はメーカーにとっては製品1単位あたり費用であり（簡単化のため，材料費や人件費などの他の費用を無視する），それが増加すれば，製品市場が競争的であれ独占的であれ，均衡生産量は減少するから，Qは$r_1 + r_2$の減少関数である。

一方，プールがあるとき，そのライセンス料（Rとする）は，ライセンス収入RQを最大化するように決定される。そしてこの収入が両特許権者に何らかのルールにより分配される。

このとき，プールがない場合の均衡ライセンス料合計（均衡解に^をつけて$\hat{r}_1 + \hat{r}_2$）はプールがある場合の均衡ライセンス料（均衡解に*をつけてR^*）より高い，すなわち，$\hat{r}_1 + \hat{r}_2 > R^*$が成立することを示すことができる。また特許権者の受け取るライセンス収入もプールがある場合の方が高い。すなわち，プール結成により，実施者にとってはライセンス料が下がり，特許権者にとってはライセンス収入が増えて，いずれも望ましい。このため，プールは社会的厚生を高める。この証明には数式を用いるので，章末に数学注1として示す。

以上では，第1特許権者と第2特許権者の両者の特許が製品化のためにはいずれも必須であると仮定した。いいかえれば，特許1のみの使用許諾を得て製

---

[2] パテントプールがライセンス料を低減するか，また社会厚生を向上するかについてのより厳密な分析はLerner and Tirole（2004）にある。

品化しても特許2の侵害となり，逆に特許2のみの使用許諾を得て製品化しても特許1の侵害となる。この関係を，両特許が双方向にブロック（妨害）するという。

■ 1方向ブロックのモデル

これに対し，2つの特許が1方向のみにブロックすることもありうる。例えば，特許2のみの許諾を得て製品化すると特許1の侵害となるが，特許1のみの許諾を得て製品化することは特許2を侵害することなく可能である場合である。ただし，両特許をあわせて実施した方がより低費用あるいは高品質で製品化できるとしよう（それでなければ誰も特許2を実施しようとはしない）[3]。

双方向ブロックが集積型技術の場合に多いのに対し，1方向ブロックは累積型技術の場合に当てはまりやすい[4]。技術1の発展型として，あるいは技術1を利用して，技術2が発明されている場合，技術は累積型である。技術1のみを利用して製品化することも可能だが，技術2も利用して製品化するのであれば，技術1も利用しているので，それが特許として成立している限り，技術2を利用するには技術1の使用許諾も要する。よって特許実施を希望するメーカーは技術1の特許権者（以下，第1特許権者という），技術2の特許権者（第2特許権者）の双方から使用許諾を得ることが必要になる。あるいは，もう1つの方法として，第2特許権者が第1特許権者と交渉してライセンスを受け，そのライセンス込みで第2特許権者がメーカーにライセンス供与することも可能である。後者の方式では，メーカーにとってライセンス交渉の手間が減るため，第2特許権者によるライセンス売り込みも容易になると想定される。

こうした1方向ブロックの場合にも，双方向ブロックの場合と同様に，プールがライセンス料を低減する効果を持つことを以下のように示すことができる。

第2特許権者の課すライセンス料 r_2 を特許1のライセンス込みのライセンス料としよう。一方，r_1 は第2特許権者がメーカーにライセンスするごとに第1特許権者に支払わなければならないライセンス料である。このため，第2

---

[3] 双方向ブロック，1方向ブロックはそれぞれ英語で two-way blocking, one-way blocking と呼ばれ，後述する EC の技術移転ガイドライン（パラグラフ29）でも言及されている。

[4] 集積型，累積型の違いについては第2章3節参照。

特許権者の利潤は $(r_2-r_1)Q$ となる。一方，第1特許権者の利潤はライセンス収入の r_1Q である。第1特許権者はこれを最大化するように r_1 を決定する。その r_1 を与えられ，第2特許権者は r_2 を決定する。この解（˜を付ける）を $\tilde{r}_1, \tilde{r}_2$ としよう。

一方，プールが成立し，ライセンス料 R を課すとすれば，両者あわせてのライセンス収入は RQ であり，これを最大化すべく R が決められ，両特許権者間で分配されることになる。この解を再び R^* としよう。すると，$\tilde{r}_2 > R^*$ となる。よって，再び，プールはライセンス料低減効果を持つ。（証明は章末の数学注2参照）

■ 二重限界化

1方向ブロックにおける以上の結果は，垂直的取引関係において発生する二重限界化理論と共通する。この理論では，第1企業は上流企業（例えばメーカー），第2企業は下流企業（例えば小売店）であり，いずれも独占である。r_1 を卸売価格，r_2 を小売価格とすれば，上記した均衡ライセンス料 $(\tilde{r}_1, \tilde{r}_2)$ は，メーカーおよび小売店がそれぞれ独占利潤を最大化しようとしているときのそれぞれ卸売価格と小売価格の均衡値と解釈できる。一方，上流と下流が統合しているときの均衡小売価格は R^* である。すると，上とまったく同じ理由で $\tilde{r}_2 > R^*$ が成立する。

すなわち，上流企業と下流企業が独占で個々に価格決定をしている場合には，垂直統合して合計利潤を最大化する場合に比べ，小売価格が高くなる。しかも，上流・下流企業の利潤合計も垂直統合したときに比べ低い。高価格のために販売数量が減少する効果が価格上昇効果を上回るからである。よって，消費者も生産者（上流・下流）も，二重限界化のもとでは，垂直統合した場合に比べ，不利益を受ける。

こうした不利益は，上流企業・下流企業それぞれが独占力から得られるマージンを上乗せするために生じる。これが二重限界化と呼ばれるものである。独占企業は上流でも下流でもそれぞれに限界化，すなわち限界収入と限界費用の均等を図るからである。二重独占化とも呼ばれる。上流企業・下流企業それぞれの行動は自社利益のみならず他社利益にも影響を与えるが，そうしたいわゆる外部効果が無視されるため，小売価格は上がるが合計利潤はむしろ減少する

という，一見逆説的な結果になるのである[5]。

1方向ブロックの特許群があるときにも，複数特許権者の行動は独占的な上流・下流企業の行動と同一になり，パテントプールは垂直統合と同様に二重限界化を回避する効果を持つ。このために，ライセンス料低減効果が生まれるのである。

これに比し双方向ブロックの特許群の場合に示されたのは，それぞれの特許権者がクールノー均衡における寡占企業のように，他特許権者のライセンス料を所与として自社ライセンス料を決定するとき，合計ライセンス料は結合利潤を最大化するパテントプールに比べ高くなることである。これを水平的な企業間での二重限界化によると考えよう。すると，双方向ブロック（水平的），1方向ブロック（垂直的）のいずれにせよ，パテントプールは二重限界化の解消に貢献し，ライセンス料低減に貢献すると考えることができる。

また，複数特許が1方向であれ双方向であれブロックする関係にあるとき，一方の特許は他方の特許とともに利用されることによってのみフルに技術効果を発揮できるという意味で，補完的な関係にあると考えることができる。特許実施希望者は補完的な特許すべてについて使用許諾を得る必要があるため，特許権者間での技術市場における競争は起きず二重限界化が発生する。これに対し，パテントプールは取引費用を削減し，二重限界化による特許料総額の高騰を避けるために効果的であるから，原則として，競争政策上問題にすべき理由はない。

■ 代替的特許の場合

一方，複数特許が代替的な関係にあるとき，特許実施希望者はいずれかの特許の利用許諾を得さえすれば，侵害なく製品化することができる。よって特許権者間で競争が発生し，特許実施希望者はいずれか最も好条件のライセンスを提供する特許権者からライセンスを受けることが可能になる。

こうした代替的な特許間でパテントプールが結成されれば，技術市場での競

---

[5] 二重限界化（double marginalization）あるいは二重独占化（double monopolization）理論は，垂直的な企業結合や垂直的な取引制限（再販売価格維持行為等）がもたらすプラス効果としてあげられることが多い（小田切，2001，第12章）。より詳しくは第10章で議論する。

争を抑圧し，特許実施希望者にとっての選択肢を狭めることになる。よって，通常のカルテルと同等とみなすべきである。このことを認識して，知財ガイドラインは「パテントプールは，事業活動に必要な技術の効率的利用に資するものであり，それ自体が直ちに不当な取引制限に該当するものではない」と一般論を述べた後に，以下のように述べる。

「しかしながら，一定の技術市場において代替関係にある技術に権利を有する者同士が，それぞれ有する権利についてパテントプールを通じてライセンスをすることとし，その際のライセンス条件（技術の利用の範囲を含む。）について共同で取り決める行為は，当該技術の取引分野における競争を実質的に制限する場合には，不当な取引制限に該当する。」（知財GL，第3，2，(1)，イ）米国の知財ライセンスガイドライン[6]およびEUの技術移転ガイドライン[7]においても同様に，補完的技術間のパテントプールは競争制限のおそれは低く，逆に効率性に寄与する可能性が高い一方で，代替的技術間のパテントプールはカルテルとなって競争制限をもたらす可能性が高いことを明らかにしている。

独占禁止法上のパテントプールの扱いについて，より詳しくは第4節で述べる。

3 パテントプールの意義と限界

価格への効果に加え，パテントプールのもう1つの重要な貢献は取引費用の節約である。特許権者にとって，ライセンスを受けることを希望するすべての実施者とライセンス契約を締結し，またライセンスを受けていない実施者がいないか監視し，必要に応じて特許権侵害訴訟を提起するなどの業務は，実施者（潜在的実施者を含む）の数が多ければ大きな費用となる。実施者にとっても，その製品化にあたって実施許諾を受けるべき特許権者をすべて特定し，ライセンス条件を交渉し，契約を締結するのは，大きな費用と負担である。これに対

---

6) U.S. Department of Justice and Federal Trade Commission, "Antitrust Guidelines for the Licensing of Intellectual Property," 1995.

7) European Union, "Guidelines on the Application of Article 101 of the Treaty on the Functioning of the European Union to Technology Transfer Agreements," 2014.

しすべての関連特許がパテントプールに集約されているという理想的状況では，特許権者も実施者もパテントプールとさえ契約を締結すればよい。このことにより契約書の数が減るばかりではなく，監視や訴訟についても規模の経済が働いて，あるいは重複を避けることにより，低費用でより効率的に実施することが期待できる。またパテントプールの契約条件は，特に標準規格等に必須な特許に関するパテントプールであれば，FRANDを満たす形で公開されているはずなので，透明性・非差別性の観点からも優れている。

しかし他方で，パテントプールの結成にはさまざまな困難が伴う。特に，アウトサイダーになるインセンティブが働くこと，特許権者間の合意の形成がしばしば容易でないことが，大きな障害となる。

■ アウトサイダーへのインセンティブ

例えば補完関係にある特許が10件あり，10人（あるいは10社）に保有されているが，いずれも製品化に必須であるとする。このうちあなた以外の9人の特許権者がパテントプールを結成し，あなたにも参加を呼びかけてきたとしよう。このとき，あなたにとって，参加することはライセンス収入最大化の観点から有利であろうか。

実は，正しい答えは否である。実施者にとり，あなたの特許のライセンスを受けることは，他の9人が結成したパテントプールからライセンスを受けることと同様に必須であり，両者は双方向にブロックする関係にある。このため，あなたはプールに参加しなければプールと同じ交渉力を持ちえて，プール内メンバーとして分配されるライセンス料よりも高いライセンス料を単独で得られる。よって，特許権者は，他者がパテントプールを結成してくれるなら，自分はアウトサイダーにとどまるインセンティブを持つ。

もちろん，誰もがアウトサイダーになろうとすればパテントプールは成立せず，アンチコモンズの悲劇になったり，二重限界化による高ライセンス料かつ低ライセンス収入になったりする。囚人のジレンマである。

本章の初めにパテントプールは共謀でありカルテルと共通すると述べた。カルテルにおいてもアウトサイダーの有利性はよく指摘されており，スティグラーの古典的論文（Stigler, 1964）はそれゆえにカルテルは不安定であると論じた。しかし，その後のカルテル研究はむしろカルテルが安定的に永続する可能性を

示唆する。それはカルテルから逸脱することによって短期的には利潤を増加できるとしても，他社から報復を受け，あるいはカルテルが崩壊することによって，長期的には利潤を大きく減らしてしまうからである。報復が十分に速く，また報復後の利潤低下が十分に大きい限り，長期利潤現在価値は逸脱によりむしろ低下してしまう。このため，誰も逸脱せずカルテルは持続する（小田切，2001，第10章）。

同様にパテントプールにおいても，アウトサイダーとしてとどまることによって短期的には利潤（ライセンス収入）を増やせるとしても，この結果パテントプール自体が崩壊し，前節で述べた理由により各社ライセンス収入が低くなってしまうのであれば，この長期効果を予測して，どの特許権者もアウトサイダーにはならず，プール内にとどまるかもしれない。

ただしこの可能性を難しくするのは，特許権者の異質性である。

■ 特許権者の異質性

これまでの議論では，特許権者間で，あるいは彼らの保有する特許間で大きな違いがありうることを無視してきた。しかし多くの場合，これらの間での異質性は大きい。まず，特許により価値が異なるのが普通である。必須特許と必須でない特許とでは価値が異なり，必須特許同士でも，ある特許はほかより基本的であったり代替技術開発の可能性が低かったりする。前節で述べた一方向ブロックの場合には，明らかにオリジナルな特許の方が，他特許なしでもある程度の価値を生み出せるという意味で強い。

特許権者間では保有特許数も異なる。さらに，特許実施者にもなって製品開発・生産・販売する特許権者とそうでない特許権者との違いがある。すなわち，上流である技術市場および下流である製品市場の双方に統合している特許権者（以下「統合権者」と呼ぶ）と，技術市場のみに関わっている特許権者（以下「専門権者」と呼ぶ）の違いである。後者には研究開発専門会社，特許を買収等によって多く所有し権利行使することを専業とする特許主張者（PAE，いわゆるパテントトロール，第8章で詳述），さらには大学や個人発明家などが含まれる。これに対し，例えば通信機器メーカーの場合，特許を保有するとともに，それを用い，また他社特許のライセンスも受けて，通信機器の製造・販売をおこなう。

この違いは、アウトサイダーになるインセンティブに重要な違いをもたらす。統合権者の場合には、他の必須特許権者からライセンスを得られなければ製造ができないという制約があるからである。このため、統合権者が逸脱しアウトサイダーになれば、他者はライセンス供与を拒否するという強力な報復手段を持つことになる。これを恐れるから、統合権者はアウトサイダーになるインセンティブを持ちにくい。むしろ実施者としての立場から、パテントプールを積極的に推進するであろう。

これに対し専門権者は、アウトサイダーになることによって大きなライセンス収入を得ようとするインセンティブを強く持つ。もちろん、パテントプールが包括的に成立することがアンチコモンズの悲劇を解消し製品市場が発展するために必要であることが十分に予測されていれば、自らがアウトサイダーになることで製品化されず結局ライセンス収入が得られなくなることをおそれて、アウトサイダーになることを自重するかもしれない。よって、専門権者はこうした両効果のバランスを考えて、アウトサイダーになるかどうかを決めることになる。また大学のような公的機関では、利潤よりも公益を重視する観点から、パテントプールに参加する傾向がある。

■ ライセンス料の決定と配分

アウトサイダーにならずパテントプールに参加する場合でも、特許権者間の異質性はプール内での合意の形成を困難にする。それは1つには、プールとして実施者に課すライセンス料の決定についてである。統合権者はライセンス料の受取者であると同時に支払者でもあるので、専門権者より低いライセンス料を主張するであろう。ただし、彼らは製品市場で競争に直面している。競争は既存の同業者のほかに、潜在的な参入企業からも発生し、これら企業はいずれもパテントプールからライセンスを受けなければならないから、ライセンス料を高めることは、自社およびライバル企業の費用を高める効果を持つ。このため、自社の方が必須特許を多く保有するなどの理由でプールからのライセンス収入の配分をより多く得られるなら、ライセンス料を高めることによって、ライセンスする特許を多く持たないライバル企業を相対的に不利にできるかもしれない。この効果は、特許を持たない参入企業に対して特に大きい可能性があり、その場合にはライセンス料が参入阻止手段として、自社ら既存企業のみに

市場を囲い込むために用いられる可能性がある[8]。

いずれにせよ，こうした考慮は専門権者には必要なく，統合権者との利害の乖離が起きやすい。

プール内でのライセンス収入の配分ルールについても，特許権者の異質性は合意形成を難しくする。当然ながら，各権者とも自らの保有する特許の重要性を強調し，より有利な配分を求めるからである。第三者の技術専門家に個々の特許価値の評価を依頼し，それを反映して配分ルールを決めることができればよいが，実際には困難である。むしろ専門家には必須特許かどうかのみの判断を依頼し，必須特許について均等に配分する，すなわち必須特許の数に応じて権者に配分する方法をとっているケースが多いようである[9][10]。

■ 置換効果

さらにもう1つの異質性がある。置換効果（replacement effect）によるものである[11]。共食い効果（cannibalization effect）ともいう。多くの場合，新製品が発売されると，それまで類似の旧製品を購入していた消費者が旧製品の代わりに新製品を購入するようになるから，旧製品の売上は大幅に低下する。すなわち旧製品から新製品に置換する効果，または旧製品と新製品が共食いする効果である。

エレクトロニクス産業では，音楽でLPからCDに置き換わり，映像でVCR（ビデオカセットレコーダー）やCDからDVDに，そしてDVDからブル

---

8) Lerner and Tirole（2004）はこれら効果を"raising each other's cost"（お互いのコストを引き上げる効果）および"foreclosure"（囲い込みあるいは閉鎖効果）と呼び，競争政策上の論点になりうるとしている。

9) 例えばMPEG-2やDVDのパテントプール。長岡（2002），Joshi and Nerkar（2011）参照。また，アップル対サムスン事件の知財高裁判決も同じ考え方に立って特許数のみを考慮したことについては第5章7節で述べた。

10) こうした特許数に応じた配分ルールは，メンバー企業に多くの特許をプールに加えようとするインセンティブを与える。Baron and Delcamp（2015）は，MPEG-2を含む7つのパテントプールに含まれる特許群に関する実証研究結果として，メンバー企業，特にプール結成時からメンバーだった企業は，プール結成後に，引用されることが少ないなどからインクリメンタル（漸進的であり非革新的）で貢献度が低いと推定される特許をプールに追加する傾向があるとしている。

11) 置換効果という言葉は，Arrow（1962）の議論に基づきTirole（1989）が名付けたものである。

ーレイに置き換わった。ワープロ専用機はパソコン＋ワープロソフトに置換され，パソコンから今度はスマートフォンやタブレットへの置換が部分的ながら起きつつある。こうした置換効果は，旧製品で大きなシェアを持つ企業が研究開発へのインセンティブを持ちにくいことを説明するために議論されてきた[12]。

　新製品生産のために，あるいは新標準規格制定のためにパテントプールが結成されるものとしよう。このプールに参加する特許権者の中には，旧製品・旧規格に係る特許を有する者と有しない者が混在している。このとき，これら特許を有する者には置換効果が働く。すなわち，新製品・新規格に係るパテントプールからライセンス収入配分が得られるというプラス効果だけではなく，旧製品・旧規格に係る特許からのライセンス収入（および統合企業であれば製品売上）の減少というマイナス効果があり，純増加はこの差にとどまる。これに対し旧製品・旧規格に係る特許を有しない特許権者にとってはプラス効果のみである。このため，後者はパテントプールの課すライセンス料を低く設定して新製品の普及を促そうとするのに対し，前者，すなわち旧製品・旧規格の特許権者・製造業者には，新製品に係るパテントプールのライセンス料を高めに設定して旧製品から新製品への移行を遅らせようというインセンティブが働くことになる。

　DVDにおいては，当初すべての必須特許権者が集まってパテントプールを結成しようとしたが，合意が成立せず，フィリップス，ソニー，パイオニアの3社を中心とするパテントプール（3Cと呼ばれる）と東芝などその他企業を中心とするパテントプール（6C）が併存した。フィリップス，ソニーはCD標準規格設定の中心企業であり，DVDによるCDからの置換効果の存在が合意形成を困難にした可能性がある[13]。

　またブルーレイ・ビデオにおいてもワンブルーとプレミアBDの2つのパテントプールが併存している。前者は日立，パナソニック，フィリップス，ソニーらを中心とし，後者は東芝，三菱電機，トムソンらを中心とする。これはブ

---

[12] 置換効果は，いわゆるシュンペーター仮説，すなわち，大企業ほど，あるいは独占的企業ほど研究開発を盛んにおこなうとの仮説を批判する議論に使われることが多い。より詳しくは，第9章1節で議論する。

[13] ただし，単純な比較は困難なものの，3Cの課すライセンス料が6Cのライセンス料よりも高いとは言い切れないようである。次のブルーレイの事例も含め，den Uijl *et al.*（2013）参照。

ルーレイと（規格争いに敗れた）HD DVD 間の規格争いを反映したものと推察される。前者は当初からブルーレイを推した企業群、後者は少なくとも当初においてブルーレイと競合した HD DVD を推した企業群だからである。後者の企業群も、HD DVD ではシェアを伸ばせず結局はブルーレイ規格を採用したので置換効果とは考えにくいが、パテントプールとしてはワンブルーと意見の一致ができなかったものとみられる。

■ プールの複雑化・重層化

このように、パテントプール、特に必須特許を網羅するパテントプールの結成は容易ではないが、他方では技術の高度化、特許の集積性・累積性、またネットワーク効果の広がりがパテントプールの利便性を高めている。

実際、オーディオ用 CD（1982 年に市場に導入）、DVD（1996 年）、ブルーレイ（2006 年）を比較したデン・ウィジルら（den Uijl et al., 2013）の研究によれば、必須特許数は CD の 100 未満から、DVD の約 900（3C、6C の合計）、ブルーレイの 8 万 3000（ワンブルーのみ、プレミア BD については不明）と急増している。しかも、単に量的なだけではなく 2 点での重層化があったという。

第 1 は旧技術との互換性である。例えば、消費者の利便性を考え、ブルーレイ・プレイヤーは DVD や CD も操作できるように作られているから、旧技術に関する特許も必要になってくる。従って、ブルーレイ・プレイヤーを発売しようとする企業は CD パテントプール、DVD パテントプール（3C および 6C）、そしてブルーレイに関する特許のライセンスを得る必要がある。彼らの推計によれば、これらを個々にライセンスすると合わせて 1 台あたり 25 ドルのライセンス料になったという。これに対し、これらを包括したワンブルーではライセンス料は 9 ドルにとどまった。

第 2 は、複数機能の取り込みである。この典型はスマートフォンで、通信機能にとどまらず、カメラ、音楽再生、ブラウザーなどの機能が組み込まれているから、これらとの整合性も考慮する必要があり、場合によってはパテントプールとして組み込む必要がある。つまりプールのプール（"pool of pools"）が必要になる（den Uijl et al., 2013）。

このように、パテントプールはいっそう複雑化しており、利便性も増す一方で困難性も増している。それだけに競争政策上の評価もより多面的におこなう

必要性が増えている。

4 パテントプールと競争政策

　パテントプールの歴史は意外に古く，世界での最初のパテントプールは1856年に結成されたミシンについてのものだという（Lerner et al., 2007）。よってすでに160年の歴史があることになる。競争法上の考え方もこのため大きく変化してきた。

■ 米国での経験

　米国では1890年にシャーマン法が成立したが，1902年にはパテントプールは特許法による正当な権利の行使であってシャーマン法に違反しないとの最高裁判決が出ている（E. Bement & Sons 対 National Harrow Company 事件）。しかし早くもその10年後に最高裁はこれを覆し，スタンダード衛生陶器（Standard Sanitary）事件において，バスタブ・エナメル化パテントプールを反トラスト法違反として，その共同ライセンス事業の解体を命じている。そして，それ以降，パテントプールに対する反トラスト法からの警戒が続くのである。

　20世紀初頭から1980年頃までにパテントプールに対し反トラスト法違反の判決が出た事例を調査したギルバート（Gilbert, 2004）によれば，その多くは，ライセンス条件に製品化や販売に関する制限を加えているものであったという。第2節で特許間に代替性がある場合には競争制限効果が生まれる可能性を指摘したが，そのことを重視した判決は比較的少なかったという。

　一方ラーナーら（Lerner et al., 2007）は，問題になったパテントプールでは独立ライセンス，すなわちプールメンバーがプールに含まれる自社保有特許をプールを通さず独自にライセンスすることを認めないものが多かったことを示し，こうした独立ライセンスを認めないのは特許間に代替性がある場合であろうと推論する。

　また，グラントバックが要求されないものが多かった。グラントバックとは，プール対象特許群から派生して生まれる技術に係る特許につき他プールメンバーへのライセンス供与を義務づける条項で，特許が補完的なときに要求されや

すいと考えられる[14]。よってラーナーらは，代替的特許間のパテントプールにおいて，裁判所が反トラスト法違反とする傾向があったと推測するのである。

これらの事例にみられるようなパテントプールに対する反トラスト法違反訴訟が，パテントプール結成をためらわせ，新技術の開発や普及を阻害しているとの声も上がったことから，米国司法省およびFTCは1995年に知的財産のライセンスに関する反トラスト法ガイドライン（本章注6参照）を発表し，どのような場合には反トラスト法違反とみなされるおそれがないかを明確化した。特許間の補完性はその1つである。日本でも，すでに第1章で述べたように，2005年にパテントプールGLが，2007年に知財GLが発表された。

■ ガイドラインの規定

パテントプールGLは，そのタイトル「標準化に伴うパテントプールの形成等に関する独占禁止法上の考え方」が示すように，標準化に伴うパテントプールに焦点を当てているが，プールに含まれる特許が補完関係にあるか代替関係にあるかに関し，規格に必須な特許のみか必須でない特許も含まれるかの問題と関連させて以下のように述べる。

「パテントプールが必須特許のみにより構成される場合には，これらすべての特許は規格で規定される機能及び効用を実現する上で補完的な関係に立つことから，ライセンス条件が一定に定められても，これらの特許間の競争が制限されるおそれはない。したがって，パテントプールに含まれる特許の性質に関して独占禁止法上の問題が生じることを確実に避ける観点からは，パテントプールに含まれる特許は必須特許に限られることが必要である。」（パテントプールGL，第3，2，(1)，ア）。

一方，必須とはいえない特許が含まれる場合については，

「[1] パテントプールに含まれる特許が相互に代替的な関係にある場合（以下，このような関係にある特許を「代替特許」という。），これらの特許はライセンス条件等で競争関係に立つことから，パテントプールに含められライセンス条件が一定とされることにより，これらの代替特許間の競争が制限される。

[2] また，パテントプールに含まれる特許は相互に代替的な関係にない場

---

14) グラントバックについては次章で詳しく議論する。

合であっても，パテントプールに含まれる特許が当該プール外の特許と代替的な関係にある場合，必須特許と一括してライセンスされることにより，当該プール外の代替特許は，容易にライセンス先を見いだすことができなくなり，技術市場から排除される。」（パテントプールGL，第3, 2, (1), イ）。

すなわち，必須特許のみの場合には，いずれも欠かせないものであるため，必然的に補完的となり，この場合には競争制限のおそれがないとする。その一方で，必須でないものが含まれる場合には，代替的であれば競争制限のおそれがあり，さらにプール外の代替特許があればそれとの競争が損なわれるおそれがある。

「したがって，必須特許以外の特許がパテントプールに含まれる場合には競争制限効果が大きくなり得るため，当該規格の普及の程度，代替的なパテントプールや規格技術の有無などの市場の状況の外，以下の点も勘案し競争に及ぼす影響について総合的に判断することになる。

[1] パテントプールに必須特許以外の特許が含められることに，合理的な必要性が認められるか又は競争促進効果が認められるか。

[2] パテントプールに特許を含める者が，当該プールを通さずに当該特許を他の事業者に直接ライセンスすることが可能か。また，事業者がパテントプールに含まれる特許の中から必要な特許のみを選択してライセンスを受けることが可能か。」（パテントプールGL，第3, 2, (1), イ）。

[2] の場合には前述の独立ライセンスが可能となるため，競争が確保されやすくなると判断される可能性がより高いことになる。独立ライセンスについてはさらに，

「しかしながら，パテントプールに参加する者に対して，パテントプールを通す以外の方法でライセンスすることを認めないなど，特許の自由な利用を制限することは，通常はパテントプールの円滑な運営に合理的に必要な制限とは認められず，製品市場及び技術市場における競争に及ぼす影響も大きいと考えられることから，独占禁止法上問題となるおそれがある（私的独占，不当な取引制限等）。」（パテントプールGL，第3, 2, (2), イ）。

としており，独立ライセンスが認められていない場合に反トラスト法違反とされた例が多い米国の経験と共通する。

また，パテントプールを通じたライセンスについては，以下のように原則と

して非差別性が要求されている。

> 「パテントプールを通じたライセンスにおいて，特段の合理的な理由なく，特定の事業者にのみ(1)ライセンスすることを拒絶する，(2)他のライセンシーと比べてライセンス料を著しく高くする，(3)規格の利用範囲を制限するなどの差を設けることは，差別を受ける事業者の競争機能に直接かつ重大な影響を及ぼす場合には独占禁止法上問題となるおそれがある（私的独占，共同の取引拒絶等）。したがって，独占禁止法違反行為の未然防止の観点からは，合理的な理由のない限り非差別的にライセンスすることが必要である。」（パテントプールGL，第3，3，(1)）。

このほか，グラントバックについても触れているが，それについては次章で述べることにしたい。

標準化に伴って結成されるものに限定されない一般的なパテントプールについては，知財GLに記述がある。すでに第1節で示したように，パテントプールは共同行為ではあるが，「それ自体が直ちに不当な取引制限に該当するものではない」とされる。しかし，

> 「一定の技術市場において代替関係にある技術に権利を有する者同士が，それぞれ有する権利についてパテントプールを通じてライセンスをすることとし，その際のライセンス条件（技術の利用の範囲を含む。）について共同で取り決める行為は，当該技術の取引分野における競争を実質的に制限する場合には，不当な取引制限に該当する。」（知財GL，第3，2，(1)，イ）。

とされており，ここでまた，代替的関係にある特許が同一パテントプールに入ることによる競争制限のおそれを警戒している。

■ 製品競争を阻害するパテントプール

上記は技術の取引分野である技術市場（第2章5節参照）における競争制限を問題にしているが，それら技術を用いて製造・販売される製品の市場における競争制限につながる場合にも，パテントプールは独占禁止法違反となる。すなわち，

> 「一定の製品市場で競争関係に立つ事業者が，製品を供給するために必要な技術を相互に利用するためにパテントプールを形成し，それを通じて必要な技術のライセンスを受けるとともに，当該技術を用いて供給する製品の対価，

数量, 供給先等についても共同して取り決める行為は, 当該製品の取引分野における競争を実質的に制限する場合には, 不当な取引制限に該当する。」(知財GL, 第3, 2, (1), ウ)。

これは製品価格等に関するカルテルを実現する手段としてパテントプールを利用しているといえるから, 不当な取引制限として独占禁止法違反とされるのは当然であろう。パテントプールでなくクロスライセンス (複数の特許権者が相互にライセンス) やマルティプルライセンス (特許権者が複数の事業者にライセンス) の場合でも, この点については同じである。

また,

「一定の製品市場において競争関係にある事業者が, 製品を供給するために必要な技術についてパテントプールを形成し, 他の事業者に対するライセンスは当該プールを通じてのみ行うこととする場合において, 新規参入者や特定の既存事業者に対するライセンスを合理的理由なく拒絶する行為は, 共同して新規参入を阻害する, 又は共同して既存事業者の事業活動を困難にするものであり, 当該製品の取引分野における競争を実質的に制限する場合には, 不当な取引制限に該当する。」(知財GL, 第3, 2, (1), エ)

とする。これは共同行為としての側面をとらえて不当な取引制限とするものであるが, 新規参入阻害等は排除行為であり, その観点からは私的独占にあたるものでもある。実際, 知財GLは

「パテントプールを形成している事業者が, 新規参入者や特定の既存事業者に対するライセンスを合理的理由なく拒絶することにより当該技術を使わせないようにする行為は, 他の事業者の事業活動を排除する行為に該当する場合がある。」(知財GL, 第3, 1, (1), ア)

としている。

■ パチンコ機製造特許プール事件

このようにパテントプールによる行為が私的独占として独占禁止法違反とされた代表例が1997年に勧告審決が出されたパチンコ機製造特許プール事件である。

パチンコ機はハイテク機械であり, パチンコ機に関わる特許等 (実用新案を含む) は事件当時ですでに約2000件あった。しかも, 10社で90%超のマーケ

ットシェアを占める寡占産業でもあったところ，これら10社が中心となりパテントプールである（株）日本遊技機特許運営連盟（以下「日特連」）を設立した。日特連が所有または管理・運営する特許等はパチンコ機の製造をおこなう上で重要な権利であり，特にパチンコ機については「風俗営業等の規制及び業務の適正化等に関する法律」等の適用を受けるため，これら特許の実施許諾なしで検定に合格するパチンコ機を製造するのは困難な状況にあった。すなわち，これら特許は必須特許であった。

　日特連は，パチンコ機製造への参入を抑止することを目的として組合員以外のものに実施許諾を拒否したので，公正取引委員会は，これは「パチンコ機を製造しようとする者の事業活動を排除することにより，公共の利益に反して，我が国におけるパチンコ機の製造分野における競争を実質的に制限している」[15]として，私的独占の排除行為に該当し独占禁止法違反であると審決した。

　なお，日特連はそのメンバーへの実施許諾契約において，当該契約の相手方の商号，標章，代表者および役員の構成の変更等営業状態を著しく変更した場合は当該契約を解除することができる旨の条項を設けていた。これは，組合員企業を買収することによる参入を阻止するためのものである。

■ 横取り行為・不公正な取引方法

　逆に，パテントプールがプール内外無差別に実施許諾を供与しているときに，買収によりプールの対象となっている特許を取得したアウトサイダー企業がライセンスを拒否することがあれば，競争が制限されるおそれがある。こうした行為を知財GLは横取り行為と呼び，排除行為とみなされる場合があるとしている。すなわち，

　「ある技術が一定の製品市場における有力な技術と認められ，多数の事業者が現に事業活動において，これを利用している場合に，これらの事業者の一部の者が，当該技術に関する権利を権利者から取得した上で，他の事業者に

15）　公正取引委員会1997年勧告審決（平成9年（勧）第5号）より引用。なお原文では「ぱちんこ機」とひらがな書きされている。本件は独占禁止法2005年改正前であったため，公正取引委員会は違反行為者（本件の場合パテントプール・メンバーである事業者）に対し勧告をおこない，これら事業者が応諾したことから，勧告と同趣旨の審決（「勧告審決」）を出した。

対してライセンスを拒絶することにより当該技術を使わせないようにする行為は，他の事業者の事業活動を排除する行為に該当する場合がある。」（知財GL，第3，1，(1)，イ）。

こうした買収による知財取得と競争政策の関係については，第9章で改めて論じたい。

このほかに知財GLは，独占禁止法における不公正な取引方法の観点から，取引拒絶（ライセンスの拒絶等），取引条件の差別（ライセンス条件の差別等），技術の利用範囲の制限（原材料・部品，販売先，販売価格，再販売価格，競争品の製造・販売等に関する制限）などの行為がおこなわれ，公正競争を阻害するおそれのある場合には，独占禁止法違反となるとしている。これらは不公正な取引方法についての通常の考え方を技術市場あるいは当該技術を用いて製造・販売される製品の市場に適用したものといえる。このほか，不争義務や非係争義務などについても記述があるが，これらは知的財産権に特有の考え方なので，章を改めて述べる。

第6章：数学注　パテントプールの効果

1 │ 複数必須特許（双方向ブロック）のモデル

■ モデルの枠組み

　特許権者を2者とし，双方向にブロックする関係にあるとする。すなわち両特許とも必須のため，メーカーは両特許権者からライセンスを受けないと製造・販売できない。また，ライセンス料は製品1個あたり定額として課されるものとする。よって，製品生産量 Q はライセンスへの需要量でもある。

　プールがない場合には，第1特許権者は，第2特許権者の課すライセンス料（r_2）を所与として，自社ライセンス料（r_1）を，自らのライセンス収入である r_1Q を最大化するように決定する。同様に第2特許権者は，r_1 を所与として，r_2 を，r_2Q を最大化するように決定する。

　プールがある場合には，プールは，ライセンス料（R）を，ライセンス収入 RQ を最大化するように決定する。この収入は両特許権者に何らかのルールにより分配される。

　製品メーカーである特許実施者（ライセンシー）は自らの利益を最大化するように製品生産量 Q を決定するが，このとき，ライセンス料合計である r_1+r_2（プールがない場合）あるいは R（プールがある場合）は費用となり，それが増加すれば，製品市場が競争的であれ独占的であれ，均衡生産量は減少する。よって，Q は r_1+r_2 または R の減少関数である。単純化のためにこの関係を線型と仮定すれば，$Q=a-b(r_1+r_2)$ または $Q=a-b(R)$ となる。

■ 分　析

　プールがない場合，第1特許権者は r_2 を所与としてそのライセンス収入である

$$r_1Q = r_1[a-b(r_1+r_2)] \tag{1}$$

を最大化するように r_1 を決定する。最大化問題の1階の条件を整理すると，

$$r_1 = \frac{(a/b) - r_2}{2} \quad (2)$$

を得る。第2特許権者についても同様に

$$r_2 = \frac{(a/b) - r_1}{2} \quad (3)$$

を得るから，それらを連立させて，均衡解 $(\hat{r}_1, \hat{r}_2)$ を求めれば，

$$\hat{r}_1 = \hat{r}_2 = \frac{a}{3b} \quad (4)$$

となる。

一方，プールがある場合，プールにとっての最適解は $RQ = R[a - bR]$ を最大化する R であるから，最大化問題の1階の条件より，均衡解 (R^*) は

$$R^* = \frac{a}{2b} \quad (5)$$

となる。

よって，$2a/3b > a/2b$ より $\hat{r}_1 + \hat{r}_2 > R^*$ である。

■ ライセンス収入

プールなしの場合の第1特許権者の収入は，(4)式を(1)式に代入すれば $a^2/9b$ と計算される。第2特許権者についても同じである。一方，プールの収入は両特許権者間で二分されるとすると，同様に計算して，1社あたり $a^2/8b$ となる。$a^2/9b < a^2/8b$ より，プール結成により，各特許権者の収入も増えることが分かる。

■ 寡占市場モデルとの比較

なお，以上のモデルで Q 関数を逆需要関数（それぞれの需要量に対応する価格を示す関数，すなわち需要関数の逆関数），ライセンス料を生産量と読み替えれば，プールなしのケースは2社による生産量決定モデルのクールノー均衡の条件，プールありのケースは独占均衡の条件にほかならない。複数企業クールノー均衡における合計生産量が独占均衡生産量を上回ることはよく知られているとおりで（小田切，2001，第3章），本モデルではまったく同じ理由で $\hat{r}_1 + \hat{r}_2 > R^*$ と

なる。

2 | 1方向ブロックのモデル

■ モデルの枠組み

　第2特許権者の課すライセンス料 r_2 は特許1のライセンス込みのライセンス料である。一方，r_1 は第2特許権者がメーカーにライセンスするごとに第1特許権者に支払わなければならないライセンス料である。よって，第2特許権者の利潤は $(r_2-r_1)Q$ となる。一方，第1特許権者の利潤はライセンス収入の r_1Q である。第1特許権者はこれを最大化するように r_1 を決定する。その r_1 を与えられ，第2特許権者は r_2 を決定する。この解を $\tilde{r}_1, \tilde{r}_2$ とする。

　一方，プールが成立し，ライセンス料 R を課すとすれば，両者あわせてのライセンス収入は RQ であり，これを最大化すべく R が決められ，両特許権者間で分配されることになる。この解を再び R^* とする。

　ライセンスへの需要関数を上と同じく線型とするが，プールがない場合，今回はライセンシーが払うのは r_2 のみであるので $Q=a-br_2$ である。また，プールがある場合には，再び $Q=a-b(R)$ である。

■ 分　　析

　第2特許権者は r_1 を所与として，そのライセンス収入である

$$(r_2-r_1)Q = (r_2-r_1)(a-br_2) \tag{6}$$

を最大化するように r_2 を決定する。1階の条件を整理すれば，

$$r_2 = (a+br_1)/2b \tag{7}$$

$$Q = a-br_2 = (a-br_1)/2 \tag{8}$$

を得る。これを代入すれば，第1特許権者のライセンス収入は

$$r_1 Q = r_1(a-br_1)/2 \tag{9}$$

であるから，第1特許権者はこれを最大化するように r_1 を決定する。均衡解

$\tilde{r}_1$ は次の条件を満たす。

$$\tilde{r}_1 = \frac{a}{2b} \tag{10}$$

これを第2特許権者の最大化条件である (7) 式に代入すれば，均衡解として次の $\tilde{r}_2$ を得る。

$$\tilde{r}_2 = \frac{3a}{4b} \tag{11}$$

一方，プールでは，そのライセンス収入である

$$RQ = R(a - bR) \tag{12}$$

を最大化するように R を決定する。最大化条件より次の均衡解 R^* が得られる。

$$R^* = \frac{a}{2b} \tag{13}$$

よって，$3a/4b > a/2b$ より，$\tilde{r}_2 > R^*$ である。

■ ライセンス収入

プールなしの場合の両特許権者の総収入は，(6) 式と (9) 式の合計である $\tilde{r}_2 \tilde{Q}$ であるが，これに (8) 式および (11) 式を代入すれば，$3a^2/16b$ と計算される。一方，プールの総収入は (12) 式に $R^* = a/2b$ を代入すれば，$a^2/4b$ と計算される。$3a^2/16b < a^2/4b$ より，プール結成により，両特許権者の総収入（ライセンシーの支払額）が増えることが分かる。

■ 双方向ブロックのケースとの比較

以上の結果を双方向ブロックの結果と比較すれば，以下のとおりである。

プール	合計ライセンス料		合計ライセンス収入	
	なし	あり	なし	あり
双方向ブロック	$2a/3b$	$a/2b$	$2a^2/9b$	$a^2/4b$
1方向ブロック	$3a/4b$	$a/2b$	$3a^2/16b$	$a^2/4b$

よって，次のことが分かる。

① プールがない場合，双方向ブロックの解では，1方向ブロックの解と比較して，合計ライセンス料は低く，合計ライセンス収入は大きい。
② プールがある場合には，双方向ブロックでも1方向ブロックでも解は同じ。
③ 双方向ブロックでも1方向ブロックでも，プールがある場合の解では，ない場合の解と比較して，合計ライセンス料は低く，合計ライセンス収入は大きい。

なお，製品1単位あたり合計ライセンス料は低くなるのに合計ライセンス収入すなわちライセンシーの総支払額が増加することがあるのは，ライセンス料低下により生産量が増加することによる数量効果があるためである。

第7章

拘束条件付きライセンス

1 特許ライセンスでの拘束条件

　ライセンサーはライセンス契約を供与するにあたり，何らかの条件を付けてライセンシーを拘束することがある。こうした拘束条件には3つのタイプがある。第1は，ライセンス契約そのものについての拘束条件である。例えば，ライセンシーにその希望する技術以外の技術も同時にライセンスするよう強要する可能性がある。これは基本的には，通常の商品における抱き合わせ販売と同様に考えることができる。第2は，ライセンシーがその技術を利用して商品を製造・販売することに関連して拘束条件を付けるものである。例えばライセンシーの商品販売価格・販売先や原材料調達先についての制限である。これは上流企業（メーカー，原材料メーカー，卸売業者等）が下流企業（販売店，組立業者，小売業者等）の行動に関連して課す制限である垂直制限と共通する。例えば，再販売価格維持行為やテリトリー制（販売地域制限）である。

　これらの拘束条件については通常の商品に関する拘束条件付取引への法学的および経済学的アプローチが応用可能であるのに対し，第3のタイプとして知的財産権に特有の拘束条件がある。代表的な例としてあげられるのは不争義務，グラントバック，非係争義務である[1]。そこで本章では，これらの拘束条件に

---

1) 不争義務や非係争義務は知財 GL での用語である。これらがライセンス契約に条項として含まれるとき，それらを不争条項，非係争条項と呼ぶので，これらの言葉で言及されることも多い。またグラントバックや（以下で述べる）アサインバックは，知財 GL では，それぞれ改良技術のライセンス義務，改良技術の譲渡義務と呼ばれているものに

限定して，知財GL等を参照しつつ，その意義と問題点を論じよう。また関連する事例も紹介しよう。

なお，これら拘束条件付取引は独占禁止法にいう不公正な取引方法にあたりうるものであり，よって第1章4節で説明したように，公正な競争秩序すなわち，①自由な競争，②競争手段の公正さの確保，③自由競争基盤の確保の3つの条件が侵害されていないかという公正競争阻害性があるかどうかが問題となるから，以下での議論においても，このことを常に考慮する必要がある。

2　不争義務

不争義務とは，ライセンサーがライセンシーに対して，ライセンス技術に係る権利の有効性について争わないという義務を課すことをいう。典型的には，ライセンシーが当該特許についての無効審判請求を特許庁に対して起こさないことをライセンスの条件とする。

■ 不争義務の経済学的考察

第4章4節での議論を思い出し，ある特許の有効性が争われたときに特許庁や裁判所が有効と判断する確率を p としよう。すると，p が高い特許を強い特許，低い特許を弱い特許と呼ぶことができる。

ある技術の実施者がその特許権者からライセンスを受けるかどうかは特許の強さに依存する。実施者が当該特許を弱いと推定しているのであれば，ライセンスを受けずに実施し特許侵害の訴えを起こされても，勝訴する確率が高いと予想することになる。ただし低価格でライセンスが提案されているのであれば，p がゼロでない限り，ライセンス契約を結んだ方が有利になる場合もある。侵害訴訟を起こされて敗訴する確率は $1-p$ でありゼロではないので，ライセンス契約を結ぶことによって敗訴のリスクを回避できるメリット，および訴訟に伴う費用を回避できるメリットがあるからである。同じ理由で，ライセンス料が十分に低ければ，不争義務を受け入れてもライセンスを受けた方が有利とな

あたる。

る可能性がある。

　このように，ライセンスするか，ライセンス料をどう決めるか，また不争義務を含めるかは，ライセンサーとライセンシーが両者の推定するライセンサー勝訴確率pを考慮に入れつつ，交渉により決めることになる。このため，不争義務を課すことが直ちに競争制限効果を持ったり，特許権者による優越的地位の濫用であったりするわけではない。

　逆にいえば，不争義務を禁止するとライセンスが成立しなくなる可能性も存在する。例えば，ライセンサーがライセンシー以上に特許の弱さを自覚していて，しかもいったんライセンスするとその弱さにライセンシーも気付くであろうと心配しているような場合を考えよう。ライセンサーは真のpを知っているが，ライセンシーは真のpを知らず，ライセンス前にはそれよりも高いpであると予想しているが，いったんライセンスを受けてその技術をよりよく知るようになると真のpを知ってしまうような場合である。この場合，不争義務を課すことができないのであれば，ライセンサーは，ライセンス後のライセンシーによる無効審判請求をおそれ，ライセンスするよりも自社のみで製品化する方が有利と判断する可能性がある。そうであれば，製品市場における競争は限定されてしまう。

　このため，知財 GL は「ライセンサーがライセンシーに対して，ライセンス技術に係る権利の有効性について争わない義務を課す行為は，円滑な技術取引を通じ競争の促進に資する面が認められ，かつ，直接的には競争を減殺するおそれは小さい。」(知財 GL, 第 4, 4, (7)) とする。

■ 不争義務の社会的マイナス

　ただし社会的には，不争義務がマイナス効果を持つことがある。前述したように，ライセンサーとライセンシーはそれぞれの期待利益を最大化すべく交渉するが，彼らにとっての利益はあくまでも私的利益であって，社会的なスピルオーバー効果を考慮に入れないからである。ライセンシーとなるべき実施者が無効審判請求を起こし，無効という審決（あるいはその後の審決取消訴訟における判決）が出たとしよう。このとき，審判請求した実施者以外の実施希望者も自由にその特許技術を使えることになるから，彼らの利益，および，競争者が増えて価格が下がることによる消費者余剰の増加は，いずれも社会的利益となる。

つまり，無効審決が出ることによる社会的利益増は私的利益増を上回る。これがスピルオーバー効果である。こうした効果が生まれるのは，第2章で述べた技術の非競合性により，ある実施者による技術利用は他実施者による同一技術の利用を妨げないからである。知財 GL が「無効にされるべき権利が存続し，当該権利に係る技術の利用が制限されることから，公正競争阻害性を有するものとして不公正な取引方法に該当する場合もある」（知財 GL，第 4，4，(7)）としているのもこのことを考慮しているからであろう。

■ 不争義務とパテントプール

パテントプールからのライセンスの場合にも不争義務が課されることがある。それにもかかわらず，ライセンシーが無効審判請求を起こした場合，ライセンサーは当該特許のみについてライセンス契約を解除するのか，パテントプールのすべての特許についてライセンス契約を解除するのかによって大きな違いが生じる。前者はライセンシーへのペナルティとしては効果が限られる。単独ライセンスの場合と同様に，ライセンシーは p が小さく，無効と判断される確率が高いと想定しているからこそ無効審判請求を起こしているからである。

ところが，パテントプールのすべての特許についてライセンス契約を解除されれば，ライセンシーにとっての打撃は大きい。パテントプールの中に必須であり，かつ有効であることがほぼ確実な（すなわち p が 1 に等しいかきわめて近いと予想されている）特許も含まれているとき，パテントプールが対象とするすべての特許が使えなくなれば，製品販売が不可能になるおそれが高いからである。よって，こうした条項での不争義務を課すことは，ライセンシーが無効であると信じる特許についても無効審判請求を起こすことへの強力な妨害となるから，公正競争阻害性を有すると判断される可能性がある。このため，パテントプール GL は，「規格に係る特許についてパテントプールを通じてライセンスする際に，ライセンシーがライセンスを受けた特許の有効性について争う場合には，プールの参加者が共同でライセンス契約を解除する旨を取り決めることは，独占禁止法上問題となるおそれがある（共同の取引拒絶）。」（パテントプール GL，第 3，3，(4)，イ）としている。

「他方，規格に係る特許の有効性について争われた場合に，パテントプールへの参加者のうち無効審判請求を起こされた特許権者のみが，当該特許をパテ

ントプールから外すことなどにより，争いを起こしたライセンシーとの契約を解除することは，ライセンシーがライセンスされた特許の有効性について争う機会を失うとは認めにくいことから，通常は独占禁止法上問題となるものではない。」（知財 GL，第 3，3，(4)，イ）。これは，上に述べたように，ライセンシーがその特許が無効である確率が低いと推定しているからこそ無効審判請求を起こしているはずであり，よってその特許についてのみライセンスを解除されるという条項があっても，無効審判請求を起こすインセンティブが大きく損なわれることがないからである。

■ 同業者間での不争義務

　前章で述べたように，最近の情報通信や電子産業におけるパテントプールでは，多くのメンバーが特許をパテントプールに寄託してライセンサーになるとともに，自らもライセンシーとして製品を製造・販売するなど実施者になっている。また，パテントプール対象特許の実施者，特に研究開発型の実施者の多くがメンバーとなっている。こうした状況では，ライセンシーに不争義務を課すことで，メンバー間での無効審判をお互いに避ける共同行為の効果をもたらしている。また無効審判を最も起こしやすい有力な実施者の多くをパテントプール内部に取り込んでしまうことにもなる。メンバーはもともとお互いに無効審判請求を起こされることを危惧しているだろうから，いわば暗黙の協調により，誰もが無効審判請求を起こさないことになりやすいと考えられるが，ライセンス契約における不争義務はこの協調をより促進することになる。それだけに，弱い特許も争われず，永続して，製品普及を遅らせたり製品価格を高止まりさせたりする可能性が存在する。こうした観点からも，不争義務，特に無効審判請求を起こした場合にはパテントプールのすべての特許についてライセンス契約を解除する形での不争義務は競争上の弊害をもたらす可能性が大きい[2]。

　このように，不争義務付きのライセンス契約は，直ちに競争政策上望まし

---

2) Gilbert（2004）は，パテントプールに含まれる特許が代替的なときにこの弊害は特に大きいと論じている。代替的であれば，1つの特許でも無効になってしまえば，誰もがその特許を利用して製品化できるので，他の特許へのライセンス需要がなくなってしまうからである。このため，1つの特許についてでも無効審判請求を起こされることを避けるため，不争義務が課されやすく，競争制限効果も大きくなるとする。

ないというわけではないが，技術市場において，またその技術を用いて開発や生産がなされる製品市場において競争制限効果を持つことがあり，注視することが必要である。

なお，第4章で議論したリバース・ペイメント（RP）は，特に米国のANDA制度のもとでは，特許残存期間中に，特許権者から支払いを受ける代わりに特許の有効性を争わないことをジェネリック医薬品メーカーが約束するものであるから，いわば特許権者がジェネリック医薬品メーカーに不争義務を課す見返りにリバース・ペイメントをおこなうものである。その競争制限効果についてはすでに議論した。

3　グラントバックまたは非係争義務（NAP）

ライセンシーは，ライセンスを受けた技術を改良，応用あるいは発展した新技術を発明し，特許を取得することがある。以下簡単化のため，そうした技術を「改良技術」と呼ぶが，元の技術を狭い意味で改良したものに限らない。その技術を利用し製品化するにあたり付加する機能など，幅広い意味での応用に関わる技術なども含む場合がある。

ライセンサーはライセンス契約を結ぶにあたり，そうしたライセンシーによる改良技術に係る特許の権利行使につき何らかの拘束条件を付けることがある。その1つがグラントバック（grant back）といわれる条項，もう1つが非係争（non-assertion of patents，略してNAP，「ナップ」と呼ばれる）を義務づける条項である。両者は類似するため，まとめて本節で検討しよう。

グラントバックは，ライセンサー（以下，A社とする）がライセンシー（B社とする）に対し，B社が改良技術を発明した場合に，A社およびその指定するものにライセンスすることを義務づけるものである。グラントバックは排他的な場合（A社以外へのライセンスを禁止，場合によっては発明者であるB社自身による利用も禁止）と排他的でない場合がある。また有償（A社がB社に対し改良技術への対価を支払う）の場合と無償の場合がある。

類似のものとして，改良技術に関し，その特許のライセンスでなく，特許そのものの譲渡を義務づけるアサインバック（assign back）がある[3]。アサインバ

ックは排他的なグラントバックと基本的に同効果である。よって，以下ではグラントバックを考える。

　グラントバックが有償かつ非排他的であり，しかも対価が改良技術の価値に見合うものであれば，B社にライセンスを拒絶する選択肢がないことを別とすれば，B社が自主的にライセンスする場合と事実上同じ結果であると考えられる。よって，競争政策上問題にはなりにくい。そこで問題になりうるケースとして，以下では無償の場合を考える。有償であっても過少対価すなわちライセンス料が改良技術の価値に比べて小さいのであれば，一部無償に等しいから，無償の場合と同等の効果が発生する。

　一方，NAPは，A社がB社に対し，A社およびその指定するもの（以下，あわせて「A社等」という）がB社の改良技術を利用してもB社が権利行使しないことを義務づける条項である。

　NAP条項があると，A社等がB社の発明した改良技術を無償・無許可で利用しても，B社は，その権利が侵害されたとしてA社等に対し差止訴訟や損害賠償訴訟を起こすことができないため，無償グラントバックと同一の効果を持つ。

■ 基本理論

　グラントバックやNAPが直ちにライセンシーに不利益をもたらすとか，社会的に望ましくないと言い切れるわけではない。単純化された状況として，A社がB社にライセンスする技術がB社にもたらす価値（利益増）が X であり，B社が発明する改良技術がA社にもたらす価値が Y（$Y<X$ とする）であるとしよう。さらに，改良技術が発明されることも，X および Y の値も，A社とB社に不確実性なく知られているとしよう。また，A社とB社は自由かつ対等に交渉するとしよう。

　すると，ライセンサー（A社）からのライセンス条件にグラントバックやNAPが加えられていなければ，B社がライセンスから得られる価値は X であるから，これが許容できる最大ライセンス料である。一方，グラントバックあるいはNAPが条件として付加されている場合には，それがなければA社か

3）　米国特許法で特許権の譲渡をアサインと呼ぶため。

ら得られたはずの Y を受け取る機会を失うので，$X-Y$ が許容できる最大ライセンス料である。この場合，両者間でクロスライセンスがおこなわれ，ライセンスしあう技術間の価値の差だけライセンス料が発生するのと同じである。

グラントバックや NAP 条項がない場合，A 社も改良技術を利用したいのであれば，B 社と改良技術についてのライセンス契約を別個に結び，Y のライセンス料を払って改良技術を利用することになる。この結果，A 社は X を受け取って Y を払うので，グラントバック付きでライセンス料 $X-Y$ の一括契約することと同じになる。すなわち，ライセンサーもライセンシーも，グラントバックや NAP 込みの契約をするかしないかは無差別である。

以上で考えた状況は現実的とはいえないが，グラントバックや NAP のもたらす影響を考えるには次の4点を検討する必要があることを教えてくれる。①改良技術が発明されることが確実か，② X や Y の値が確実か（確実性），また，確実でないとしても A 社と B 社で同一の値あるいは同一の確率分布として推定されているか（対称性），③ A 社と B 社が自由に交渉できる立場にあるか，④ライセンス契約に取引費用がかからないか，である。

このうち③については，特に A 社の特許が必須であれば，B 社が A 社のグラントバック等の要求を拒絶できないおそれが考えられる。しかし，A 社の特許が必須であっても，B 社にライセンスを受けず製品化を断念する選択肢があれば，B 社の交渉力が必ずしも劣るわけではない。問題が生まれるのは B 社が製品化のためにサンクとなる投資をおこなった後に交渉が起きる場合で，このときにはホールドアップ問題が発生することは第5章で述べたとおりである。

■ 研究開発インセンティブへの効果

①と②について，実は問題となるのは，発明される確率や発明の価値についての情報の不確実性と非対称性だけではない。むしろより大きな問題は，グラントバックや NAP（以下では NAP に代表させるが，グラントバックでも同じである）の存在が B 社の研究開発インセンティブに影響し，発明確率等を変えてしまう可能性である。NAP があると，B 社は改良発明に成功しても，それからのライセンス収入を期待できないことになってしまう。特に，この条項の対象としてライセンサー（A 社）のみでなく，その他ライセンシーやライセンサー

からの商品購入者（以下，C社と書く）も含まれる場合が多い（次節で述べるマイクロソフト事件やクアルコム事件もそうである）。すると，C社はB社の現実の，あるいは潜在的な同業者であることが多いから，それ以外にはB社の改良技術へのライセンス希望者が出てくることを期待できない。また，B社が改良技術によって他社と差別化し競争優位に立とうとしても，NAPがあれば，C社も同一技術を自由に使えるので，差別化できなくなってしまう。

このため，改良技術を発明しても，ライセンス収入や差別化による収益増を期待することが難しくなり，NAPはライセンシーの研究開発インセンティブを低下させる。また，ライバル企業でもあるC社が改良技術を発明しても，C社もNAPを受け入れてA社よりライセンスを受けている限り，B社も直ちにその技術を利用して追随できるから，C社に後れをとることを心配する必要もない。この意味でも，研究開発インセンティブは低下する[4)5)]。

こうしたグラントバックやNAPによる研究開発インセンティブ低下効果により改良技術が生まれにくくなれば，それだけイノベーションは実現せず，消費者はより優れた製品を享受することができなくなるから，これら条項は社会的に望ましくない。

この点を踏まえ，知財GLは以下のようにいう。

「ライセンサーがライセンシーに対し，ライセンシーが開発した改良技術について，ライセンサー又はライセンサーの指定する事業者にその権利を帰属させる義務，又はライセンサーに独占的ライセンスをする義務を課す行為は，技術市場又は製品市場におけるライセンサーの地位を強化し，また，ライセンシーに改良技術を利用させないことによりライセンシーの研究開発意欲を損なうものであり，また，通常，このような制限を課す合理的理由があるとは認められないので，原則として不公正な取引方法に該当する（一般指定第

---

4) Lerner and Tirole (2008) は，この理由から，グラントバックはイノベーションへの余地が限られた分野でより広く使われると論じている。こうした分野では研究開発インセンティブ低下による悪影響を心配しなくてよいと予想できるからである。ただし，次節で紹介するマイクロソフトやクアルコムの事例は，イノベーションが活発な分野でも実際にはグラントバックやNAPが使われていることを示唆する。

5) 松島ら (2010) は，ライセンシー（OEM業者）間で技術レベルに違いがある場合に，効率的なライセンシーの研究開発インセンティブを阻害する可能性があることなどをモデル分析により示している。

12項)。」(知財 GL, 第 4, 5, (8), ア)。

一般指定第12項とは拘束条件付取引を指す。また，上記引用文では独占的ライセンスに特に言及するが，

> 「独占的ライセンスとは，特許法に規定する専用実施権を設定すること，独占的な通常実施権を与えるとともに権利者自身もライセンス地域内で権利を実施しないこと等をいう。」(知財 GL, 第 4, 5, (8), 注19)

とされており，改良技術発明者であるB社自体が権利を実施しないことを約束させられる場合なので，上記した研究開発インセンティブ低下効果は顕著である。この意味で独占的でない場合，すなわちB社も権利を実施できる場合については，

> 「ライセンシーが開発した改良技術に係る権利をライセンサーとの共有とする義務は，ライセンシーの研究開発意欲を損なう程度は上記アの制限と比べて小さいが，ライセンシーが自らの改良・応用研究の成果を自由に利用・処分することを妨げるものであるので，公正競争阻害性を有する場合には，不公正な取引方法に該当する（一般指定第12項）。」(知財 GL, 第 4, 5, (8), イ)

というように，独占的ライセンスの場合に比較すると問題が小さいが，公正競争阻害性をもたらすことによって独占禁止法違反と判断される場合があることを明らかにしている。

■ 取引費用削減効果

NAP（あるいはグラントバック）の効果はマイナスばかりではない。上で④として示したように，取引費用削減というプラス効果が期待できる場合もある。不確実性がないという単純化された上記のケースでも，NAP付きの契約は1回で済むのに対し，これら条項なしの場合には，A社の技術ライセンス，B社の改良技術ライセンスの2回の契約が必要となり，単純にいえば，契約書を書くコストはNAP条項付きの方が少なくて済む。実際には，B社が改良技術のための研究開発をおこなうか，研究開発をおこなったときに発明に成功するか，どのような発明になるかは不確実であるから，事前に取決めをしておくNAPはリスク回避の観点から選好される可能性がある。しかも，前述のとおり，改良技術が発明されるかどうかはNAPがあるかどうかに影響される。それだけに，交渉や契約は複雑化するおそれがあるから，事前にNAP条項を付けて1

回で契約を済ませることによる取引費用節約効果は大きなものとなる可能性がある。

さらにホールドアップ問題も発生する可能性がある（Lerner and Tirole, 2008）。当初技術であるＡ社発明技術を実施するためには，製品化のための開発投資（医薬品における臨床試験，耐久消費財におけるデザインや試作品製作など）や製品製造のための工場建設など，サンクとなる投資が必要とされており，またＢ社改良技術は画期的なものであって，Ａ社発明を実施する企業は，Ｂ社発明のライセンスを受けられなければＢ社発明を実施するライバル企業（Ｂ社を含む）に比し競争上著しく不利になるとしよう。このとき，Ａ社発明実施のためのサンク投資をした企業（Ａ社，Ｃ社等）は，Ｂ社発明のライセンス料が高くてもライセンス契約を結ばざるをえない。こうなることがＡ社発明をライセンスする前に十分予想でき，またＡ，Ｂ両社にライセンス料を払うのでは利益が見込めないことが分かっていれば，ライセンスを受けず，Ａ社発明技術の製品化を断念することを選択していたかもしれない。しかし，こうした予測ができず，Ａ社発明実施のためにサンク投資をしてしまった後では，Ｂ社の高いライセンス料を受諾せざるをえない。

すると，このことを予測し，Ｂ社は，早い段階で改良発明が成功することを知っていても，各社がＡ社とライセンス契約を結びサンク投資するまでは改良発明について明らかにせず，各社がサンク投資しＢ社が各社にホールドアップできる状況になってから，改良発明の存在を知らせ，高いライセンス料を要求するインセンティブを持つ。しかし，Ｂ社その他各社が同様の行動をとることが予想されるならば，Ａ社発明をライセンス導入し製品化するインセンティブを誰も持たなくなってしまうだろう。これは消費者にとって損失である。

グラントバックやNAPはこうしたホールドアップ行動を排除するから，各社が安心してサンク投資することを可能にする。この意味で，グラントバックやNAPは社会的に貢献する可能性がある。

以上のような取引費用節約効果やホールドアップ防止効果を勘案して，知財GLは上記で引用したパラグラフに続き，以下のように述べる。

「もっとも，ライセンシーが開発した改良技術が，ライセンス技術なしには利用できないものである場合に，当該改良技術に係る権利を相応の対価でライセンサーに譲渡する義務を課す行為については，円滑な技術取引を促進す

る上で必要と認められる場合があり，また，ライセンシーの研究開発意欲を損なうとまでは認められないことから，一般に公正競争阻害性を有するものではない。」(知財 GL，第 4, 5, (8)，ウ)。

公正競争阻害性とは，第 1 章で述べたように，自由な競争，競争手段の公正さの確保，自由競争基盤の確保の 3 つの条件の成立に対し悪影響を及ぼすおそれがあることをいう。よって，グラントバックや NAP にそうしたおそれがなく，しかも取引費用節約効果が予想されるのであれば，「相応の対価」が払われる限り，社会的にはむしろプラス効果が期待され，独占禁止法上も問題にされることはない。

4 マイクロソフト事件，クアルコム事件

非係争義務（NAP）の条項によりライセンシーの研究開発意欲への悪影響があるとして公正競争阻害性が認定され，不公正な取引方法に該当するとして排除措置命令が出された事件が日本で 2 件存在する。マイクロソフトに対する事件（2004 年勧告，2008 年審判審決）およびクアルコムに対する事件（2009 年排除措置命令，本書執筆時（2016 年 10 月）審判継続中）である。

■ マイクロソフト事件

マイクロソフト（以下「MS」）はパソコン用オペレーティングシステム（OS）のウィンドウズで当時 90% 以上の世界シェアを持つ有力企業であり，ウィンドウズはパソコン OS のデファクト（事実上の）規格と呼びうる位置にあった。国内の主要なパソコン業者であった NEC，富士通，東芝，ソニー，松下電器（現パナソニック）など 15 社は，いずれもマイクロソフトよりウィンドウズのライセンスを受け，パソコンに搭載して製造・販売していたので，これら業者は OEM 業者と呼ばれていた[6]。

公正取引委員会の審決によれば，OEM 業者が被審人（MS）と結んだライセ

---

[6] OEM とは相手先商標製品生産を意味し，本件では，パソコン製造・販売業者は MS とウィンドウズシリーズの OEM 販売契約を締結していることから，審決はこれらパソコン製造・販売業者を OEM 業者と呼んでいる。

ンス契約には，MS の求めにより，以下の条項が含まれていた[7]。

「OEM 業者は，ライセンス契約によって OEM 業者にライセンスされる『製品』及びライセンス契約に基づき OEM 業者にライセンスされる『製品』のバージョンで使用されている発明が当該『製品』の将来製品，交換製品又は後継製品にも使用されている場合には当該将来製品，交換製品又は後継製品の製造，使用，販売又は頒布によって，『免除期間』中に生じる『OEM 業者の特許』の侵害に関して，被審人及び被審人の関連会社又はそれらのライセンシー（OEM 業者及びエンドユーザーを含む。）に対し，(A) 訴えないこと，(B) あらゆる種類の司法上，行政上，その他の手続において手続の提起，訴追，支援又は参加をしないことに同意する。」（公正取引委員会審決，平成 16 年（判）第 13 号，マイクロソフトコーポレーションに対する件，審決案，理由，第 1，6，(2)）。

ただし，

「『OEM 業者の特許』とは，契約の終了前に行われた発明に関して OEM 業者が保有若しくは取得する，又は OEM 業者が契約の終了前に権利を保有若しくは取得している世界中におけるすべての特許権をいい，『免除期間』は，OEM 業者の特許権のいずれかが最初に発行されたときから，OEM 業者の特許権の終了までとする」

とされる。

これは次のことを意味する。OEM 業者（前節の書き方では B 社）がある技術を発明し特許を取得したとしよう。MS（同じく A 社）がその製品（典型的には OS）にその技術を組み込んで後継製品を作るとする。この後継製品は当該 OEM 業者（B 社）やその他 OEM 業者（C 社）にライセンスされる。このとき，B 社は A 社や C 社に対し，その特許の侵害を訴えることができない。

免除期間等に関する規定は，MS がこの形で利用できるのは OEM 業者のライセンス契約終了までの発明に関わるすべての特許であること，また特許権の終了まで利用できることを意味する。

---

[7] 厳密には，上記 OEM 業者が締結した「直接契約」とシステムビルダーと呼ばれる業者が締結した「間接契約」で，また平成 13 年契約と（米国司法省との和解後の）平成 14 年 2 月以降の契約では若干の違いがある。以下に引用するのは平成 13 年直接契約である。それ以外の詳細は審決参照。

■ NAPの効果

　この条項が適用される技術として最も問題視されたのはAV機能，すなわち，デジタル化された音声または映像を視聴できるようにするための機能である。これは，パソコンが単なる計算やワープロの道具としてのみではなく，音楽，動画，インターネットなどに幅広く使われるようになったために重要性が増した機能である。AV機能には通信，画像処理，データ圧縮その他幅広い技術が含まれ，OEM業者はそうした技術を開発し自社パソコンに盛り込むことによって差別化を図ろうとする。

　一方，こうして開発されたAV技術がパソコンに必須になってくると，MSはそれらを自社OSに取り込んでより機能を充実させたOSとして後継OSを開発することにより，その先進性や優位性を維持し，OEM各社に新たなライセンスを呼びかけることが有利な戦略となる。上記NAP条項は，この場合にMS自身および後継OSのライセンシーが特許権侵害を問われることがないことを確保する仕組みである。

　よって，OEM業者はライセンス収入を得たり，他社製品と差別化することも困難になる。しかも，ウィンドウズがパソコンOSとして事実上の標準規格であるだけに，後継OSが発表されれば，そのライセンスを受けることが不可欠である。このため，

　「直接契約は，（中略），おおむね1年あるいは2年ごとに繰り返し締結される継続的取引契約としての性質を有し，実質的な契約期間は長期にわたるものであることに照らすと，本件非係争条項の対象となる特許権は，被審人が主張するような各直接契約の契約終了時までに取得した特許権に限定されるものではなく，（中略），OEM業者が新バージョンのウィンドウズシリーズのライセンス契約を締結せざるを得ない以上，必然的に，OEM業者が各直接契約の終了時以降に取得するであろう特許権も含まれていくことになる。」
（同上審決，第4, 2, (2), イ）。

　いいかえれば，後継OSとしてウィンドウズ新バージョンが発表されライセンスされれば，誰もが発明されたAV機能を使えてしまうので，発明者が競争優位に立つこともなくなってしまう。すなわち，審決がいうように，

　「OEM業者はウィンドウズシリーズのすべてのライセンシーに対して，特許権を行使することができなくなるため，OEM業者が開発したパソコン

AV技術をライセンスしようとしても，ウィンドウズシリーズと重複するパソコンAV技術をパソコン製造販売業者等に供給する余地は著しく減少し，またOEM業者が開発したパソコンAV技術を自社のパソコンに使用して他のOEM業者のパソコンと差別化することも困難となる。」(同上審決，第4, 3, (1), ア)。

ただし，すでに述べたように，NAPには取引費用を節約したり，特許紛争を心配することなく当該技術を利用可能にするという社会的プラスも存在する。すなわち，被審人(MS)のいうように，

「被審人は，本件非係争条項により，OEM業者の特許権を自ら無償で利用でき，ウィンドウズシリーズの機能拡張を図ることを可能とする地位を取得するばかりでなく，被審人のすべてのライセンシーに対して，ウィンドウズシリーズが特許権侵害訴訟の提起等によって差止めを受けることのないというウィンドウズシリーズの安定性を無償で提供することが可能となる」(同上審決，第4, 3, (1), イ)

から，これは，審決がいうように

「パソコン用OS市場及びパソコンAV技術取引市場における競争において，極めて優位な地位を被審人にもたらすものである。」(同上審決，第4, 3, (1), イ)

と同時に，ライセンシーにとってもライセンスの一括化による取引費用の減少やホールドアップされる不確実性の減少というプラス効果をもたらすはずである。つまり，本件NAP条項は，技術開発者としてのOEM業者に対してはライセンスや差別化による収益の機会を奪う一方で，他者技術の利用者としてのOEM業者に対しては，取引費用節約というメリットを与えるという二律背反性を持つものである。もちろん特許制度そのものが，技術発明者の利益を確保するとともに，技術利用者の利用を制限しあるいはより高費用にするという二律背反性を持つものであることはいうまでもないが，OEM業者が両方の側面を持つだけに，NAP条項のもたらす効果としてもこの二律背反性が顕著に表れることになる。

■ 公取委の判断

しかし本件では，MSがNAP条項を自社の有力な地位を利用してOEM業

者に利用させていること，また，それにより自社の地位をさらに強めるものであることを重視し，公正競争阻害性を認定する。すなわち，

「本件非係争条項は，（中略），パソコン用 OS 市場における有力な地位を利用して，パソコン AV 技術の競争者である OEM 業者に本件非係争条項の受入れを余儀なくさせて特許権侵害訴訟の提起等を否定するものであり，また，そのことを通じて，（中略），パソコン用 OS 市場における被審人の地位を強めるものであるから，そのような不当な手段である本件非係争条項によって被審人の主張するようなウィンドウズシリーズの安定効果が図られるとしても，その競争に対する悪影響の認定を覆すに足りるものとは評価されない。」
（同上審決，第 4，9，(2)，イ）。

■ クアルコム事件

次にクアルコム事件である。クアルコム社（以下「ク社」）については韓国でも問題とされたことを第 5 章で取り上げた。そこでの議論と同様に，日本でも，問題にされたのは，携帯無線通信に係る国際的な標準規格である CDMA に関連するものである。これは国際機関で策定されたデジュール規格であり，それに関連してク社が保有する特許が問題になった。この点は，MS のウィンドウズがデファクト規格である点との違いであり[8]，よってクアルコム事件は標準必須特許（SEP）に関する事件でもある[9]。

CDMA（W-CDMA および CDMA2000）は 2000 年に国際電気通信連合（ITU）によって国際規格が策定され，郵政省（当時）により省令等の改正を経て決められたデジュール規格である。社団法人電波産業会に設置された規格会議は，この規格に適合する機器の製造・販売等を行うために必須の知的財産権を保有する者に確認書を提出させた。ク社は提出した確認書において，同社が保有するものとして記載した，同規格に適合する携帯電話端末等の製造・販売等を行うために必須の知的財産権について，適切な条件の下に非排他的かつ無差別に（すなわち RAND 条件により）その実施権等を許諾する旨を明らかにした。

ところがク社は，前記確認書に記載された知的財産権を含む，ク社等（ク社，

---

[8] デファクト規格とデジュール規格の違いについては第 5 章 1 節参照。
[9] 以下の記述は，公正取引委員会によるクアルコム・インコーポレイテッドに対する排除措置命令書およびプレスリリース（平成 21 年 9 月 30 日）に基づく。

第7章　拘束条件付きライセンス　149

同関連会社，同事業承継者）が保有しまたは保有することとなるCDMA携帯無線通信に係る知的財産権について，国内端末等製造販売業者に対してその実施権等を一括して許諾する契約を締結するにあたり，次のア(ア)または(イ)を内容とする規定を含み，おおむね次のイを内容とする規定をも含む契約案を提示して，その受入れを求めた。

「ア(ア)クアルコム等によるCDMAチップ等の製造，販売等のために，国内端末等製造販売業者等が保有し又は保有することとなる知的財産権について，国内端末等製造販売業者がクアルコムに対してその実施権等を無償で許諾する旨

(イ)クアルコム等によるCDMAチップ等の製造，販売等又はクアルコムの顧客によるCDMAチップ等の使用等について，国内端末等製造販売業者等がその保有し又は保有することとなる知的財産権に基づいてクアルコム等又はクアルコムの顧客に対して権利主張を行わないことを，国内端末等製造販売業者が約する旨

イ　クアルコムのライセンシー（CDMA携帯電話端末等の製造，販売等について，当該クアルコムのライセンシーがその保有し又は保有することとなる知的財産権に基づいて他のクアルコムのライセンシーに対して権利主張を行わない旨の規定又はこれに類する規定を含む契約をクアルコムと締結している者に限る。）によるCDMA携帯電話端末等の製造，販売等について，国内端末等製造販売業者等がその保有し又は保有することとなる知的財産権に基づいて当該クアルコムのライセンシーに対して権利主張を行わないことを，国内端末等製造販売業者が約する旨」（クアルコム・インコーポレイテッドに対する排除措置命令書，理由，第1，2，(1)）。

■ 公取委の判断

また，ク社はライセンシーがこの契約案を速やかに受け入れない場合には契約一部金を増額する旨を示唆していた。これらいくつかの理由から，公正取引委員会は，国内端末等製造販売業者等が「前記(1)ア(ア)又は(イ)を内容とする規定を含み，おおむね前記(1)イを内容とする規定をも含む本件ライセンス契約を，（中略），それぞれ締結することを余儀なくされている。」と認定した。

さらに，ク社は「CDMA携帯無線通信に係る知的財産権の保有状況等を異

にする国内端末等製造販売業者それぞれに対して，クアルコムに対して支払うべき許諾料の算定方法及び算定料率をおおむね同一として」いたから，グラントバックあるいは NAP 条項によりク社が利用できるようになるライセンシー特許の価値に応じてライセンス料を調整していたわけでもなかった。このことは，ライセンサー・ライセンシー間の自由な交渉によってグラントバックないし NAP が契約に含まれたものではないことを示唆する。

「これらのことから，国内端末等製造販売業者等の CDMA 携帯電話端末等に関する技術の研究開発意欲が損なわれ，また，クアルコムの当該技術に係る市場における有力な地位が強化されることとなり，当該技術に係る市場における公正な競争が阻害されるおそれがある」（同上排除措置命令書，理由，第 1，2，(3)）として，公正取引委員会は相手方の事業活動を不当に拘束する条件を付けて取引したという不公正な取引方法に該当すると結論し，ライセンス契約から上記のア(ｱ)，(ｲ)，イの規定を廃棄するなどの排除措置を 2009 年 9 月に命じた。

クアルコムはこの命令を不服として審判を請求し，本稿執筆時点（2016 年 10 月）では審判継続中である。同社はそのプレスリリース（2009 年 9 月 30 日，英文）において，いずれのライセンシーも強制されて当該ライセンス契約を結んだものではないこと，また，当該 NAP 条項は特許における平和（"patent peace"）を推進し，取引費用およびライセンス料を低減するものであることを主張している[10]。

■ ま と め

これらの事件が示すように，グラントバックや NAP には，ライセンシーの研究開発インセンティブを損なうことによってイノベーションを阻害し，また実施者間の競争，特により優れた商品や差別化された商品を開発・供給しようとする競争を制限するおそれがある。しかも，必須特許を多く持つものが実施

---

10) なお，中国においても，クアルコムの無償グラントバックを含む特許ライセンス契約について，中国国家発展改革委員会（略称 NDRC）は市場支配的地位の濫用にあたり，独占禁止法違反であるとし，2015 年 2 月に制裁金を科すとともに，中国製造業者への特許料の引下げ等の措置を命じている（鄭・和久井，2015）。ただしグラントバックの対象等に日本での事件と違いがある。また韓国では，ドルビー社（Dolby）が韓国企業へのライセンスにあたって課した NAP 条項を違法とした（韓国公正取引委員会，2015 年 8 月 5 日プレスリリース）。

希望者に対して強い交渉力を持ちやすいこと，また，実施希望者が製造・販売業者であり，関連設備・技術・販売網などに投資済みであることからホールドアップ問題が発生しやすいことを考慮すれば，グラントバックやNAPが特許権者・実施希望者間での自由かつ対等な交渉の結果として合意された条項とは見られない場合もあり，それだけに競争政策上の検討が必要であろう。ただし，一方では，本章で述べてきたように，グラントバックやNAPが取引費用節約という社会的メリットを持つ場合があるから，必要に応じて，それらとのバランスの検討が求められる可能性は残る。

第8章

トロール・特許主張者（PAE）

1 │ トロールとは何か

　2015年8月，英国エコノミスト誌は「特許を直すべきとき」と題する社説で，「特許は知識を拡げるものだとされるが頻繁に失敗している。特許弁護士が曖昧化の名人だからである。代わりに，特許制度はトロールと防御目的の特許保有者という寄生虫的生態学を作り出した。これらの目的はイノベーションを阻み，少なくとも略奪品の分け前を獲得しない限り，イノベーションの邪魔をすることである。」と述べた[1]。

　トロール（Troll）とは北欧の昔話にあった怪物である。ある伝説によれば，トロールは羊が橋を通るたびに通行料を課していたとされ，この話を特許になぞらえ，技術を使う者が出てくるたびにライセンス料を課すもの，特にそれを主たる収入源とするものをパテントトロールと呼ぶようになった[2]。以下では単にトロールと記す。

■ トロールの多面性

　ただし，トロールを明確に定義づけるのは容易ではなく，トロールが問題になることが多い米国では，以下のようにさまざまな言葉が提案されてきた。
　(1) 特許非実施者，すなわち，特許を（自らは）実施しない者（Non-Practic-

---

[1] "Time to fix patents," *The Economist*, August 8th 2015, p. 11（筆者訳）．
[2] Ewing and Feldman（2012）。余談ながら，トロールの多くは醜く巨大で性悪なものとされたが，むしろ小柄で友好的なものもあったという。

ing Entity[3]，略してNPE)。これはトロールが，特許を自ら実施して製品開発や製造をおこなうものではないこと，あるいはそうした活動をおこなっていたとしても，それがその活動の主要部分ではないことに着目した表現である。ただし，NPEには大学，国公立研究所，個人発明家（自らの事業化を考えていない場合）なども含まれることになり，これらは通常，トロールとして問題にされてはいないことに注意する必要がある。

(2) 特許主張者，すなわち，特許を主張する者 (Patent Assertion Entity，略してPAE)。保有あるいは管理する特許の権利を主張し収益をあげることを主たる活動とする者を意味する。ただし，製造業等の一般事業会社でも，特許からの収入がその利益の大きな部分を占める企業は増えつつあり，それらとトロールとの間の線引きは難しい。

(3) 特許集約者，すなわち，特許を集約する者 (Patent Aggregator，略してPA)[4]。これはトロールが他者特許を買収したり管理を受託したりすることにより，多くの特許を手元に集約し，大きな交渉力を得ようとすることによる。

(4) 特許換金者，すなわち，特許を現金化する者 (Patent Monetization Entity または Patent Monetizer，略してPM)[5]。文字通り，特許を用い現金収入をあげることを事業とする者を意味する。

(5) 特許仲介者，すなわち，特許を仲介する者 (Patent Intermediary，略してPI)[6]。発明者あるいは特許保有者と特許技術を利用したい者との間の仲介を務める者を意味する。

これらはトロールの異なった側面を表現するものであり，いずれも正しいが，いずれもすべてを表しえていない。いいかえれば，トロールとはこれらいずれもが該当する者を指すというべきであろう。しかし，トロールがもたらす弊害の多くはそのPAEとしての活動によるものである。そのために，米国政府の

---

3) Entityとは一般に「者」である。主体あるいは団体と訳す文献もある。何らかの活動や意思決定をできる1つの単位という意味であり，企業も非営利団体も個人も政府も含まれうる。
4) Lemley and Melamed (2013).
5) Jeruss et al. (2012), Chien (2014).
6) Hagiu and Yoffie (2013).

発表文などではPAEと記すことが多く[7]、以下でもトロールという言葉とPAEという言葉を互換的に用いることがある。

■ 事例：インテレクチュアル・ベンチャー社

トロールの代表としてインテレクチュアル・ベンチャー社（Intellectual Ventures、以下ではIV社と略す）を例にとろう。同社は2000年にマイクロソフト社の元技術系幹部2名が中心になって設立されたファンドであり、本社は米国だが、東京にも支社がある。東京支社のメンバーによる紹介論文（加藤ほか、2012）によれば、「通常のベンチャー・キャピタル等は、（新たな技術を持った）事業に投資し、事業で得た利益や投資先企業の株式売却利益を投資家に還元するのに対し、IV社は、技術（特許）に対して資金を提供し、その技術をユーザに提供し、対価を投資家に還元するものである」。

ファンドは3つに分けられる。ISF（Invention Science Fund）は、IV社自らが研究開発して将来技術を開発する、すなわち自社研究方式である。IDF（Invention Development Fund）は、世界中に存在する研究者や技術者と契約し、将来技術を開発するもので、契約研究方式である。そして、IIF（Invention Investment Fund）は、過去、現在に開発された既存の技術を調達し、それぞれの事業分野、技術分野で必要な大きなポートフォリオ構築をめざすものである。すなわち外部調達方式である。

これらの比率は公表されていないが、トロールとしての活動、特に特許集約者（PA）としての活動に最も当てはまるのはIIFである。IV社は2012年には約800名の社員を持ち、調達する特許の評価をするチームには、社内専属のものと外部契約者を合わせて100人をはるかに超える人員を有していた（加藤ほか、2012）。

ただし、IV社やその他のトロールはいずれも営業報告書等を公表しておらず、その実態は秘匿されている。エーウィングとフェルドマンの論文（Ewing and Feldman, 2012）は法廷、特許、納税その他の資料を丹念に洗い、その実態に迫った貴重な研究であるが、彼らは2011年にIV社は世界で3万から6万の特許を所有していたと推定している[8]。また、1276社のシェル・カンパニー

---

7) 例えばUS White House（2013）、US FTC（2011）。
8) 推定値の幅が大きいのは、推定に使った資料により数値が異なるほか、特許件数の数

と呼ばれる子会社を有していたとする。IV社に限らず多くのトロールは、こうした別会社名で特許を取得することにより特許の実質的な所有者を外部から隠蔽したり、特許料を請求したり、訴訟を提起したりすることによって、より交渉力を高めたり、責任を回避したりする戦術をとるとされる（後述）。こうした目的のために設立されるだけに、シェル・カンパニー（隠れ蓑会社と表現している文献がある）の数も実態も不透明であるが、IV社の場合、1000社を超えると推定されたのである。

上記のとおりIV社はファンドであるが、それに対する投資者は幅広い。設立時の投資者には、設立者出身企業であるマイクロソフトを始め、インテル、アップル、ソニー、グーグルなどが含まれ、その後の出資者の中には企業以外に大学、病院、財団、さらには世界銀行まで含まれる（Ewing and Feldman, 2012, Appendix）。IV社が訴訟等の対象にした会社等も含まれているとみられ、特許紛争の複雑さを窺わせる。

■ IV社が提起した訴訟事例

IV社が提起した訴訟の例をあげよう[9]。IV社は2010年12月にソフトウェア・セキュリティ関連特許が侵害されたとして、トレンドマイクロ社やシマンテック社など4社、DRAMおよびフラッシュメモリ関連特許が侵害されたとしてエルピーダメモリなど2社、またFPGA（集積回路の種類）に関連する特許が侵害されたとして3社に対し、特許侵害訴訟を米国地裁に提起した。トレンドマイクロ社に対しては4件の特許が侵害されたとしたが、IV社は2件の特許については訴えを取り下げ、残る2件については2015年4月米地裁が特許を無効とする判決を下した。トレンドマイクロ社はこの訴訟に10億円以上の費用を使ったという。シマンテック社に対しては、2015年2月に2件の特許への侵害を認め（IV社の3億ドルの賠償請求に対し）1700万ドルの賠償を命じる判決が出たが、このうちの1件はその2カ月後にトレンドマイクロ社との訴

え方が容易ではない（例えば、同一技術につき異なった国で得た特許を1個と数えるか別々と数えるかで異なる）ためである。なお、IV社自身はそのウェブサイトで「我々は7万件の特許を取得してきた」としている（2015年7月アクセス）。

9) 以下の記述はIV社およびトレンドマイクロ社のプレスリリース、日本経済新聞（2015年7月6日、トレンドマイクロ社副社長へのインタビュー記事）等による。

訟で無効とされた特許であるため、取り消される可能性が高い。

これら2社以外については和解で決着したとみられ、その詳細は公表されていない。トレンドマイクロ社副社長は日本経済新聞のインタビューに答え、「米国では訴訟に億円単位の費用がかかる。(1億円くらいなら)和解した方が手っ取り早いと払ってしまう例も多いようだ」、「こうして短期で和解金を得ることこそがトロールのビジネスモデルだ。その資金で特許を買い増し、別の企業を狙う。逆にすべての企業がトロールの要求を拒めば、彼らの事業は難しくなる。日本企業はトロールと徹底して戦うべきだ」という。

こうしたトロールの活動には社会的マイナス面ばかりでなくプラス面もある。それらをどう評価するか、競争政策で対応できる部分があるのか、そうした問題を以下で考えていこう。

2 　特許仲介者としてのトロール

トロールの社会的役割と弊害については多くの議論がある[10]。その役割をプラスに評価する論者が主張するのは、技術市場の不完全性を補完する役割としてのトロール、特に特許主張者(PAE)や特許仲介者(PI)としての側面である。

すでに第2章5節で述べたとおり、近年、企業のイノベーション活動においては、企業内部の研究資源による研究開発のみではなく、社外の資源や能力を取り入れ、自社研究とも結合させてイノベーションの成果をあげることが戦略上の大きな課題となってきている。いいかえれば、研究開発のどこまでを社内でおこなうか、どれだけ外注するか、そして社内研究と外注研究をどう関係づけるかという、研究開発における「企業の境界」の問題が、企業にとって大きな戦略決定になってきている。

外注研究には、契約のタイミングとして、発明が実現する前か後かという区別がある。発明前のものとしては共同研究や、研究関連業務のアウトソーシングがあり、発明後のものとして技術ライセンスや技術買収がある。こうした技

---

[10] 例えば Ewing and Feldman (2012), Hagiu and Yoffie (2013), Scott-Morton and Shapiro (2015) を参照。

術の取引がおこなわれる場が技術市場であり（Arora et al., 2001）、第2章で述べたように、日本や米国のガイドラインでも技術市場の言葉が使われている。

■ 技術市場の特異性

すなわち、技術市場は特許権者（発明者または発明者より特許を譲り受けた者）とライセンス希望者（技術実施希望者）との間でライセンスというサービスの取引がなされる場である[11]。製品市場と比較すると、技術市場には少なくとも3つの特異性がある。

第1に、製品市場では売買したものは売り手には残らないのに対し、技術市場では、独占的ライセンス契約でない限り、ライセンシー（ライセンスの買い手）が特許技術を利用できるようになるとともにライセンサー（ライセンスの売り手）も利用できる状態が続く。技術の非競合性・非排除性のためである（第2章参照）。このことは、ライセンサーとライセンシーが、一方では製品市場において競争者となる可能性を意味し、他方では、継続的な技術改良が起こりやすいよう両者が継続的かつ協力的な関係を築く可能性を示唆する。

第2に、個々の技術はすべて何らかの意味で他と異なるから（それでなければ新規性が満たされず特許を与えられない）、売り手であるライセンサーは多かれ少なかれ独占力を持つ。これは、第5章で述べた標準必須特許（SEP）の場合に最も明確であるが、それ以外でも、他技術との代替可能性は完全ではありえないから、特許権者は市場支配的となりやすく、またライセンシーに対して優越的地位を持ちやすい。よって、第7章で述べた不争義務や非係争義務（NAP）の強要が起きるおそれがある。

第3に、そして本節での議論に最も関わる問題として、技術市場では情報の不完全性および非対称性がより深刻だという事実がある。買い手は、必要とする技術があるかどうか、誰が持っているかをまず探索する必要がある。次にそのような技術について詳細を知り、その価値を評価する必要がある。これに対し売り手はその技術を熟知しているから、情報の非対称性がある。しかも、その技術の買い手を勧誘するために技術の詳細を公開してしまえば、買い手は買うことなく技術の詳細を知ってしまうというジレンマがある[12]。このため、契

---

11) 特許という財産権そのものの取引もありうる。これについては次章で論じる。
12) これは、発明の経済分析の古典的論文であるアロー（Arrow, 1962）によって根源

約成立以前に情報の非対称性を解消することは不可能である。

こうした情報の不完全性や非対称性は取引費用を生み (Williamson, 1975)，売り手も買い手も取引費用を最小化しようとする。必要とする技術やその保有者についての探索は，特許化されていれば，特許データベースをネット上で検索できるようになっているから，近年では容易になった。それでもなお，日本だけで毎年30万件から40万件の特許が新規に出願されている実態のもとでは，探索費用は大きなコストである。特許情報が電子化される以前においては，特許庁に出向いて特許申請書を紙ベースで探索する必要があり，大きな時間と費用を要したに違いない。

■ 特許仲介者の役割

このため，ラモルーとソコロフの研究 (Lamoreaux and Sokoloff, 2003) によれば，19世紀後半から20世紀初めにかけての米国では，多くの特許取引が仲介人を介しておこなわれていた。そうした仲介人として最も広く活躍したのは特許弁護士（日本でいう弁理士を含む）であった。これら特許弁護士は，どのような発明者がどのような特許を申請したかを知っており，また，特許出願にあたり新規性を確認する必要上，過去の特許についても知識を持っていた。さらに，これら弁護士間にはいわばネットワークがあり，情報の交換がおこなわれた。このため，ライセンス希望者にとっては，特許商標庁に調べに行くよりも，特許弁護士に情報提供を依頼する方がはるかに低費用で，しかも効果的なことが多かったのである。

特許数も，特許保有者数も，そして弁護士・弁理士数も飛躍的に増大した今日では，仲介者としての弁護士・弁理士の効用は限られる。それに代わり仲介者としての一定の役割を果たしているのがトロールといえる。経営資源論でいうヒト・モノ・カネで考えよう。ヒトの面では，トロールは，第1節であげたIV社の例でも分かるように，技術の価値を判断するための技術知識のある人間，その商業的ポテンシャルを評価できる人間，ライセンスや売買のための契約に習熟した人間，そして，必要に応じ法的措置をとるために必要な法的知識を有する人間など，多数の専門家を抱えている。モノとは，技術市場において

的パラドックスと呼ばれたものである。

は特許その他の知財を意味するが、トロールは自らの判断によって多くの特許を買収し、それを交渉材料にするほか、必要に応じ新たな特許買収をためらわない。カネでは、トロールは、多くの出資者から資金提供を受け、特許買収費用、法廷費用その他に費用をかけることができる。

これにより、売り手にとっても、買い手にとっても、自ら取引相手を探し、交渉し、契約文書を作成するよりも、トロールを仲介者として利用することにより取引費用の節約を図ることができる。これがトロール＝仲介者論である。特に、トロールが複数特許をまとめて契約すれば、第2章や第6章で述べたロイヤリティ・スタッキングや二重限界化の問題の回避にも貢献すると主張する。

この議論はまた、トロールの存在が発明意欲を高め、技術進歩に貢献するとする。エーウィングとフェルドマン（Ewing and Feldman, 2012）はこれを「忘れられた発明者」論と呼ぶ。発明者が発明し特許を取っても、多くの場合に発明者は買い手の存在を知らず、特許から収益をあげることができない。トロールは、そうした発明者に売り手をみつけ、ライセンスあるいは譲渡契約を手助けすることができる。これにより、発明者のインセンティブを高めるとともに、それでなければ利用されることがなかった発明を社会的に利用促進することによって、社会としてのイノベーションに貢献する。忘れられた発明者論はそう主張する。

■ 特許仲介者論への批判

しかし、こうした主張には多くの反論が存在する。

その第1は、トロールとのライセンス契約によって実質的な技術移転が促進されるわけではないとの批判である。フェルドマンとレムリー（Feldman and Lemley, 2015）は、社内弁護士たちへの質問票調査により、トロールら NPE（特許非実施者）からのライセンスには何らの技術情報の移転や人的サービスの供給が伴っていなかったのが大部分であったことを明らかにした。すなわち、ほとんどの場合で、対象になっていた技術はすでに知られて利用されており、それに対し北欧のトロールがそうであったように、あたかも税を課すようにライセンス料を要求したのであって、社会的イノベーション促進効果はきわめて疑わしい。こうフェルドマンらは主張するのである。

第2は、実施者がトロールに対しライセンス料や損害賠償等の支払いをして

も、そのうち発明者に分配されるのは僅かであるとの批判である。米国RPX社の調査[13]によれば、NPEとの知財に関わる訴訟で要した費用は平均560万ドル（6億1600万円、ただし1ドル=110円として換算、本章での以下の換算も同様である）であったが、メディアン（中間値）は48万ドル（5280万円）であり、少数の高額訴訟が平均値を高めていることが分かる。この費用を法的費用（弁護士費用等）とそれ以外（和解金や判決に基づく賠償金支払い等）に分けると、平均では後者が過半を占めるものの、高額訴訟を除き、合計費用1000万ドル以下のものに限定すれば、過半が法的費用であり、特に1万ドル以下では90%が、1万ドル超から10万ドルでは61%が法的費用であった。このことは大多数のケースでは、要した費用のうち、和解金・賠償金などの形で特許権者に還元されたのは半分以下であったことを意味する。

　ベッセンとモイラー（Bessen and Meurer, 2014）も、RPX社の協力を得て、82社からの2005〜2011年にかけてのNPEとの訴訟に関するデータを収集したが、その分析結果によれば、総費用は平均で791万ドル（8億7010万円）、メディアンで56万ドル（6160万円）であり、平均で約4分の1が法的費用であった。RPX調査と同様に、小企業では、また小規模訴訟では、この比率はより高い。これらの調査結果は、仮に和解金や賠償金がすべて発明者に分配されていたとしても、そのために要する法的費用が余りに大きい事実を示している。

　ベッセンらは、さらに別の研究（Bessen et al., 2011）で、社会的費用がより大きい可能性を示唆する。前記調査で対象としたのは訴訟に要した直接的な費用のみであり、それ以外にも、訴訟の対象となった企業には、経営者の時間損失、名声への悪影響、また特許に抵触しないように製品や製法を変更した場合のコストや時間など、多くの費用が発生している可能性があるからである。これらは直接には計測できないことから、株価データを用いたイベント分析による推計がおこなわれた[14]。すなわち、訴訟が起こされた前後の株価の比較分析から企業価値の損失額を推計し、それを費用と考えるのである。1990〜2010年に起きたNPEによる特許訴訟1630件（複数企業を対象とする訴訟があるため、訴訟

---

13) RPX "2014 NPE Cost Report" (http://www.rpxcorp.com/reports/). RPX社は特許リスク対応サービス提供をめざす会社である。引用した結果は約180社からの回答に基づくものであり、サンプルとして偏りがないかは明らかでない。

14) 株価イベント分析については第4章注10参照。

の対象となった延べ企業数では4114社）のデータによる推定では、総費用は平均で1億2200万ドル（約134億円）、メディアンでも2000万ドル（22億円）と、RPX社等の推計を大きく上回る。これに対応するNPEあるいは発明者への支払いの推定はデータがなく正確性に欠けるが、筆者らは10％未満にとどまると推測する。このため、訴訟の対象となった被告たち（トロール被害者たち）の被った企業価値毀損のうち、所得移転が起きたのはごく一部であり、ほとんどが社会的な損失であるとベッセンらは論じるのである。

　これら推計結果の正確性には疑問が残るとしても、そのメッセージは明確である。確かにトロールの活動は不完全市場における取引費用を減少させ、また、発明者への所得移転を通じてインセンティブ効果をもたらす可能性がある。しかし、そのために要している社会的費用は余りにも大きいのである[15]。

3 トロールの社会的費用

　以上で紹介した分析はデータ入手の観点から上場企業を対象にしているものが多いが、トロールによる弊害は実は中小企業や新興企業にとり、より大きなものとなっている可能性が高い。

■ イノベーティオ社の例

　1つのケースをあげよう。米イノベーティオ（Innovatio）社（以下「イ社」）は、ワイヤレス・ネットワークであるWi-Fiに必須の特許を特許買収により取得していた。ホテル、レストラン、コーヒーショップ、スーパーマーケットなどの多くはWi-Fi機器を購入し設置することによりWi-Fiサービスを提供していたところ、イ社はこれら事業者に対し、イ社保有特許に抵触しているとしてライセンス料支払いを求める書簡（警告状）を送ったのである。

　このケースには注目すべき点が2点ある。1つは、イ社が警告書を送付した先が、Wi-Fi機器メーカーではなく、機器購入者（ユーザー）であった点である。もう1つは、警告状を送付した先が8000を超えたことである。この事例

---

15) 社会的費用には弁護士費用も含まれることについては第4章注14で述べたとおりである。

162　第 2 部　特　許

は明らかに，トロールが，法廷闘争に十分な能力・経験・資金力を持つ大手企業を避け，これらに制約がある中小企業を，しかも多数のそれらをターゲットにする戦略をとることを示唆する。

　機器メーカー 3 社（シスコ，モトローラ，ネットギア）は，ユーザーの声を踏まえてと思われるが，当該特許のオリジナルな保有者が約束していた RAND 条件でのライセンスに違反していること，ユーザーに送られた警告状にリストされていた特許には必須でない特許や特許としての有効性が疑わしい特許，あるいは特許期限が過ぎた特許も含まれていたことなどをあげて，イ社のユーザーへの要求を欺瞞的として訴訟を提起した[16]。地裁判事は一部容認，一部否認の意見を出し，後に 3 社が要求額の一部を支払う形で和解した。

■ MPHJ 社事件

　もう 1 つ，米 MPHJ 社のケースをあげよう。同社はネットワーク・コンピューター・スキャン技術に関する特許を買収により取得し，9000 社を超える，主として中小企業に特許侵害としてライセンス料を払うよう警告する書簡を発送した。しかも，多くの子会社（前述のシェル・カンパニー）名で発送するなど偽装したり，さらに顧問弁護士名でも警告状を発送するなどした。また，その事実がないにもかかわらず，多数の他社はすでにライセンス料支払いに同意したと述べた。これらの行為は欺瞞的行為であるとして，米 FTC 消費者保護局が違法行為として取り上げ，2014 年に欺瞞行為をいっさい取りやめることを確約して和解が成立した[17]。

　いずれのケースも，驚くほど多数の中小企業に警告状を発送し，ライセンス料支払いを要求している。要求したライセンス料はイ社の例では 3000 ドル程度であったとみられ[18]，30 万円強であるから，多くの企業にとって支払い不能な額ではない。また，弁護士費用その他の法的費用に比べても，あるいは中小企業の多くでは法務スタッフもなく経営者自らが対処しなければならないこ

---

16) U.S. District Court for the Northern District of Illinois, *In re Innovatio IP Ventures, LLC, Patent Litigation*（Case No. 11 C 9308, 11 C 9309, 12 C 427）, February 4, 2013.

17) FTC プレスリリース "FTC Settlement Bars Patent Assertion Entity from Using Deceptive Tactics," November 6, 2014.

18) http://www.essentialpatentblog.com/2013/01/catching-up-on-innovation-ip-ventures-llcs-litigation-activities/

とを考えれば，それに要する機会費用に比べても，和解金を選択することが有利になる[19]。

こうした行動をとるトロールはボトムフィーダー (bottom-feeder)・トロールと呼ばれる[20]。ボトムフィーダーとは，水底で食料・養分を得て生活する生物のことを意味する。中小企業をボトムに喩えるのにはいささか抵抗があるが，それらからライセンス料という名目で金銭を巻き上げて利益を上げるトロールという趣旨であろう。1社あたり3000ドルを要求しているとしても，9000社に警告上を送付しているので，そのうち仮に20％の企業が和解に応じただけだとしても，総額では540万ドル，すなわち数億円のオーダーの収入となる。これがボトムフィーダー・トロールのビジネスモデルである。

■ トロールの悪影響

チエン (Chien, 2014) のハイテクベンチャー企業223社に対する質問票調査では，79社が特許に係る要求を受けたと回答している。この79社のうち18％が和解に応じ，それに要した費用は平均34万ドル（3740万円）であった。11％は法廷で争い，20％は法廷外で争ったが，平均費用は前者では86万ドル（9460万円），後者では17万ドル（1870万円）であった。この費用には，和解金以外に要した費用も含まれていると思われ，また争った場合には勝ったものも敗れたものも含んでの平均の数字であると思われる。特に法廷で争ったときの費用は大きく，和解を選択することが有利になる余地が十分にある。

この調査ではまた，要求を受けた企業のうち40％が，事業上の大きな影響を受けたと回答している。これには，事業から撤退せざるをえなかったものから，製品の改変を迫られたもの，事業開始に遅れを来したもの，資金調達に影響があったものなどが含まれる。すなわち，トロール活動は，ベンチャー企業に対し，単にライセンス料や法的費用のみにとどまらず，事業への悪影響をもたらしていることになる。

---

19) Cohen *et al.* (2014) は，関わっている弁護士が比較的に少ない企業ほど，ほかに訴訟を抱えている企業ほど，また現金を多く保有している企業ほど，トロールによる訴訟を受けていることを明らかにしている。この結果も，法的対応余力が不十分な企業ほど，また，支払能力がある企業ほど，トロールの標的とされやすいことを示唆している。

20) Lemley and Melamed (2013), Chien (2014).

トロールによる活動は，ベンチャーキャピタル（VC）の投資額にも影響を与えている。タッカー（Tucker, 2014）によるVC投資額のパネル分析（年別×地域別×業種別）の結果によれば，特許関係訴訟数が300件強まではVC投資額と正の相関があるが，それを超えるとむしろ負の関係になるという逆U字型の関係がある。ある程度の訴訟は，特許からの収益を確保する効果がありVC投資を活発化するとしても，多くなりすぎるとVC投資を抑制してしまうのである。チエンの研究で資金調達への影響があったと答えたベンチャー企業があったことと整合的といえる。

さらに，イノベーションの普及にも，トロールは悪影響を与えている。アカシア（Acasia）社（以下「ア社」）は医療分野の映像処理ソフトに関する特許を買収し，GE，富士フイルム等のメーカー4社に対し特許侵害訴訟を提起した。タッカー（Tucker, 2012）は，この訴訟が，ユーザーである病院の当該ソフト導入に与えた影響を計量分析したところ，有意なマイナス効果を発見した。すなわち，メーカーへの訴訟がユーザーに懸念を与え，導入を控えさせたと推定される。このことはイノベーションの普及を遅らせる効果，さらには消費者である患者の医療へのマイナス効果を示唆する。

さらにタッカーは，当該技術に関する後続の改良技術開発を調べたところ，訴訟後にそうした改良が減少したことを発見した。つまり，特許侵害訴訟は，その後の改良技術の発明にも悪影響を与えたと推定される。第2章で述べたように，発明には累積型の特徴を持つものが少なくない。すなわち発明は，これまでの発明・発見の累積を糧にすることによっておこなわれ，技術は進歩する。特許はもともと発明技術の普及を制限し，この糧を消化しにくくすることにより技術進歩を遅らせる側面を持つが，トロールはこの負の側面をより顕在化させているといえる。

4 トロールの要因と米国特許制度

ここまで述べてきたように，トロールによる弊害が重大であり，またそれについての研究が進んでいるのも米国においてである。これは，米国の司法制度や特許制度と密接に関連しているからにほかならない。

■ 訴訟費用

　その第1の要因は，訴訟にかかる費用の巨額化である。ボトムフィーダー・トロールの被害者のように，訴訟費用を考えれば理不尽な要求であっても和解に応じざるをえなくなってしまうという，中小企業・個人業主の弱みにつけ込むビジネスモデルが成立するのは，訴訟費用が大きいからこそである。前述したベッセンとモイラーの調査（Bessen and Meurer, 2014）では，平均で138万ドル（1億5180万円），メディアンで20万ドル（2200万円）の法的費用（弁護士，証拠収集等に要する直接的な費用のみで，和解金等は含まない）を要している。中小企業（売上高10億ドル以下）に限定すれば平均42万ドル（4600万円），メディアン7万ドル（770万円）と低下する。

　ただし，これらの数字には過小評価の可能性がある。それは，第1には，同調査が訴訟に至った事例についての数字であり，法的費用をかけても見合わないとの判断で法的措置をとらず和解金を払ったものは含まれていないからである。また第2に，直接的に支払った費用のみであり，経営者の時間的・精神的な負担などの機会費用を含まないからである（法務部を持たないような中小企業では自ら事態に対処することが多いであろう）。いずれにしても，数千万円から大きな案件では1億円を超える法的費用がかかるという実態が，トロールのビジネスモデルを成立しやすくさせている。

■ 特許の質

　第2に，特許の質の低下がある。これは2つの意味でいう。1つは，新規性や非自明性（進歩性）などの観点から認められるべきではない特許が認められてしまっていることである[21]。もう1つは，特許の効力が過剰に広い，あるいはその及ぶ範囲が自明でない形での特許クレームが認められてしまっていることである。

　このため，特許侵害の警告状を受け取った者にとって，その実施する技術が本当に当該特許でカバーされているのかどうか明確でなく，また，訴訟におい

---

21) 古い例ではあるが，ピーナッツバター耳無しサンドイッチに関する特許，ゴルフのパッティング方法に関する特許，ブランコの乗り方に関する特許などが，認められるべきではなかった特許の代表例としてよくあげられる。Boldrin and Levine（2008），Jaffe and Lerner（2004）参照。

て特許侵害でないことを立証するのも容易でない。この点については，技術分野間での差異が大きいことも指摘されており[22]，ソフトウェアやビジネスメソッドに関する特許で特に深刻とされる[23]。実際，トロールによる問題が多発しているのはこれら分野においてである[24]。

■ **特許権移転と私掠船行動**

第3に，米国では特許権の移転についての届出義務が限定的であり，特許権の現保有者が不明になってしまうことである[25]。このため，特許侵害の警告状を受け取ったときに，それが真の特許権保有者からのものかどうかを確認することも容易ではなく，また，その確認のためにも費用を要することになる。第1節で述べたように，トロールが隠れ蓑としてシェル・カンパニーを用いることにより，この問題はさらに深刻化する。例えば，特許侵害を主張してきた者がほかにどのような特許を持っているかを調べ，それらとあわせてライセンス交渉したり，他の保有特許の弱みを調べて対抗訴訟の手段として用いたりすることもできなくなる。

また，事業会社や投資家（「スポンサー」と呼ぶ）がトロールに特許権を譲渡または寄託して権利行使させ，それによってライバル会社等の費用を高めることにより，スポンサーにとって競争上有利な立場を作ろうとすることもある。こうした行動をエーウィング（Ewing, 2012）は私掠船行動（プライバティアリング，privateering）と呼んでいる。

私掠船とは，民有でありつつ敵船を捕獲することを密かに国より認められた海賊船のことで，16世紀英国人船長でスペイン船への海賊行為を繰り返し，後には英国艦隊を率いてスペイン無敵艦隊を破ったドレーク船長がその代表例

---

22) Bessen and Meurer（2008），Burk and Lemley（2009），田村（2011～2015）など参照。
23) 例えば Miller（2014）は，米国特許商標庁が特許として認めたものが法廷で無効とされる比率がソフトウェアで44.3％と特に高いことを示している。ただし Graham and Vishnubhakat（2013）は有意な差がないとしている。
24) ただし，バイオや医薬品の分野でもトロールが問題になっていないわけではない。Feldman and Price（2014）参照。
25) これに対し，日本の特許法は第34条4項で「特許出願後における特許を受ける権利の承継は，相続その他の一般承継の場合を除き，特許庁長官に届け出なければ，その効力を生じない」として，届出を義務づけている。

とされる。プライバティアリングとは、スポンサーがトロールを私掠船のように利用していることを指す。スポンサーが発見されれば、訴訟においてこの事実が考慮され、トロールの要求は通りにくくなる可能性があるが、秘匿することにより妨げている。

第4に、ボトムフィーダー・トロールの場合の多くにそうであるように、トロールは特許侵害者に直接ではなく、その顧客やユーザーに警告状を発することを辞さない。これは米国のみに特有というわけではないが、本来的な特許権の行使の観点からは疑問が残る行為である。

■ 米国での政策対応

こうした問題を受け、米国ホワイトハウスは2013年6月に「特許主張と米国の技術革新」と題する報告書を公表するとともに、5つの行政提言と7つの立法提言をおこなった[26]。さらに翌2014年2月には、特許権者情報の透明化、機能クレームの明確化、消費者・小売店をトロールから防御するための方策、特許審査官のレベル向上などを含む行政的措置を命じた[27]。

立法的措置についても議論が進んでおり、特許商標庁（PTO）では、特許申請中はもちろん、特許取得後も、登録料や更新料の支払時ごとに真の所有者を申告することを求める特許法改正を提案している[28]。また議会ではいくつかの法律が提案され、中でもイノベーション法（Innovation Act）では、警告状には

---

26) "Fact Sheet: White House Task force on High-Tech Patent Issues" ホワイトハウスプレスリリース、2013年6月4日。報告書「Patent Assertion and U.S. Innovation」もこのプレスリリースよりリンクが張られているが、大統領経済諮問委員会（the President's Council of Economic Advisers）、国家経済会議（National Economic Council）および科学技術政策局（Office of Science and Technology Policy）の合同により作成されたものである。

なお、本書校正段階の2016年10月に連邦取引委員会は "Patent Assertion Entity Activity An FTC Study"（http://www.ftc.gov/reports/patent-assertion-entity-activity-ftc-study）を公表した。

27) "Fact Sheet-Executive Actions: Answering the President's Call to Strengthen Our Patent System and Foster Innovation" ホワイトハウスプレスリリース、2014年2月20日。

28) United States Patent and Trademark Office, "Changes to Require Identification of Attributable Owner," Federal Register, Vol. 79, No. 16, January 24, 2014, 4105-4121. その他のUSPTOの施策については以下を参照：http://www.uspto.gov/patent/initiatives/uspto-led-executive-actions-high-tech-patent-issues。また Scott-Morton and Shapiro (2015) 参照。

どの製品のどの部分がどの特許権を侵害しているのかを明示することや，原告が敗訴した場合に裁判費用を負担することなどを求めている。これらの法律は，本書執筆時点（2016年10月）ではまだ成立していない。

日本ではどうか。日本企業でも米国で事業をおこなっていれば，米国特許に抵触する可能性がある。例えば，米国で開発，生産，販売をしていれば，その製品や製造工程で何らかの米国特許を侵害しているとして，トロールを含めた特許権者から訴えられる可能性が存在する。エレクトロニクス，IT，ソフトウェア等の分野で米国事業を展開している企業は多く，それら企業では実際にトロールの要求を受け取ることが多いといわれる。また顧客が警告状を受け取り，その対応に追われることも多いといわれる。

■ 日本でのトロール問題

これに対し日本国内では，トロールの問題は現時点では深刻ではないとみられる。これは，訴訟費用が米国に比しきわめて小さい（おそらくは1桁以上低い）こと，特許審査の質が高いこと，特許権者名が明確なことなど，上にあげた要因の多くが成立していないからである。

知的財産研究所（2009）はアンケート調査を行い，日本企業217社から回答を得ているが，日本の特許を利用した権利行使を受けた場合と米国の特許権を利用した権利行使を受けた場合を分けて聞いている。すると「警告なく訴訟を提起された」，「和解をする方向で対応する」などの質問項目については肯定した企業の比率が米国特許について高く，「無効審判を起こす」では日本特許について高かった。これらは上記した日米の法制度の違いと整合的である。また，権利行使されたもののうちトロールによる権利行使と認識されているものの比率は，日本特許については20.5%にとどまるのに対し，米国特許については45.7%と半数近くに達する。また日米とも共通するのは，パテントトロールからの権利行使と認識されているものについては，88%前後が侵害の可能性が低い，あるいは特許無効の可能性が高いと考えていることである。それにもかかわらず，これらのうちライセンス契約等に至ったものが米国特許については41.8%あった（日本特許については2%でしかない）。この結果は，米国での法的費用や（敗れた場合の）損害賠償の高さのためにライセンス契約を受け入れていることを窺わせる。

5　トロールと独占禁止法

　トロールによる特許権侵害の警告・和解・訴訟等は特許法上の権利の行使であり，そのこと自体をもって「知的財産制度の趣旨を逸脱し，又は同制度の目的に反する」（知財 GL，第 2, 1。本書第 1 章 6 節参照）として問題にすることは難しい。しかし，それに付随する形で以下にあげるような行為がおこなわれるときには独占禁止法の適用も考慮されるべきであろう。

■ 共謀・排除・欺瞞

　第 1 は，トロール間での共謀である。例えば，ある製品に必要な技術群の特許をトロール A と B が保有しており，A と B がライセンス料を共同して決定していたような場合には，当該技術群を 1 つの技術市場としてとらえれば[29]，そこにおける競争を実質的に制限しているとして不当な取引制限と判断される可能性がある。例えば米国では，トロール A，B 間で定期的な情報交換がおこなわれ，その結果，例えば A がターゲットにしようとしている事業者名や対象特許を B に伝え，B が当該特許を A より購入して自らの権利行使に資したというケースがあったという[30]。これは価格（ライセンス料）の共同決定ではないので，カルテルのための情報交換と認定することはできないが，水平的協調行動としては共通性がある。

　第 2 は，前節で説明した私掠船行動のように，ライバル企業の費用を高める目的でトロールが使われる場合である。一般にはこうした行動はライバルコスト引上げ戦略（Raising rivals' costs, RRC と略す）と呼ばれ，通常は支配的企業がとる戦略で，ライバルのコストを上げることにより市場価格を高く導いて自社利益を増やしたり，ライバルの経営を困難にすることをいう[31]。

---

29) こうした市場画定には大きな議論がありうる。同一製品に用いられる技術であっても，それらが代替的でなく補完的で，いずれも不可欠であれば，個々の技術ごとに技術市場を画定すべきだとの議論も可能だからである。
30) Ewing and Feldman (2012).
31) Salop and Scheffman (1983). RRC 理論が競争政策上最初に議論されたのは，支配的石油会社が原油を大量購入して原油価格を引き上げることによりガソリン価格を上げ，独立系のガソリン卸小売業者の経営を困難にしたことを米 FTC が問題にしたときだと

RRC は競争政策上問題になることがある。例えば、仕入れ先企業に対し、ライバル会社には同じ原材料の販売を制限したり、より高い価格での販売を義務づけるなどの行動は拘束条件付取引とみなされやすい。また、他事業者（潜在的事業者を含む）の事業活動を排除することにつながるときには、排除型私的独占と判断される可能性がある。第1章3節で紹介したNTT東日本事件もRRCの性格を持つ。よって、私掠船行動も、競争事業者を排除することで競争制限効果を持つときには、私的独占として問題になる可能性がある。

特許買収もライバルコストを増加させる目的でなされる可能性がある。例えば、アップル社とマイクロソフト社が共同出資で携帯電話等に関するノーテル社の特許を買収したときには、携帯電話OSのライバルであるグーグル社は、当該特許へのライセンス料支払いの増額を要求されることを恐れたといわれる[32]。グーグル社がまもなくモトローラ社を買収したのは、それに対抗するためにモトローラ社の携帯電話等に関する特許を取得するのが目的だった。

第3に、特許の買収、特許侵害の警告、訴訟などにおいて不公正な方法が用いられる可能性がある。第3節で紹介した米国のMPHJ社の事例では、トロールが技術実施者に対し特許侵害を警告するにあたり、誤った情報を伝えるなど、欺瞞的行為があったとされる。こうした行為は独占禁止法の不公正な取引方法の一類型である欺瞞的顧客誘引、すなわち「自己の供給する商品又は役務の内容又は取引条件その他これらの取引に関する事項について、実際のもの又は競争者に係るものよりも著しく優良又は有利であると顧客に誤認させることにより、競争者の顧客を自己と取引するように不当に誘引すること」（一般指定、第8項）にも類似性が高い。ただし、不公正な取引方法として問題となるためには公正競争阻害性（第1章参照）を要件とするから、MPHJ社事件のような欺瞞的行為があったからといって直ちに独占禁止法違反になるわけではない。

米国の場合でも、MPHJ事件において反トラスト法違反を認定しているわけではなく和解（settlement）しており、また米FTC内においても競争局でなく消費者保護局が担当しているから、競争政策上の問題として正面切って取り

いう (Scheffman and Higgins, 2003)。この場合には、ライバルコストだけではなく支配的企業自身のコストをも上げる。それでも、両者で費用構造等が異なれば、支配的企業にとって有利な戦略になる場合がある。

32) Ewing and Feldman (2012).

上げたわけではないと思われる。

■ 取引拒絶・差別対価

　第4に，これはトロールのみでなくライセンサー一般に当てはまる問題であるが，取引拒絶や差別対価を認定することは可能か検討してみよう。取引拒絶（共同行為としてではない場合）とは，「不当に，ある事業者に対し取引を拒絶し若しくは取引に係る商品若しくは役務の数量若しくは内容を制限し，又は他の事業者にこれらに該当する行為をさせること」（一般指定，第2項）であり，差別対価には，「不当に，地域又は相手方により差別的な対価をもつて，商品又は役務を継続して供給することであつて，他の事業者の事業活動を困難にさせるおそれがあるもの」（独占禁止法，第2条9項2号）のほか，「不当に，地域又は相手方により差別的な対価をもつて，商品若しくは役務を供給し，又はこれらの供給を受けること」（一般指定，第3項）が該当する。

　それでは，特定の実施者にライセンスを拒絶したり，差別的な対価でライセンスすれば，これらに当てはまるだろうか。

　特許ではないが，著作権が関係した事件として着うた事件（平成20年審決，平成22年東京高裁判決）がある。これは，レコード会社5社が共同出資会社を作り，5社が原盤権（著作隣接権の1つ）を所有する楽曲についての着うた配信業務を当該共同出資会社のみに認め，他社からの希望があっても許諾しなかった事件である。5社が共同でおこなった行為なので，一般指定第1項（共同の取引拒絶[33]）が適用されている。著作権という知的財産権を扱った事件という意味では，特許権者によるライセンス拒絶と共通するところがある。ただし，

---

[33] 「正当な理由がないのに，自己と競争関係にある他の事業者（以下「競争者」という。）と共同して，次の各号のいずれかに掲げる行為をすること。
　　一　ある事業者に対し取引を拒絶し，又は取引に係る商品若しくは役務の数量若しくは内容を制限すること。
　　二　他の事業者に，前号に該当する行為をさせること。」。
　　なお一般指定は着うた事件後の平成21年に改正されており，一および二は現在では以下のとおりである。
　　「一　ある事業者から商品若しくは役務の供給を受けることを拒絶し，又は供給を受ける商品若しくは役務の数量若しくは内容を制限すること。
　　二　他の事業者に，ある事業者から商品若しくは役務の供給を受けることを拒絶させ，又は供給を受ける商品若しくは役務の数量若しくは内容を制限させること。」。

着うた事件の場合には共同行為としての取引拒絶であり，水平的共謀の側面がある。また，消費者向け着うた配信サービス市場における競争を阻害しているので，競争政策になじむ。

これに対しトロールのようなライセンス業務をおこなう事業者の場合，ライセンス拒絶をすれば，確かにライセンスを受けて生産される製品における競争は阻害されるとしても，ライセンス収入を主収入源とするトロールにとってそれが競争上の利益を生むことは考えにくい。

一方，ライセンシーの支払能力やライセンス必須度の違いによりライセンス条件を変えることは，トロールにとって利益になりうる。しかし，FRAND宣言によって非差別性を約束している場合を別とすれば，ライセンシーによってロイヤリティの率（対売上高比率等）や額（製品1単位あたり等）が異なることで直ちに「差別的な対価」といいうるかどうかは，同一商品（例えば同じ鉛筆）もしくは同一役務（例えば同じ理髪店での同じ理髪サービス）において消費者により異なった価格で販売する場合のように明白ではない。

これらの点を考えると，ライセンス取引に関して取引拒絶あるいは差別対価として独禁法19条（不公正な取引方法の禁止）違反を認定するのは一般には困難であるように思われる。

■ 優越的地位の濫用

不公正な取引方法として，今ひとつ可能性があるのは，優越的地位の濫用である。ここでは，トロールが当該技術の実施者に対し優越的地位にあるといえるか，トロールの要求は優越的地位の濫用といえるかが問題になる。ほかに代替的な技術がなく必須な場合には，ライセンスなしでは事業経営上大きな支障を来すから，優越的地位にあるとはいえそうである。しかし，減額や協賛金割り当てなどのように事後的に取引相手に予め計算できない不利益を与えることと，ライセンス契約において高いライセンス料を要求することには，ホールドアップ問題の程度を含め，大きな差がある。また，第5章で引用したように，優越ガイドラインは「著しく高い対価での取引を要請する場合」を問題とするが，著しく高い対価かどうかの判定は困難である。この点はトロールに限られるものではなく，第5章でSEPに関連して議論した点と共通する。

さらに，優越的地位の濫用規定は「継続して取引する相手方に対して」おこ

なう行為を念頭に置いている[34]。トロールとのライセンス交渉が多くは1回限りである（ただしライセンス契約自体は長期間有効な場合がある）ことを考えると，この意味でも，優越的地位の濫用規定をトロールの行動に当てはめるのは過剰な応用拡大との批判がありうる。

■ SEPへの対応

以上の諸点を考えると，トロール行動への独占禁止法の適用は，ほかに共謀などが伴わない限り，困難であるといわざるをえない。

しかしながら，トロールが権利行使しようとする特許が標準必須特許（SEP）である場合には，第5章5節ですでに述べた考え方が適用される。すなわち，2016年改正の知財GLは，FRAND宣言の対象となっているSEPについて，FRAND条件でライセンスを受ける意思を有する者に対し，ライセンスを拒絶し，または差止請求訴訟を提起することが，排除型私的独占や不公正な取引方法に該当する場合があることを明記した。しかも，同GLは，自らFRAND宣言をした者ではなく，FRAND宣言がされたSEPを譲り受けた者による行為についても同様であることを明記した（第5章注17参照）。

よって，標準規格策定時にSEPであると宣言され，FRANDでのライセンスを確約されている特許についていう限り，その特許を譲り受けた者も，それがトロールであるか否かにかかわらず，ライセンスの拒絶や差止請求訴訟の提起は独占禁止法違反となる可能性がある。

ただし，これはFRAND宣言された特許に限定され，それ以外の特許については同様の規定がない。そこで，望ましいのは，トロールを予防することであろう。トロールの要件の1つが特許集約者（Patent Aggregator）であることを考えると，トロール（あるいはトロール予備軍）による特許譲受けの段階で競争政策上の対応をするのが最大の予防になろう。これは企業結合規制の問題であり，次章で論じよう。

---

34) 独占禁止法第2条9項5号は不当な行為として「継続して取引する相手方に対して，自己のために金銭，役務その他の経済上の利益を提供させること。」等をあげている（傍点は筆者加筆）。

第9章

企業結合規制

1 イノベーションと企業結合

　企業結合とは，合併（該当する独占禁止法条文は第15条），株式取得（第10，14条），役員兼任（第13条），事業や固定資産の譲受け（第16条）その他の方法により経営権や事業活動・資源が結合されることを指し，独占禁止法は，その結合が「一定の取引分野における競争を実質的に制限する」こととなる場合には，当該結合を禁止している。

　イノベーションや知的財産権の問題は企業結合にも深く関わっており，本章ではこの問題を検討する。

　最初に，合併や買収など，一般にM&Aと総称される経営統合が研究開発や特許出願などのイノベーション活動にどう影響するか，実証研究をサーベイしつつ検討する。M&Aが競争制限効果をもたらすおそれがある場合には，当事会社が問題解消措置（レメディ）を提案し，それを条件として承認される場合がある。第2節では，そうした措置について述べ，その中で知財ライセンスの供与が取り上げられた事例を説明する。第3節では，会社全体ではなく知財（主として特許）のみの譲受けを検討し，特に届出義務の観点からの問題を指摘する。そして第4節では，知財譲受けに対する独占禁止法からの審査のあり方と問題点を説明する。前章で述べたように，こうした知財譲受けは特許集約者としてのトロールの議論とも関係する。

■ 企業結合はイノベーションを促進するか

　本節の議論はM&Aあるいは企業結合と総称されるもの全般に当てはまるが，説明上，以下では合併に代表させる[1]。

　ほとんどの合併において，当事会社は投資家向けプレスリリースを発表し合併のメリットを主張する。その中でイノベーションへの効果も強調されることが多い。例えば，2012年の新日本製鐵（以下「新日鉄」）と住友金属工業（以下「住金」）の合併においても，事業のグローバル展開，コスト競争力強化などと並び技術先進性の発揮がうたわれた。すなわち，両社のプレスリリースによれば，

　「両社の製造技術力・商品技術力・研究開発力の融合により，世界最高水準の技術力を一層向上させてまいります。特に，両社研究開発部門の統合により，開発スピードと質の両面で効率的な研究開発体制を確立します。これにより，統合会社は『素材としての鉄の可能性を極限まで引き出す』ことを目標に，成長分野を中心とした商品開発，プロセス革新を含む製造技術開発等で世界をリードします。」[2]

とされ，年間400億円程度の効果があるとした。

　合併には本当にそうしたイノベーション促進効果があるのだろうか。あるとすれば，2段階の効果が考えられる。合併が研究開発投資を増やすという，研究開発プロセスへのインプットへの効果と，インプットは同額でもアウトプットは増大するという研究開発プロセスの効率性への効果とである。アウトプットとは上記引用文では「技術力」，「商品開発」，「製造技術開発」などと呼ばれているもので，新製品の数や質，生産性増加率，あるいは特許数などで測られることになろう。

　合併が研究開発投資を増やすとの議論は，企業規模を増やすことにより，あるいは市場集中やマーケットシェアを高めることにより，企業は規模と比例的以上に研究開発投資を増やすという仮説に基づく。こうした仮説はシュンペー

---

1)　合併以外の場合には，どれだけの株式取得で経営権の統合とみなすかなどの問題があるが略す。この問題を含め，日本における企業結合規制については公正取引委員会担当者（当時）による解説書（田辺・深町，2014）が詳しい。

2)　「新日本製鐵（株）と住友金属工業（株）との経営統合に関する最終合意の成立について」，平成24年4月27日（http://www.nssmc.com/news/old_nsc/news/data/20120427123923_1.pdf）。

ター仮説と呼ばれ，産業組織論において幅広く議論されてきた[3]。

■ 市場集中と研究開発投資

市場集中が研究開発インセンティブに与える影響を，2つの相対する効果のバランスとして考えることができる。その1つは，第6章でも説明した置換効果（replacement effect）あるいは共食い効果（cannibalization effect）である。独占企業が新製品を発売しても，あるいは費用低減により価格を下げても，消費者は同じ企業の旧製品に置換して新製品を買うことになるだけなので，新製品による売上増から旧製品の売上減を引けば，新製品の利益貢献は限定的になる。このため，他社旧製品から需要を奪うことができる競争的企業の方が，研究開発インセンティブは高い。

もう1つは，レント消失効果（rent dissipation effect）で，競争者が新製品・新製法で参入したときに需要を奪われ粗利潤（準レントとも呼ばれる）が失われる効果は独占企業ほど大きいことに注目する[4]。第4章で証明したように，独占企業の利潤は，複数企業が寡占状態であるときの利潤合計を上回るほど大きいだけに，独占を失ったときの準レントの消失は大きいのである。このため，参入を防ぎ，独占的地位を維持すべく，独占企業はより大きい研究開発インセンティブを持つ。独占という地位を先取して得た企業がそれを守るために参入阻止へのより大きいインセンティブを持つという意味で，先取権効果（preemptive effect）ともいう。

■ 研究結果のサーベイ

市場集中と研究開発投資の関係に関する研究は理論的にも実証的にも多いが，これら2つの相反する効果のため，結果は一義的には決まらない。ギルバート（Gilbert, 2006）の優れたサーベイ論文によれば，あるレベルを超えれば，集中度が上がっても研究開発集約度（研究開発費対売上高比率）はおおむね一定という実証結果が多い。ただし，産業により，また時代により，いろいろな条件

---

[3] ただしシュンペーター自身がこの仮説のように考えていたわけではないと筆者は考えている（小田切, 2008, 2010）。シュンペーター自身の議論については Schumpeter (1942)，特に第7章，第8章参照。

[4] Aghion and Griffith (2005)。

(例えば、特許による専有可能性の程度、製品革新か製法革新か、技術機会がどれだけ存在するか、発明実現がどれだけ確実に予測できるか、新規参入がどれだけまたどのように可能かなど)が異なるため、この結果が常に当てはまるわけではない。いずれにせよ、合併によりマーケットシェアを高め、より独占的になったとしても、研究開発集約度が高まるとは限らない。

次に企業規模や市場集中の研究開発アウトプットへの効果を考えよう。この効果には、研究開発投資への上記の効果に加え、インプットとアウトプットとの関係、すなわち研究開発の効率性が関係する。アギオンら (Aghion et al., 2005) は、アウトプットとして特許数で測るとき[5]、この関係は逆U字型であるとした。すなわち、集中度が極めて低ければ特許数も少ないが、中間的な値の集中度でピークを迎え、集中度が高くなりすぎると再び特許数は低くなるというのである。よって、あるレベル以上に集中を高める合併は、研究開発投資を比例的以上に増加させることがないだけではなく、そのアウトプットとしての特許数も増加させるわけではないことになる。いうまでもなく、これは一般的傾向だけであり、上述のようなさまざまな条件のために産業や技術によって異なる可能性があるから、個々の合併案件に即して検討する必要があることはいうまでもないが、合併による規模の増大が研究開発の効率性を高めるとは一概にいえないことを示唆する。

■ シナジー効果

以上の議論では水平合併、すなわち同一市場で競争する企業間の合併を念頭に置いたが、混合合併あるいはコングロマリット合併と呼ばれる異なった市場において事業をおこなう企業間の合併では何が異なるだろうか。もちろん、同一市場か否かは市場をどれだけ幅広く画定するかに依存する。例えば前述の新日鉄と住金との合併でも、鉄鋼業として市場を画定すれば明らかに水平合併だが、個々の鉄鋼製品や鉄鋼以外の事業分野(エンジニアリング等)をみれば、すべての分野において両社とも事業活動していたわけではない。

両社の事業に違いがあれば、そのために有する物的・人的資源、特許、ノウハウ、ブランドなども異なる。また事業が重複していたとしても、製品仕様や

---

5) 特許間の重要性の差異を考慮するため、被引用数でウェイトづけした特許数を用いている。

生産技術などが異なることは多い。こうした場合には，合併により両社の資源等が結合され，その間の補完性を利用して，イノベーションを効率的にする可能性がある。第3章で補完的能力の結合と呼んだものである。シナジー効果と呼ばれることも多い。新日鉄・住金両社が「両社の製造技術力・商品技術力・研究開発力の融合」とうたったのは，このことを指すのであろう。特許については典型的であり，両社の特許を合併後はお互いに自由に利用できるようになることにより，ライセンスの手間も省け，イノベーションの効率化を図りやすいと期待される。

ただし逆に，それだけに，両社のいわゆるカルチャーが異なるのが普通で，融合が困難であったり，縄張り意識が発生したりする可能性も否定できない。また，第三者技術を導入した方が実は効果的であるにもかかわらず，合併先技術を用いることが優先されることもありうる。

こうした理由により，合併がイノベーションを促進するか，研究開発を含む経営の効率化に貢献するかは，合併後の経営戦略を含む多くの要因に依存すると想定される。ただし，2000～2008年に日本国内で起きた合併39件につき事後評価したところ，研究開発集約度，特許公開件数のいずれについても合併後に低下したケースが過半数を占めた（小田切ほか，2011）。しかも，この傾向は特許公開件数においてより顕著であった。すなわち，研究開発集約度は上昇しても，特許公開件数は減少させたケースが数件みられた。この結果は，合併が研究開発の効率性を改善するとの議論に疑いを投げかける。

これらの結果は，合併がイノベーションを促進し長期的には消費者利益を高めるので，短期的には競争制限のおそれがあっても承認すべきだという議論が誤りであることを強く示唆している。

■ 企業結合 GL における効率性の考慮

公正取引委員会は「企業結合審査に関する独占禁止法の運用指針」（以下，「企業結合 GL」）において，効率性の考慮について，「企業結合後において，規模の経済性，生産設備の統合，工場の専門化，輸送費用の軽減，研究開発体制の効率化等により当事会社グループの効率性が向上することによって，当事会社グループが競争的な行動をとることが見込まれる場合には，その点も加味して競争に与える影響を判断する。」（企業結合 GL，第 4，2，(7)，次の引用も同じ）

として，研究開発体制の効率化にも言及している。ただし，「この場合における効率性については，①企業結合に固有の効果として効率性が向上するものであること，②効率性の向上が実現可能であること，③効率性の向上により需要者の厚生が増大するものであることの3つの観点から判断する。」ともしており，特に③に関連して，「当該効率性の向上により，製品・サービスの価格の低下，品質の向上，新商品の提供，次世代技術・環境対応能力など研究開発の効率化等を通じて，その成果が需要者に還元されなくてはならない。」と明言しており，当事会社の主張する効率性の向上が，真に実現可能であることと，その結果，新商品や低価格を通じて需要者の厚生が増大することを求めている。こうした慎重な姿勢は，以上に述べたような経済分析の蓄積からも妥当なものと評価される。実際，競争制限効果のおそれが指摘されながら，研究開発の効率性向上を理由として合併が承認された事例はない。

2 問題解消措置（レメディ）

公正取引委員会によれば，「企業結合が一定の取引分野における競争を実質的に制限することとなる場合においても，当事会社が一定の適切な措置を講じることにより，その問題を解消することができる場合がある」（企業結合 GL，第6, 1）。こうした措置を「問題解消措置」と呼ぶ。英語のレメディ（remedy）がそのまま使われることもある。問題解消措置が適切かつ有効であると判断されれば，企業結合は承認される。実際に，企業結合案件で詳細な審査が必要と判断されて第2次審査に移行した案件で，問題解消措置を前提として承認されたものは多い[6]。

---

[6] 独占禁止法第10条2項等の規定により義務づけられている届出がなされた企業結合案件はここ数年 250 件から 350 件で推移しているが，そのうち第2次審査に移行し終了した案件は，2012〜2015 年度にそれぞれ 5, 3, 2, 4 件で，すべて承認されている。そのうち，問題解消措置を前提としたものはそれぞれ 3, 1, 2, 1 件である。出所は「公正取引委員会の最近の活動状況」，平成 28 年 4 月。

■ 構造的措置と行動的措置

　問題解消措置には構造的なものと行動的なものがある。構造的措置とは競争的な市場構造を維持するための措置を意味し，代表的には事業譲渡がある。一方，行動的なものとは，競争維持のために事業者に一定の行動を義務づける措置で，価格や供給義務に関する確約，情報遮断措置（いわゆるファイアウォール，事業所間や事業部門間での情報の遮断），差別的取扱いの禁止などがある。

　構造的措置は，基本的には事業譲渡などの措置を1回とれば競争的市場構造が回復されるはずなので，それ以降は当事会社も競合会社も自由に事業活動をおこなうことになり，競争当局が監視を続ける必要はなく，市場メカニズムが活用されるから望ましい。これに対し行動的措置は，一定期間当事会社の行動が制約され，また競争当局による監視が必要となる。行政指導的色彩が強まり，市場メカニズムを活用することを重視する競争政策の原理から望ましくない[7]。企業結合GLもこのことを認識し，「問題解消措置は，事業譲渡等構造的な措置が原則」であるとしながら，「ただし，技術革新等により市場構造の変動が激しい市場においては，一定の行動に関する措置を採ることが妥当な場合も考えられる」（企業結合GL，第6, 1）ともしている。

　事業譲渡は，合併当事会社の一部の事業を他事業者に有償で譲渡することを指し，譲渡するものの中には，工場，施設，機械工具など物的資産および従業員などの人的資産に加え，譲渡先が当該事業を継続するに必要な技術，特許，ノウハウなどの技術資産や流通経路，ブランドなどのマーケティング資産も対象になりうる。関連する知財（特許，商標，意匠，著作権その他）については，権利そのものを譲渡する場合と，権利は譲渡元（合併会社）が保持するものの，適正条件でのライセンス供与を確約する場合とがある。

■ 知財に係る問題解消措置

　事業全体の譲渡ではなく，知財のみの譲渡や，一定期間のライセンスを約束させる場合もある。ライセンスは行動的措置ではあるが，いったんライセンスした後の拒絶や条件変更は容易でないこと，また，当局による監視が容易なこと（一方的条件変更はライセンシーから当局に苦情が予想されるため）を考えれば，

7）小田切・林（2009）は，日本航空と日本エアシステムの統合における問題解消措置を例としてこの点を議論している。

構造的措置に準ずるものと考えてよい。

　こうした問題解消措置としてのライセンスは，FRAND 条件に従ってなされる限り，事業譲渡以上に競争維持のために効果的な可能性がある。事業譲渡では譲渡先企業のみが営業できるのに対し，ライセンスの場合には，ライセンサー・ライセンシー間で，あるいは複数ライセンシー間で同一技術や同一知識を同時に利用しても競合しないという非競合性（第2章参照）のために，複数企業がライセンスを受けて営業できる。もちろんライセンサーも営業を継続することができる。この意味で，競争がより活発化することが期待できる。

　ただし，ライセンスが問題解消措置として常に効果的なわけではない。特に，誰もライセンシーとして希望しない場合がある。事業譲渡と異なり，ライセンスされるもの以外の経営資源についてはライセンシーが自ら取得しなければならないからである。そうした経営資源，例えば原材料や技能労働者が入手困難であったり，工場建設投資に必要な資金調達が困難であったり，流通網やブランドを立ち上げるための投資にも巨額を要したりすれば，誰もライセンスを受けて参入しようとはしない可能性がある。

　ライセンスを希望する事業者が現れないもう1つのケースとして，命じる特許が必須でなく，事業に必要な技術は参入者自ら迂回発明したり，あるいは他のライセンサーから入手したりすることができる場合がある。この場合には問題解消措置としてのライセンスは効果がない。よって競争当局は，問題解消措置の審査において，こうした必須性の実態についても評価することが求められる。

　日本において，事業譲渡の一環として技術供与やライセンスが命じられた事例はハードディスクドライブ事業者の統合[8] など数件ある（田辺・深町，2014）。これに対し，知財に限定した問題解消措置として特許ライセンスが命じられた事例は限られる。

■ 日立金属・住友特殊金属の事業統合

　その1つは，2003年度の日立金属および住友特殊金属（以下「住友特金」）による永久磁石事業の統合で，住友特金を承継する会社として，吸収分割の方法

---

8) 公正取引委員会「平成23年度における主要な企業結合事例」，平成24年6月20日。

により日立金属および住友特金の永久磁石事業の統合をするというものである[9]。

統合するとネオジム焼結磁石（永久磁石の種類の1つ）でシェアは55％，その他磁石で45％前後となる。統合後も，シェア約30％を有する競争事業者が存在するほか，10％を超えるシェアを有する競争事業者も存在する。またユーザーは取引先を容易に変更でき価格交渉力が強いこと，輸入圧力があることなどから，競争が制限されるおそれは低いと考えられる。

しかし，ネオジム焼結磁石については，住友特金がその製造・販売に関する特許権を保有しており，日本の磁石メーカーに対して，自社で保有するネオジム焼結磁石に関するほとんどすべての特許を一括して実施許諾している事実があった。

これらの特許のうち，ネオジム焼結磁石を製造する上で必須とされる特許については，その主要なものが特許期間満了により消滅しているものの，当該許諾に関する契約期間が満了するまで，日本の磁石メーカーは，特許権が消滅した範囲内でネオジム焼結磁石を製造・販売したとしても，契約上の制限を受けるおそれがある。

公正取引委員会のこの指摘に対し，当事会社は，問題解消措置として，おおむね以下の内容を明記した計画書を届け出てきた。(1) 住友特金が保有する特許権の実施許諾については，現行の許諾契約が満了した後も，現在のライセンシーからの求めがあれば適正な条件の下でその求めに応じることとし，遅くとも行為日までにその旨を日本国内のライセンシーに対して通知すること。(2) 現行の許諾契約に関して，特許権が消滅した特許を用いてネオジム焼結磁石を製造・販売することは現行の許諾契約の制限を受けない旨を，遅くとも行為日までに日本国内のライセンシーに対して通知すること。

公正取引委員会は，この措置を踏まえれば，本件統合により競争制限のおそれはないと判断した。

■ 富士電機による三洋電機自販機の株式取得

もう1つの事例として，2002年の富士電機による三洋電機自販機（三洋電機

---

[9] 公正取引委員会「平成15年度における主要な企業結合事例」，平成16年5月31日。

の100％子会社）の100％株式取得がある。

　両社は飲料用自販機でそれぞれシェア1位，2位の企業であり，合計シェアは約55％に達した。他の2社が10％を超えるシェアを持ち，合わせて，統合前の4社集中度は80％を超えていた。よって高集中産業であり，しかも過半シェアを持つリーダー企業の誕生となることから，競争を制限することが心配された。ただしユーザー（需要者）は大手飲料メーカーが中心で，大量発注したり，複数の自販機メーカーに分散発注するなどして，強い価格交渉力を有していると判断された。

　しかし懸念されたのは，飲料用自販機製造に係る技術が当事会社に集積され，競争業者（競合他社や潜在的参入企業）に比して著しく優位に立つ可能性である。特許出願情報データベースで「自動販売機」に関する特許出願を検索しその件数をみると，当事会社両社の出願を合わせて40％近くあり，同業他社を圧倒していた（業界外の企業・個人等による特許出願も40％近くを占める）。

　このため，こうした特許保有の集中によって生じる技術上の障壁のため，ユーザーが発注先を分散しようとしても，競争業者が当事会社と同一機能を有する飲料用自販機を製造・販売することが困難になるおそれがある。公正取引委員会がこの懸念を伝えたところ，当事会社は，自社が保有する特許等の使用を競争業者が求めてきた場合には，適正な条件の下で当該特許の実施を許諾する旨を申し出た。公正取引委員会はこの問題解消措置を了承し，ユーザーの交渉力があることから，統合により競争を実質的に制限することとはならないと判断し，この旨を両社に伝えた。これに基づき，富士電機は2002年4月に三洋電機自販機の全株式を取得した。

■ **事後検証**

　本件については，公正取引委員会が事業統合5年後に事後検証をおこなったところ，実際に当該特許の実施許諾を求めた企業はなかったことが判明した。競争業者へのヒアリング調査によれば，「問題解消措置の存在を知っていたがライセンス供与の申込みを行っていない理由としては，当事会社が保有する特許の中には自社がライセンス供与を申し込みたいと考えるものがなかった，当事会社が重要な特許を保有している大・中型カップ用自販機については需要が限られているため，ライセンス供与の対価を支払ってまで参入するメリットが

なく，それ以外の分野についても自社技術での対応が可能であるといったものがあった。他方，ライセンス供与の申込みは考えていないものの，そもそも特許の対価は高額となる可能性があるからという意見もあった。」[10]。

よって，対象となった特許は真に必須とはいえないものであったようである。それと同時に，対価が高額となることを心配する意見もあったことから，当事会社が申し出たライセンス供与への「適正な条件」が何を意味するのかについて，より明確な表現が必要であったとみられる。この点は，第5章で述べたFRAND条件の具体化の困難性と共通する。

また，競争業者5社のうち2社は問題解消措置を知らなかったと答えており，当事会社に問題解消措置を周知させる必要がある。

このようにいくつかの課題が残るものの，公取委調査が「問題解消措置によって企業結合後から将来にわたって当事会社の特許の開示を担保し，潜在的な参入圧力を確保することで，結果的にユーザーや消費者の利便性が維持される可能性がある。」と結論づけたのは正しいであろう。本件ではライセンス希望が顕在化しなかったものの，必要に応じてライセンス申し込みができることは競争業者に安心感を与えた可能性があり，また，そのことを意識して，当事会社が競争業者・潜在的参入業者からの競争圧力を感じていた可能性もある。

さらに，本件では，ライセンス希望者がなかったことによって「適正な条件」について実際的な数値も示されず，争いになることもなかったが，今後同様の案件が繰り返されれば，実例も蓄積され，標準必須特許（SEP）でのアップル対サムスン事件知財高裁判決のように，「適正な条件」に対する理解が深まっていくことも期待できるものと思われる。

このほか，知財供与が問題解消措置の中心になったとはいいがたいが，一定の役割を果たしたものとして，東京証券取引所（東証）・大阪証券取引所（大証）の統合（2013年日本取引所グループとして発足）において，東証が著作権を有する株価指数 TOPIX を利用した先物取引に他社が参入できるよう，合理的な条件でのライセンスを約束した例がある[11]。

---

10) 公正取引委員会事務総局「企業結合審査の事後的検証　調査報告書」，平成19年（2007年）6月22日，44ページ。

11) 公正取引委員会「平成24年度における主要な企業結合事例」，平成25年6月5日。東証・大証統合に関しては第13章でも議論する。

このように，知財ライセンスを事業譲渡の一環ではなく単独の処置として問題解消措置で命じた例は限られる。しかし，必須特許の場合のように，競争活発化のためには明らかに効果的な場合もあり，特に情報通信・ソフトウェア産業などでは，問題解消措置としてのその有用性は今後高まるものと見込まれる。

■ 海外事例

海外でもいくつかの事例がみられる。代表的なものが，2011〜2013 年にかけての IT・エレクトロニクス分野での一連の企業結合（グーグルによるモトローラの買収，マイクロソフト，アップルら 6 社コンソーシアムによるノーテルの特許買収，アップルによるノベルの特許買収，マイクロソフトによるノキアの買収）である。グーグルによるモトローラの買収は携帯事業を含めた全社の買収ではあったが，その主目的はモトローラが保有する 1 万 7000 に及ぶ特許であったといわれる。実際，2014 年にはグーグルはモトローラをレノボに売却したが，特許の大半は保持し続け，レノボの子会社となったモトローラにライセンスする形をとっている。一方，ノーテルの特許買収にあたっては，6 社連合とグーグルの間で競争した結果，6000 の特許に 45 億円を支払ったとされる[12]。

これら一連の企業結合については各国競争当局（米，EU，加，豪，韓国等）が関心を持ち，携帯電話事業等の製造・販売事業についても審査がおこなわれたが，むしろ関心の中心はこれら各社が保有する SEP の扱いであった。特に，被買収会社が FRAND でのライセンスを約束したものについて，すでにライセンス契約が結ばれていたライセンシーに対しても，これからライセンス契約を申し込む者に対しても，従前と同一条件でライセンス供与することについての買収会社の確約・公表が重要であった。結果，いずれにおいても，当事会社がこうした約束をすることにより当局が企業結合を認めている[13]。

自動車部品メーカー・独ボッシュ社による米 SPX 社の買収でも SEP が問題

---

12) "U.S. regulator takes aim at Google patents," *International Herald Tribune*, October 11, 2012.
13) 米国司法省（2012 年 2 月 13 日），FTC（2013 年 1 月 3 日，同 7 月 24 日，2014 年 1 月 15 日（Early termination notices）），EC（2012 年 2 月 13 日），韓国公正取引委員会（KFTC）（2015 年 8 月 24 日）のプレスリリース。KFTC は，マイクロソフト・ノキア統合において，SEP 以外の特許についても，これまでのロイヤリティを維持すること，および差止訴訟しないことを条件づけている。

になった。両社はさまざまな自動車部品を製造・販売するが,特に問題になったのは ACRRR と呼ばれるエアコン用冷媒リサイクル・充填装置である。両社合わせてシェアが 90% を上回ることから,ボッシュの ACRRR 事業を第三者に売却するとともに,関連特許を無償ライセンスすることを条件とした。また,ACRRR については標準化団体で設定した標準があり,それに伴う SEP について,ボッシュはすべての希望するものに FRAND でライセンスすること,差止訴訟を提起しないことを確約した[14]。

このように,問題解消措置としてのライセンス確約は広く使われ始めており,競争当局も,知的財産権への認識を深め,どのような産業分野・技術分野で,どのような場合に,どのような形でのライセンス供与が競争維持のために有効かを判断できるよう,能力を高めることが求められる。

3 企業結合としての特許譲受け

■ 知的財産権の譲受け

独占禁止法第 16 条は,一定の取引分野における競争を実質的に制限することとなる事業や資産の譲受け(賃借,経営受任を含む)を禁止するものであるが,資産譲受けとして対象になっているのは「他の会社の事業上の固定資産の全部又は重要部分の譲受け」とされている。ここでいう固定資産とは,財務諸表等規則に定めるものに準じるとされており,有形固定資産・無形固定資産の双方が含まれるから,特許権や商標権などの知的財産権の譲受けも対象となる。

また「重要部分」とは,「事業を承継しようとする会社ではなく,事業を承継させようとする会社にとっての重要部分を意味し,当該承継部分が 1 つの経営単位として機能し得るような形態を備え,事業を承継させようとする会社の事業の実態からみて客観的に価値を有していると認められる場合に限られる。」(企業結合 GL,第 1,4,(3))。事業を承継しようとする会社とは譲渡を受ける会社,すなわち買収者を意味し,事業を承継させようとする会社とは譲渡者を意味するから,上の記述によれば,譲渡される特許が 1 個であれ複数個であれ,

---

14) 米 FTC プレスリリース,2012 年 11 月 26 日。

譲渡者にとってその事業に欠かせないものであれば，重要部分の譲受けにあたることになる[15]。

また合併や株式取得でも，買収者の目的が特許取得にある場合がある。すでに述べたように，グーグルによるモトローラ買収はこの例といわれる。また，ハイテクベンチャー企業をターゲットとする買収にはこうしたものが多い。例えば，有力な新薬候補の発明に成功し特許を取得したベンチャー企業が大手製薬会社に買収されることは頻繁に起きるが，特許取得が主目的である。大手企業にとっては，排他的ライセンスを受けることと，その所有者であるベンチャー企業を買収することとは，戦略としてほぼ同等の意味を持つ。逆にベンチャー企業の立場からは，被買収はIPO（新規上場）と同じく有効な投資資金回収手段である[16]。よって，こうした場合については，会社全体の買収であっても，資産としての特許譲受けと同等効果を持つ。

■ 届出義務

このように特許買収は企業結合規制の対象となるが，少なくとも日本においては，これまで問題とされた事例がない。これには以下で述べるように多くの困難性があるからであるが，まずその入り口として，事案発見の困難性がある。

事業等の譲受けの場合，独占禁止法第16条は，国内売上高合計額が200億円を超える会社が，当該譲受けの対象部分に係る国内売上高が30億円を超える事業等を譲り受ける場合に届出を義務づけている。有形・無形固定資産や従業員を含んだ事業をパッケージとして買う場合には，その事業の売上高が「当

---

15) なお，企業結合GLは，引用文に続けて，「このため，『重要部分』に該当するか否かについては，承継される事業の市場における個々の実態に応じて判断されることになるが，事業を承継させようとする会社の年間売上高（又はこれに相当する取引高等。以下同じ。）に占める承継対象部分に係る年間売上高の割合が5％以下であり，かつ，承継対象部分に係る年間売上高が1億円以下の場合には，通常，『重要部分』には該当しないと考えられる。」としている。この基準は事業全体あるいは有形固定資産の譲受けを念頭に作られたものであり，無形固定資産のみの譲受けの場合には「承継対象部分に係る年間売上高」として何を考えればよいか，疑問が残る。以下の届出義務に関する議論でも同様の問題点を指摘する。

16) Hollenbeck（2015）は，高く買収されようとして，ベンチャー企業は研究開発を活発化して企業価値を高めようとするインセンティブを持つ。このため，競争政策による企業結合禁止は研究開発意欲を妨げる場合があると主張する。

該譲受けの対象部分に係る国内売上高」にあたることは自明である。

しかし，無形固定資産だけを買う場合にも同じ売上高で考えるべきだろうか。譲り受ける無形資産のみがあっても有形資産なしでは生産・販売できず，この売上高を実現できないであろうことを考えれば，当該譲受け（特許の譲受け）の対象部分に係る売上高とはいえないであろう。もちろん，買収者が譲り受けた無形資産を自社の保有する，あるいはこれから投資するその他資産（工場設備，販売網等）と組み合わせれば，一定の売上高を達成できるものと予想されるが，この売上高すべてを「当該譲受けの対象部分に係る」売上高とみなすこともまた，拡大解釈に過ぎるように思われる。

そうだとすると，譲り受ける無形固定資産だけで収入をあげられるものとして，ライセンス料を売上高とみなすべきだろうか。外部にライセンスしていなかったとすれば，売上高は0円なのだろうか，それとも，仮にライセンスをしていたとすればこれだけの収入があったはずだという仮想値を用いるべきなのだろうか。この点も不明である。

同様に難しいのは，上でも例示した新薬候補に係る特許の場合である。新薬は，発明された時点で特許申請されるが，それから前臨床・臨床試験・認可申請が必要になるので，発売（上市）に至るまでには少なくとも数年を要する。よってこの間に当該特許を譲り受けても，売上高はその時点では0円（臨床試験等の支出を考えればむしろマイナス）である。よって届出義務がないといってよいのだろうか。それとも，発売に成功した場合の予想売上高を考慮すべきなのだろうか，審査を経て発売できるか不確実であれば，発売成功率を乗じた売上高期待値を用いるべきなのだろうか。

これらの点についての基準はなく，無形資産買収に際し公正取引委員会への届出が必要だと考えている事業者は少ないというのが実情とみられる。また，公取委が自ら職権探知で競争制限のおそれがある特許売買を把握することは，前節であげたノーテルやノベルのアップルらによる特許買収のように新聞紙上を賑わせたものを例外とすれば，多くを期待できない。特許売買に係るデータベースも一般にはなく，また，公取委には特許明細書を読んでその技術的・経済的意義を理解できるだけの知識や能力を持つ人材がほとんどいないだけに，この問題は深刻である。

これらの点を考えると，特許売買に関しては，それが事業に大きな影響を及

ぽすものであれば，売上高基準に及ばずとも届出を義務づけることが望ましいように思われる。事業に大きな影響を及ぼす特許として代表的なものは，繰り返し述べているように，医薬品に係る特許である。米国では，このため，米国標準産業分類3254（医薬品，診断薬，バイオ製品等の製造業）における製造・販売につながる特許について権利の移転が起きるときには届出が義務づけられた[17]。医薬品に関連するからといってすべての特許が重要ではないことや，多くの届出がなされたときにその意義を判断できる能力を競争当局は十分に持ってはいないであろうことを考えると，この届出義務がどれだけ機能するかは未知数であるが，米国では特に医薬品分野での企業結合が多いこと，リバース・ペイメントなどの医薬品に関わる競争法上の問題に注目が集まっていることから，届出の義務化は問題解明への第一歩として注目に値する[18]。

4 特許譲受けに対する審査

　公取委の企業結合審査では，手順として，市場画定，企業結合形態（水平型か垂直型か混合型か）の判断，セーフハーバー・テストの適用，単独行動および協調的行動による競争の実質的制限の判断と進むのが通常である。特許譲受けについても，特に他の審査手順や手法を用いるべき理由がない限り，同様の手順により審査されることになる。

■ 市場画定

　最初の作業は「一定の取引分野」の画定である。企業結合GL（第2, 1）は「一定の取引分野は，企業結合により競争が制限されることとなるか否かを判断するための範囲を示すものであり，一定の取引の対象となる商品の範囲（役務を含む。以下同じ。），取引の地域の範囲（以下「地理的範囲」という。）等に関し

---

17) 米FTCプレスリリース，2013年11月6日，2015年6月10日。
18) ECにおいてもヴェステアー競争担当委員は，2016年3月のスピーチで，医薬品に限らず，同様の観点から届出義務基準についての再検討を提案している（http://ec.europa.eu/commission/2014-2019/vestager/announcements/refining-eu-merger-control-system_en）。

て、基本的には、需要者にとっての代替性という観点から判断される。

また、必要に応じて供給者にとっての代替性という観点も考慮される。」としている。

需要者にとっての代替性についてはスニップ（SSNIP）テストによる判断が基本である。すなわち、「ある地域において、ある事業者が、ある商品を独占して供給しているという仮定の下で、当該独占事業者が、利潤最大化を図る目的で、小幅ではあるが、実質的かつ一時的ではない価格引上げ（small but significant and non-transitory increase in prices、略してSSNIP）をした場合に、当該商品及び地域について、需要者が当該商品の購入を他の商品又は地域に振り替える程度を考慮する。他の商品又は地域への振替の程度が小さいために、当該独占事業者が価格引上げにより利潤を拡大できるような場合には、その範囲をもって、当該企業結合によって競争上何らかの影響が及び得る範囲ということとなる。」（企業結合 GL、第 2、1、かっこ内は筆者付記）。

明らかにこのテストは通常の商品やサービスには適用できるとしても、特許への適用には困難が伴う。特に必須特許であれば、他の特許への代替は不可能であるから、小幅ではあるが実質的かつ一時的でない（ライセンス料等の）価格引上げをしたときの（ライセンスへの）需要への効果は、それにより製品価格が上がり製品への需要量が減少することから生まれる間接的な減少効果か、製品生産費用が高くなりすぎて生産から撤退するライセンシー企業が生まれることによる減少効果しかなく、通常はきわめて小さいと想定される[19]。そうだとすると、個々の特許ごとに市場を画定するべきだということになる[20]。

■ 混合型結合としての特許譲受け

特許ごとに市場を画定するのであれば、特許譲受けによる結合は水平型ではなく混合型とみなされよう。企業結合 GL は「垂直型企業結合及び混合型企業

---

[19] 消費者需要理論に例えれば、所得効果のみがあり、代替効果はないに等しいから、価格上昇による需要量の減少は小さい。

[20] EU 委員会もこの立場をとることを表明している。「SEP の特徴は、標準に準拠するためにはそれを実施しなければならず、よって迂回発明できないこと、すなわち個々の SEP には定義により代案や代替品がないことである。このため、個々の SEP はそれぞれ別個の技術市場を構成する。」European Commission "Case No. COMP/M.6381-Google/Motorola Mobility," 2012 年 2 月 13 日、paragraph 54（筆者訳）。

結合は，一定の取引分野における競争単位の数を減少させないので，水平型企業結合に比べて競争に与える影響は大きくなく，市場の閉鎖性・排他性，協調的行動等による競争の実質的制限の問題を生じない限り，通常，一定の取引分野における競争を実質的に制限することとなるとは考えられない。」(企業結合 GL, 第 5, 1) とする。

特許結合の場合に市場の閉鎖性や排他性として検討されるべきケースとして，例えば，買収企業が保有する必須特許とともに買収先企業が保有する他の特許をも抱き合わせてライセンスする場合が考えられる。もちろん抱き合わせ販売は不公正な取引方法に関する一般指定[21]に含まれているので，公正競争を阻害するおそれがあれば，独占禁止法違反となる。それとともに，抱き合わせでライセンスする特許が必須でないなら代替特許が存在しうるので，抱き合わせライセンスは，この代替特許の保有者を技術市場から排除する効果を持つことがあり，その場合には私的独占の観点からも問題となりうる。いずれにせよ，こうした効果を防止する観点から，特許譲受けの時点で，抱き合わせライセンスをしてはならないという問題解消措置を条件とすることは可能であろう。

■ 水平型結合としての特許譲受け

一方，特許が標準必須特許 (SEP) でない場合には，代替技術を用いたり，迂回発明したりする余地があることになり，特許間でのある程度の代替可能性を認めてもよいので，同一技術分野の特許群や同種製品を開発・製造するために要する特許群をまとめて，一定の取引分野として認定する考え方がありうる。スニップテストを厳格に適用可能かには疑問があるが，1つのアプローチとして考えてみることができる。すると，同一分野での特許の取得は水平型企業結合とみなされる。

水平型企業結合の場合，事業者にとっての予見性を高めるため，ハーフィンダール指数 (HHI) に基づいたセーフハーバー (安全港基準) が設けられていることは第 1 章 5 節で説明したとおりである。しかし，このセーフハーバーを特許譲受けに適用するのは困難である。

---

[21]「相手方に対し，不当に，商品又は役務の供給に併せて他の商品又は役務を自己又は自己の指定する事業者から購入させ，その他自己又は自己の指定する事業者と取引するように強制すること。」(一般指定，第 10 項)。

まず，HHI は各社売上高シェアの2乗和であるが，すでに述べたように，特許の場合の売上高とは何かが不明である。理論的にはライセンス料に特許の価値が反映されていると考え，各社のライセンス収入により HHI を計算することが考えられる。このときには，ライセンサーが自ら生産もおこなうかどうかによって技術市場における HHI が影響を受けることがないよう，自社使用の場合やクロスライセンスの場合の仮想ライセンス料も含むべきであるが，その額を推定するのは容易でない。また，HHI 計算のために，ライセンシーから支払ライセンス料のデータを入手しようとしても，競合各社が特許ごとのライセンス収入の数字を公正取引委員会に開示するとも思えず，実際には計算不能というべきである。そこで，公表データにより計算可能なものとして，特許件数の企業間分布により計算する HHI で代用せざるをえないと思われるが，この場合は特許間での重要性の差が無視されてしまう。

このため，セーフハーバーによる判断は不可能または不十分にならざるをえず，より幅広く判断要素を総合的に勘案することが求められる。こうした判断要素として，第1章5節ですでに述べたように，企業結合 GL は，(1)当事会社グループの地位および競争者の状況，(2)輸入，(3)参入，(4)隣接市場からの競争圧力，(5)需要者からの競争圧力，(6)総合的な事業能力，(7)効率性，(8)当事会社グループの経営状況，をあげる。

これらは「商品」についての判断のためのものであり，それらをそのまま特許に当てはめることが可能とは限らないが，例えば(1)に関していえば，結合により当事会社が特定分野の特許の大きな比率を占めるようになるのであれば，競争制限のおそれが高いと判断されやすいことになろう。逆に，代替的技術の発明可能性が高かったり，特許の残存期間が短かったりすれば，短期間のうちに当該技術市場への参入が起きやすく，競争制限のおそれは低いと予想できる。

第2節で述べたグーグルやアップル等による IT・エレクトロニクス分野での事業買収・特許買収においては，市場画定が明示されているわけではないが，数千から1万を超える特許が関わったことを考えると，個々に技術市場を考えることは非現実的で，IT 関連特許のような形でまとめて考えたのではないかと想像される。しかも，買収により当事会社の保有する特許のシェアが大きくなること，また必須特許も含まれているため参入が困難，あるいは隣接市場からの競争圧力がないことなどを考慮して，FRAND 条件でのライセンスを確約

させる措置をとったものと推察される。

　上述の日本の自動販売機の事例でも，個々の技術に市場を画定しているわけではない。また標準化団体を通じての標準化もなされてなく，その意味での標準必須特許はなかった。しかし，自動販売機関連特許における統合会社のシェアが高いことから，商品（自動販売機）製造・販売への参入が阻害されるおそれを懸念し，適正な条件でのライセンスを義務づけたものである。

　このように，特許譲受けについては，企業結合 GL に示された，まず市場を画定し，次に（水平型結合であれば）セーフハーバーを満たすかのテスト，満たさない場合にはその他いくつかの要素の判断という，通常の審査手順をそのまま当てはめることが常に可能でも現実的でもない。実態に応じて，さまざまな観点から競争への影響をみていく必要がある。

■ トロールへの対応

　それではトロールによる特許買収にはどう対応できるだろうか。買収により一定の技術分野ないし産業分野における特許の集中が進み，トロールが大きなシェアを持つようになるのであれば，グーグル等の事例と同様に，FRAND 条件でのライセンスを問題解消措置として条件づけることが望まれる。このことは SEP について特に当てはまる。

　そこまでシェアが大きくなるわけではないが，前章でみたように，特許群がトロールの手に集約されることによって，特許実施者への警告状発送や法的措置が増加し，実施者の負担が増して社会的に損失が発生することが予想される場合にはどうだろうか。企業結合規制は，あくまでも「一定の取引分野における競争を実質的に制限する」企業結合を禁止するものである。この原則を考えると，特許買収による集約が法的費用等の幅広い意味での社会的損失をもたらすとしても，企業結合規制の対象として規制するのは拡大解釈に過ぎるように思われる。

　むしろ，前章で述べたように，トロールの事業活動そのものを，排除型私的独占や取引拒絶，優越的地位の濫用などの不公正な取引方法として問題にすべきであろう。とはいえ，繰り返すが，こうした形での独占禁止法の適用も困難であるところに，トロール問題の深刻さがある。競争政策の範疇を超えていうならば，独禁法によるこうしたいわば対症療法よりも，前章で議論したように，

トロールが利益をあげにくいような特許制度や訴訟制度を維持することによる予防的措置が重要視されるべきであろう。

第3部

プラットフォーム

第10章

流通イノベーション

1 流通でも進むイノベーション

　流通においてもイノベーションが進行している。確かにIT・エレクトロニクスや医薬品のような理工学的な意味での発明は少ないが，新しいビジネスモデルの開発やそれを可能にするためのIT，ハードウェア，ソフトウェアの応用などの意味で，イノベーションは活発である。このため，独占禁止法もそれに応じて焦点や問題意識を変えることを迫られている。こうしたイノベーションは2つの形で進行しており，第1は伝統的小売店すなわちいわゆる街の小売店（八百屋，魚屋から薬局，家庭用品店，電器屋まで）からスーパーマーケット，ホームセンター，家電量販店などの近代的あるいは大型の小売店への移行であり，第2はこれらオフラインのリアルな店舗からオンライン上の商取引への移行である（Bronnenberg and Ellickson, 2015）。

■ 店舗形態の変化

　まず第1の移行，すなわちオフライン店舗間における変動についてみよう。もちろん，伝統的小売店から近代的小売店への移行といっても，街の小売店から全国チェーンに成長した例や，街の小売店が緩やかな連合を形成している例もあるから，両者は截然と区別できるわけではない。また，近代的とされる小売店形態もさまざまであり，しかも国によりその普及は異なる。

　表10-1は日欧米5カ国を比較するが，スーパーマーケットおよびハイパーマーケット（スーパーマーケットより規模の大きいものをいうが，両者の区別は厳密

表 10-1 食料品販売における店舗形態別シェアとオンライン購入比率の5カ国比較，2014年

(単位：%)

		ドイツ	イタリア	日本	英国	米国
食料品販売における店舗形態別シェア						
伝統的	独立店	6.2	11.3	9.6	5.4	6.6
	食料・飲料・たばこ専門店	10.3	14.5	6.8	5.9	6.0
近代的	スーパーマーケット	28.1	34.6	37.4	20.9	29.6
	ハイパーマーケット	17.0	17.5	17.8	41.8	32.5
	ディスカウンター	33.8	10.4	—	5.7	1.3
	会員制倉庫型	—	—	0.6	—	10.5
	コンビニエンスストア	—	11.6	27.8	17.1	2.0
	ガソリンスタンド併設型	4.3	—	—	3.1	11.4
オンライン購入比率						
	全商品	5.6	1.5	6.7	9.9	7.1
	衣料・履き物	21.3	2.8	11.2	23.4	18.4
	電子・電機製品	21.5	9.7	6.6	28.6	30.3
	食料品	—	—	1.8	3.3	0.6

(注) —は当該シェアが0.5%未満。一部店舗形態の売上には食料品以外が含まれている場合がある。オンライン購入比率における全商品は，記載3品目に美容健康，ホーム・アンド・ガーデン，身の回り品（メディア製品，ゲーム等を含む）を合わせた計6品目の合計

(出所) Bronnenberg and Ellickson (2015) をもとに一部筆者改定。原データは Euromonitor 2015。

ではなく，国によっても異なる可能性がある）が50%を超える点では4カ国で共通し，残るドイツでも45%を超えるが，その他ではドイツではディスカウンター（代表例は Lidl, Aldi），米国では会員制倉庫型（代表例は Costco）が有力である。これらはスーパーマーケット，ハイパーマーケットの低価格化や大型化といえる。一方，日本では，コンビニエンスストアのシェアの大きさが顕著である。

これらの差異は，小売店形態の分布が，各国企業のイノベーションに加え食生活，文化，都市化，規制（商業規制，立地規制等）などに依存していることを示唆する。いいかえれば，イノベーションの進むスピードや方向もこれらの条件に依存している。

こうした変化は競争政策にどのような影響を及ぼすだろうか。

第1に注目したいのは，スーパーマーケット，ハイパーマーケット，ディスカウンター，会員制倉庫型のいずれもが大型チェーンであり，規模の経済や範囲の経済を追求するモデルであることである。このため市場集中が避けられな

い。企業結合に対しては慎重な審査が必要となり，特に同一商圏で重なる店舗を持つ企業間の結合には店舗売却等の問題解消措置がとられることが多い。日本でも，食品ではないが，ヤマダ電機によるベスト電器の株式取得では，両当事会社の店舗以外に競合がない10地域で，一方の店舗を第三者に売却する措置がとられた[1]。

コンビニエンスストアにおいても，個々の店舗は小さいものの，多数の店舗を直営あるいはフランチャイズ契約によって統括するコンビニ・チェーンが規模の経済を活用しており，このため，日本でも上位3社への集中が進んでいる[2]。

第2に，この規模の経済を達成する手段の1つとして，これら店舗ではプライベート・ブランド（PB）商品の導入が活発である。すなわち，大規模小売業者では，納入業者に生産を委託したものを小売業者ブランドで発売する商品の比率が高まってきている。このことは，広告・宣伝等によりナショナル・ブランドを維持しようとするメーカーと大規模小売業者間のバーゲニング・パワーのバランスを変えるとともに，大規模小売業者が納入業者に対し優越的地位に立つことによって，納入業者との取引において買いたたき，協賛金負担，従業員派遣などの優越的地位濫用行為をおこなう可能性を示唆する[3]。

■ オンライン店舗の成長

こうした形での流通イノベーションに加え，電子商取引，すなわちオンラインでの販売が大きなインパクトを与えている。これが第2の大きな流れである。表10-1の下半分には，各国におけるオンライン購入比率が示されている。各

---

1) 公正取引委員会「平成24年度における主要な企業結合事例について」。食品では，イオンによるマルナカおよび山陽マルナカの株式取得，イオンによるダイエーの株式取得，またイオン子会社のマックスバリュ関東とマルエツおよびカスミの経営統合が，第2次審査までおこなわれたが，いずれも同一商圏に有力な競争業者が存在する，あるいは十分な参入圧力があるとの理由で認められている。それぞれ平成23年度，25年度，26年度における「主要な企業結合事例について」参照。

2) 出荷額ベースで3社集中度は2014年に84.7％であった（公正取引委員会「累積出荷集中度」）。その後，上位企業による4位以下企業の統合などもあり，3社集中度はさらに高まっているとみられる。

3) 公正取引委員会「食品分野におけるプライベート・ブランド商品の取引に関する実態調査報告書」平成26年6月。

国とも，全商品でみると10%未満と限定的にみえるが，シェア成長率は各国とも10%を超えている[4]。また，衣料や電子・電機では独英米でオンライン購入比率がおおむね20%を超えているから，有力な販売ルートになっている。日本やイタリアではこれに比べると低いが，成長率は高く，将来的に大きな存在になることは容易に予想される。

こうしたオンライン店舗の成長に伴い，競争政策上の新たな問題も生まれている。また，ネットの発展に伴う流通イノベーションは，単に店舗がオンライン上に移っただけにとどまらず，商品自体のデジタル化を伴った場合がある。音楽，映像，新聞・雑誌，書籍などのコンテンツがそうである。これらのコンテンツはこれまではレコード，テープ，ディスク，紙などの有形の媒体の上に転記され，これら媒体が店舗を通じて販売されることで流通が成立していた。

しかしネットを通じたデジタル情報の流通が可能になることによって，デジタル信号化され，それがオンラインで販売されるモデルが生まれた。店舗はこうしたデジタル信号を製造者，すなわち出版社，映画会社や音楽制作会社（かつてのレコード会社等），あるいはアーティストや著作家から直接に仕入れ，消費者に販売している。消費者は実店舗に出向くわけではなく，インターネット上で店舗のサイトを閲覧し，そこから商品を選択し，ワンクリックで発注が可能であり，また即時に商品を受け取り，音楽を聴いたり文字情報を読んだりすることが可能である。また，店舗によってデジタル信号化の仕組みが異なっていることもある。こうした，オフライン店舗とは劇的に異なる特性のため，オンライン店舗はプラットフォームとしてとらえられた方が適切な場合がある。コンテンツ制作者たちがその制作物を寄託する"場"あるいは"壇"（プラットフォーム）であり，消費者がアクセスして選択し，有料でコンテンツを享受できる場である[5]。

---

[4] Bronnenberg and Ellickson（2015）。2000〜2014年の年平均成長率である。
[5] なお，これらコンテンツの流通に関しては，コンテンツが非競合性や非排除性（第2章参照）の性格を持つことによる特殊性と，排除性を付加することによりクリエーターに報酬を保証する仕組みである知的財産権（著作権等）に関わる問題も大きい。ただし，本章ではこの問題に深入りせず，流通に伴う発展型としてのプラットフォームを取り巻く競争法上の問題に焦点を当てる。

■ 予約サイト・比較サイト

　音楽等のコンテンツ以外にも同様の事例として，予約や価格比較のサイトがある。ホテル予約サイトを例にとろう。垂直的取引と考えれば，上流にあるのは各ホテルであり，それぞれそのオファーする宿泊価格という情報を比較サイト（日本におけるじゃらん，楽天トラベル，一休等，世界におけるエクスペディア，ブッキングドットコム等）というプラットフォームに提供する。下流にあるのは消費者であり，これら情報を比較して予約する。ここで取引の対象となっているのは宿泊条件に関する情報である。それが宿泊サービスに関する取引を誘発し，消費者は宿泊サービスに対する対価をホテルに支払う。ホテルはその一部を手数料として比較サイトに支払う。

　同様に価格比較サイトを通じて商品価格という情報が上流（販売店）から下流（消費者）に伝達され，それが実際の商品の販売店・消費者間の取引を誘発するが，比較サイトが受け取るのは情報提供に対する報酬や広告収入である。

　こうした価格比較サイトは商品・サービスの取引自体には関わらない。物流はもちろん商流としても，取引はメーカー・制作者・サービス提供者等と消費者の間でおこなわれ，サイトは情報伝達あるいは情報交換という仲介をするだけである。よって，これらを卸売あるいは小売とみなすことには困難がある。プラットフォームと呼ぶ方が適切である。

　つまり，プラットフォームはメーカー・制作者・サービス提供者等と消費者の間をつなぐ仲介者であり，上流たる制作者等と下流たる消費者の双方向と関係を持ち，それらの間の相互作用にも影響される。この問題は双方向市場の問題といわれるが，主として第12章以降で扱うこととし，本章と次章では，こうした新しい流通モデルにおいて事業者がとるようになった戦略が競争制限効果をもたらす可能性について検討する。

2　流通における水平関係と垂直関係

■ 流通における取引関係

　図10-1は流通における取引の流れを一般的な形で図式化している。図では供給者も2社，小売店も2社と単純化しているが，もちろん3社以上であって

図 10-1 流通における水平関係と垂直関係

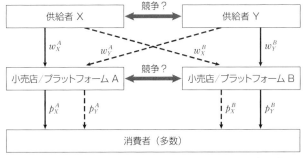

(注) 矢印で示した実線・破線は商品やサービスの流れを，w_X^A や p_X^A 等はそれらへの対価を示す。

も構わない。逆にいずれか，あるいは両方が1社しかなく独占の場合もある。

同様の関係は流通に限らずすべての垂直連鎖，例えば採掘会社と精製会社，原料メーカーと加工組立メーカー，部品メーカーとアセンブラー（組立メーカー）などにおいても成立する[6]。ただし，本章で検討する競争法上の問題の多くは流通に関連して起きているので，以下では流通を念頭に置いて議論する。

上流にあるのは供給者である。通常の流通のイメージでいえばメーカーであるが，前節で述べたように，有形製品を製造するものに限らず，音楽などをデジタル信号で供給する制作会社やアーティスト，宿泊情報を供給するホテルなども含まれるので，一般的に供給者と記す。

図ではXとYの2社を記したが，通常は複数の供給者があり，それらが競争関係にあると期待される。ただし，問題となる多くの事例では，供給者間での差別化が大きい。このため市場の画定が容易でない。市場を音楽全般あるいは特定のジャンル（例えばジャズ）に分類される音楽全般と考えるなら，供給者は（潜在的なものも含め）明らかに複数あり，競争している。一方，特定の曲あるいは特定のアーティストは唯一無二のものであり，それだけで市場が成立すると考えるなら，供給者は独占となる。ここでは前者の立場をとろう。

供給者は，小売店（オフライン，オンライン）やプラットフォームを通じて，その商品・サービス・情報を消費者に供給する。

小売店やプラットフォームも複数あり，それらが競争関係にあると期待され

---

6) 垂直連鎖に関わる諸問題については小田切（2010），第9章参照。

る。ただし，供給者にせよ，小売店/プラットフォームにせよ，独占の可能性を否定しない。特に，規模の経済性やネットワーク効果が働きやすい場合には，特定の小売店あるいはプラットフォームがその販売あるいはそのサービス提供において圧倒的シェアを持ってしまう可能性がある。

いずれにせよ，供給者・小売店またはプラットフォーム・消費者間の垂直的関係と，供給者同士あるいは小売店同士の水平的関係が共に存在する（あるいは，存在しうる）状況を考えていこう。そして，この下での競争政策上の懸念を考察する。

また，特定の供給者と特定の小売店とが排他的につながっており（例えばXとA，YとB），図での破線の関係が存在しない場合は，排他的代理店契約にあたる。これにより競争者の取引の機会を減少させるのであれば，排他条件付取引として不公正な取引方法にあたり，独占禁止法違反とされる場合がある[7]。本章では，この問題は捨象し，破線の関係が存在する場合も存在しない場合も検討する。

■ ブランド間競争とブランド内競争

供給者が複数あり，それらが差別化して別ブランドとして買い手に認識されている場合，ブランド間競争が存在するという。一方，同一ブランドについて複数の小売店が取り扱っており，それらの間で競争があれば，ブランド内競争が存在することになる。図でいえば，破線の関係がなく，供給者・小売店の関係が排他的であれば，ブランド間競争はあるがブランド内競争はない。また，供給者は複数あるが小売店はAのみの場合にも，ブランド間競争はあるがブランド内競争はない。逆に，供給者はXのみであるが，小売店AもBも製品Xを扱うのであれば，ブランド間競争はないがブランド内競争はある。

---

[7]「事業者が，自己の競争者と取引しないことを条件として取引先事業者と取引する場合には，当該取引先事業者は他の事業者と取引できないこととなり，競争者の取引の機会も減少するおそれがある。また，事業者が継続的に取引を行っている場合には，既存の取引関係を維持するために，取引先事業者が自己の競争者と取引しないよう圧力をかけるような行為が行われやすくなるとの懸念がある。

このような行為は，取引先事業者の取引先選択の自由を侵害するとともに，競争者の取引の機会を減少させるおそれがあるものであり，独占禁止法上問題となる。」（流通・取引慣行GL，第1部，第4，1）。

ブランド間競争にせよブランド内競争にせよ，供給者間あるいは小売店間という水平関係における競争である。もちろん，これらの間で価格や生産量について合意が成立していればカルテルであり独占禁止法違反である。しかし競争企業間の合意がなくても，価格決定のあり方によって競争制限効果が発生することがある。次章で，そうした価格決定行動について議論していくが，その前に，垂直的関係における価格決定について整理しよう。

3 二重限界化とフリーライダー問題

図10-1での左半分だけに注目し，右半分はないものとしよう。すると，供給者（以下，メーカーとする）はXのみ，小売店はAのみと，いずれの段階でも独占となる。このとき，それぞれが独占力に基づくマージンの上乗せをするため，二重限界化が起きることは第6章で説明したとおりである。価格がより高く，数量がより少なくなる。これは，2つの段階のそれぞれで独占に起因する価格と限界費用の乖離が起きるためであるから，ブランド間競争・ブランド内競争のうち1つでも存在すれば，二重には限界化が起きない。もちろん，ブランド間・ブランド内のいずれでも競争が完全であれば，限界化は一度も起きず，価格は限界費用に一致する。

二重限界化の結果，消費者余剰は通常の（すなわち1段階のみでの）独占の時以上に減少するが，同時に，生産者余剰すなわちメーカーと小売店の利潤合計も，1段階のみでの独占の場合（例えば両者が垂直統合してメーカーが消費者に直販する場合）の利潤に比較して，小さくなってしまう。すなわち，垂直統合と比較して，消費者も供給者（メーカー，小売店）も余剰を減らすというパレートの意味での劣位（Pareto inferior）の状態が生まれる。

■ 再販売価格維持行為

再販売価格維持行為（以下，「再販」と略称。英語のresale price maintenanceの頭文字をとってRPMと記されることも多い）は，小売店Aの販売価格であるp_X^AをメーカーXが指定して守らせる行為であり，垂直統合と同様に，二重限界化を回避する効果を持つ。その意味では社会的にも望ましい。ただし，繰り返

すが，ブランド間・ブランド内のうち1つでも競争があれば二重限界化は起きないから，いずれか1つ，できれば双方で競争を回復させる措置をとることが優先されるべきである。再販はどの小売店にもXが指定する小売価格で販売させる行為であるから，ブランド内競争が消滅する。それよりも，X商品を扱う小売店を増やし，再販を禁止し，それらの間でのブランド内競争を維持することが重要である。

このため，再販すなわち「相手方に対しその販売する当該商品の販売価格を定めてこれを維持させることその他相手方の当該商品の販売価格の自由な決定を拘束すること」（独占禁止法，第2条9項4号イ）は，不公正な取引方法として原則禁止されている。つまり，「メーカーがマーケティングの一環として，又は流通業者の要請を受けて，流通業者の販売価格を拘束する場合には，流通業者間の価格競争を減少・消滅させることになることから，このような行為は原則として不公正な取引方法として違法となる。」（流通・取引慣行GL，第2部，第1，1，(1)）。

■ 再販の「正当な理由」

再販が二重限界化以外にも社会的プラス効果を持つことがある。このことは経済学的には以前より議論されてきた（小田切，2001，第12章）。こうした理論的展開を反映したものと思われるが，米国では，リージン事件（Leegin vs. PSKS）の2007年最高裁判決において，再販を当然違法とするこれまでの考え方に代え，合理の原則により判断すべきとして高裁に差し戻した。これにより，米国では，合理の原則で判断すべきとの考え方が一般化した[8]。

こうした流れの中で，流通・取引慣行GLも2015年3月に改定され，「独占禁止法においては，メーカーが，流通業者に対して，『正当な理由』がないのに再販売価格の拘束を行うことは，不公正な取引方法として違法となると規定されている。換言すれば，再販売価格の拘束が行われる場合であっても，『正当な理由』がある場合には例外的に違法とはならない。」（流通・取引慣行GL，第2部，第1，2，(1)）と明記された。

---

8) リージン事件については，川濱ほか（2012），Elzinga and Mills（2014）参照。なお米国でも，州レベルではその後も当然違法とする判断が出るなど，合理の原則での判断が全面的に確立したとは言い切れないようである。

「正当な理由」とは何か。この点に関し，流通・取引慣行 GL は，以下に示すように，限定的なものとしてとらえている。すなわち，

「『正当な理由』は，メーカーによる自社商品の再販売価格の拘束によって実際に競争促進効果が生じてブランド間競争が促進され，それによって当該商品の需要が増大し，消費者の利益の増進が図られ，当該競争促進効果が，再販売価格の拘束以外のより競争阻害的でない他の方法によっては生じ得ないものである場合において，必要な範囲及び必要な期間に限り，認められる。」
（流通・取引慣行 GL，第 2 部，第 1，2，(2)）。

■ フリーライダー問題

ここでいうように再販，あるいはその他の制限行為が競争促進効果を生み，消費者利益に適う例としてよくあげられるのがフリーライダー問題（ただ乗り問題）である。ショールーミングともいわれるように，商品の展示や説明などのサービスを提供する店舗をいわばショールームとして使い，商品についての情報を得た上で，当該店舗ではなく最安値で販売する他の店舗（オンライン店舗を含む）で購入する消費者が増えてきた。これでは，安売り業者はその他の店が提供しているサービスにただ乗りしていることになる。すると，サービスを提供する小売店は売上を減らし，どの店もサービスを提供しなくなってしまう。この結果サービスを提供する店がなくなれば，消費者も商品を手に取ってみられない，あるいは商品情報を得られないなど不利益を被り，メーカーも需要減の損害を被ることになる。再販等により小売販売価格が規制されれば，小売店は価格で競争できずサービスで競争することになるので，消費者にメリットがある。

流通・取引慣行 GL も「垂直的制限行為によって，新商品の販売が促進される，新規参入が容易になる，品質やサービスが向上するなどの場合には，競争促進的な効果が認められ得る。」として，その典型例の 1 つとして以下のように述べる。

「流通業者は，他の流通業者がメーカーの商品について販売前に実施する販売促進活動によって需要が喚起されている場合，自ら販売促進活動を行うことなく当該商品を販売することができる。このような場合に，いずれの流通業者も，自ら費用をかけて積極的な販売促進活動を行わなくなり，本来であ

れば当該商品を購入したであろう消費者が購入しない状況に至ることがあり得る。このような状態は、『フリーライダー問題』と称されている。フリーライダー問題が起きやすい条件の一つは、消費者の商品に対する情報が限られていることである。例えば、新商品や消費者からみて使用方法等が技術的に複雑な商品では、消費者の持つ情報は不足し、需要を喚起するためには、流通業者による当該商品についての情報提供や販売促進活動が十分に行われる必要がある。さらに、消費者が、販売促進活動を実施する流通業者から対象商品を購入せずに、販売促進活動を実施していない他の流通業者から購入することによる購入費用節約の効果が大きいことも必要である。この効果は、通常、当該商品が相当程度高額である場合に大きくなる。このような条件が満たされ、フリーライダー問題が現実に起こるために、購入に必要な情報が消費者に十分提供されなくなる結果、商品の供給が十分になされなくなるような高度の蓋然性があるときに、当該メーカーが、一定の地域を一流通業者のみに割り当てることなどが、フリーライダー問題を解消するために有効となり得る。ただし、このような制限に競争促進効果があると認められるのは、当該流通業者が実施する販売促進活動が当該商品に関する情報を十分に有していない多数の新規顧客の利益につながり、当該制限がない場合に比べ購入量が増大することが期待できるなどの場合に限られる。また、そうした販売促進活動が、当該商品に特有のものであり、かつ、販売促進活動に要する費用が回収不能なもの（いわゆる埋没費用）であることが必要である。」（流通・取引慣行GL、第2部、3、(2)）。

すでに述べたように、近年の流通イノベーションの特徴の1つはオンライン店舗の成長である。オンライン店舗では、商品を手に取ってみることはできず、また店員から商品に関する説明を受けることも難しいことから、オフライン店舗でこれらのサービスを受けた上で、より安いオンライン店舗から購入するというショールーミングが増えてきた。この結果、旧来型のオフライン店舗が減少すれば、消費者にとっての利便性は低下する。（私的感想で恐縮だが、筆者が米国出張時に常に楽しみにしていた書店やレコード・CD店巡りは、今や行くたびに難しくなってきている。これら店舗の閉店が相次いでいるからである。）

再販その他の制限行為を正当化すべき場合がありうることを流通・取引慣行GLが容認せざるをえなくなったのも、流通イノベーションがもたらしつつあ

るこうした効果と無関係ではない。

4 エージェンシー・モデルとホールセール・モデル

■ 2つの販売方法と再販行為

　繰り返すが，再販は，小売店がメーカーから卸売価格（図10-1でのw_X^A）で仕入れ，小売価格（p_X^A）で販売するにあたり，小売価格の決定権をメーカーに委ねる，あるいは支配されることである。そうして決められた小売価格と卸売価格との差（$p_X^A - w_X^A$）が小売店が得るマージンになる。

　これは，メーカーが小売価格を決定するが販売にあたって商社等の代理店を利用し，代理店には一定額あるいは一定率のマージンあるいは手数料や口銭などと呼ばれるものを支払うモデルと共通する。こうしたモデルを代理店モデルあるいはエージェンシー・モデル（agency model）という。すなわち，エージェンシー・モデルで，小売店Aに対する手数料が一定率α^Aであり，小売価格をメーカーがp_X^Aに決定しているとすれば，そのうち$\alpha^A p_X^A$が小売店が受け取る手数料となるから，$w_X^A = (1-\alpha^A)p_X^A$であるのと等しい。

　航空会社や鉄道会社が旅行代理店を通じて航空券や鉄道乗車券を販売したり，保険会社が代理店を通じて保険契約の販売をするのはエージェンシー・モデルの代表例である。

　これに対し，小売店が小売価格（p_X^A）を自ら決定し，仕入価格（w_X^A）との差をマージンとして得るという伝統的な小売モデルは卸モデルあるいはホールセール・モデル（wholesale model）と呼ばれる。

　メーカーが販売方法としてエージェンシー・モデルを採用すれば，再販の場合と同様に，ブランド内競争は起きないが二重限界化も起きない。この共通性にもかかわらず，エージェンシー・モデルの採用自体は通常は独占禁止法上の問題とされていない。これに対しホールセール・モデルにおける再販行為は，永らく原則禁止とされてきた。しかし，上記したように，流通・取引慣行GL改正により，「正当な理由」があれば違法ではないと明記されるようになったから，ホールセール・モデルとエージェンシー・モデルとの独占禁止法上の扱いにおけるアンバランスは縮小したといえそうである。

■ 著作物に対する適用除外

　エージェンシー・モデルの採用自体が競争にもたらす影響が広く認識されるようになったのは，電子書籍販売においてアップルが出版社と交渉してエージェンシー・モデルを採用したことが大きい。この事例については次章で検討するが，日本では印刷された紙媒体の書籍と電子書籍の間で再販に係る扱いに独占禁止法上の重要な違いがあることに触れておこう。

　独占禁止法は「著作物を発行する事業者又はその発行する物を販売する事業者が，その物の販売の相手方たる事業者とその物の再販売価格を決定し，これを維持するためにする正当な行為について」（第23条4項），再販売価格維持行為の禁止を適用しないとする。すなわち，著作物については再販が認められており，公正取引委員会は，書籍，雑誌，新聞，レコード，音楽用テープ，音楽用CDの6品目を，これに該当する著作物としている。

　ここで注意されるべきは，同項が「著作物」または「発行する物」について規定していることで，これに対し電子書籍は電子データであり，物にあたらない。このため公正取引委員会は，同項は電子書籍には適用されないとしている。よって，オフラインかオンラインかにかかわらず，印刷された書籍については再販が適用され書店間で同価格となるが，電子書籍については書店間で異なりうる。とはいえ，電子書籍価格も印刷書籍価格と連動しがちなので，電子書籍についても書店間での価格の違いは限定的になりやすい。

第11章

プラットフォーム間価格競争

1 価格対抗――MFN と PMG[1]

最恵国待遇（most favored nation, 略して MFN）とは，通商条約等において，他のどの国よりも不利でない取扱いを受けることを約束する条項である。同様に，商取引においても，一方（売り手）が他方（顧客）に対し，他のどの顧客よりも不利でない取扱いを約束するものを最恵顧客待遇（most favored customer, 略して MFC）という。この取扱いとは，価格以外にもリベート，支払条件，付随サービスなどさまざまな販売条件に関するものがありうるが，以下では簡単化のために価格に限定する。

よって，本章で議論するプラットフォーム間等での顧客向けの価格対抗については MFC の語を用いる方が適切であるが，実は多くの文献や当局が MFN の語を用いており，以下でも MFN と記す。

MFN は，典型的には，小売店が顧客（消費者）に販売するにあたり，他の顧客により安い価格で販売しないことを約束するものである。供給者・小売店間でも同様であって，前章の図 10-1 でいえば，X が A に対し，w_X^A が w_X^B を上回らないことを保証するのは MFN である。

MFN には事前のものと事後のものがある。事前の MFN とは，顧客に対し，他の顧客の購入価格を購入時に示したときのみ，同じ価格あるいはより安い価格で販売することを売り手が約束するものである。事後の MFN とは，購入後

---

[1] 本章で議論する価格行動およびその競争政策への含意については Akman (2015), Hviid (2015), LEAR (2012) が参考になる。

であっても，顧客が，他の顧客がより安い価格で購入したことを証明すれば，差額を返済することを売り手が約束するものである。

MFN は顧客間での価格比較に関するものであるが，逆に売り手間の価格比較に関するものもある。同一商品の他の売り手の販売価格がより低ければ，それと同一価格，あるいはより安い価格で販売することを約束するものである。すなわち，図 10-1 でいえば，小売店 A が消費者に対し p_X^A が p_X^B を，あるいは p_Y^A が p_Y^B を上回らないことを保証するものである。これを価格対抗保証（price matching guarantee, 略して PMG）という。

PMG は低価格保証（low price guarantee, 略して LPG）と呼ばれることもある。また，サロップ（Salop, 1986）は競争応戦条項（meeting competition clause, 略して MCC）と呼び，さらに，米国司法省反トラスト局のチーフ・エコノミストも務めたスコットモートン（Scott-Morton, 2012）は，ライバル企業価格との比較を問題にすることから，ライバル参照契約（contracts that reference rivals, 略して CRR）と呼んでいる。なお，以下で述べる APPA も競争に応戦したり，ライバルを参照したりするので，MCC や CRR に含まれる。

PMG からさらに進んで，ライバルよりも好条件（ライバルと同等ではなく，それを超えて好まれる条件，典型的にはより低い価格）で取引することを保証するものもあり，これは価格打破保証（price beating guarantee, 略して PBG）と呼ばれる。PMG や PBG にも，MFN と同様に，事前のものと事後のものがある。

MFN や PMG はいずれも，他者が販売，あるいは他者に販売する価格に対抗する形での価格づけを約束するものである。そのため，これらを総称して価格対抗と呼ぶ[2]。

■ 価格対抗のメリット

一見すると，MFN や PMG は消費者にとり有利なように感じるであろう。特に事後の場合，他の顧客がより安く買っていたり他の小売店がより安く売っていたのを後から知っても差額分を補償してくれることが分かっているので，後で後悔するリスクがない。このため，事前に多くの小売店をまわって価格を

---

[2] なお，以上における諸条項の日本語訳は筆者によるもので，最恵国待遇（MFN）以外の用語については，筆者の知る限り日本でほとんど議論されておらず，確立した訳がない。

比較する必要性も減少して取引費用の節約にもなる。また，後になるほど有利な条件で取引できるだろうという期待のために，他よりも遅れて取引をしようとするインセンティブが働きやすいときにも，事後のMFNがあれば，遅らせる理由がなくなり，取引が円滑化する。

　また，ホールドアップ問題回避もPMGやMFNのプラス効果としてあげられることがある。買い手が当該商品からフルに効用や利益を得るためにはサンクコストとなる投資をする必要があるとき，①購入後に他の売り手がより安い価格での販売やより優れた商品の販売を提案してきても切り替えることができない，あるいは②他の買い手が値引きを受けて購入していると知って同じ値引きを要求して断られても当該商品を買い続けざるをえない，というおそれがあり，当該商品の購入を躊躇することになりやすい。これがホールドアップ問題である。このとき，PMGやMFNがあれば，それぞれ①や②を心配する必要がなくなり，ホールドアップ問題が起きず，商品購入および投資が起きやすくなる（Baker and Chevalier, 2013）。

■ 価格対抗の競争阻害効果

　こうしたプラス効果の反面，MFNやPMGに競争阻害効果があることも忘れてはならない。まずMFNの下では，売り手は特定の買い手に対してだけ値引きをするインセンティブを失う。この値引きが他の買い手に知られれば，すべての買い手に同じ低価格を提供せざるをえなくなるからである。

　PMGは，個々の売り手に対しては顧客誘引効果あるいは顧客引き留め効果を持つ。PMGを約束していることにより安心して買いに来てくれる顧客もいるだろう。また他店が安い価格で勧誘してもその情報（例えばチラシ）を持って顧客が自店へ来てくれれば，それと同一価格への値引きは必要になるが，顧客を失わずに済む。しかしながら，1つの店がPMGを約束すれば，他店も対抗上PMGを約束することになりやすい。そうすると，各店は値引きをするインセンティブを失う。値引きしても，買い手はその値引き情報（例えばチラシ）を持って他店へ値引き交渉に行って他店で購入する可能性が高い。よって，値引きしてもシェアを高める効果を期待できず，値引き分の収入減というマイナス効果を埋め合わせることができないからである。

　さらに，顧客が他店価格情報を携えて価格交渉に来てくれるおかげで，売り

手間では各店の価格に関する情報の共有が進みやすい。このため，協調価格からの逸脱は発見されやすく，報復も直ちにおこなわれることになるため，売り手間の協調が維持されやすい[3]。

またPMGは参入も困難にする。通常，新規参入者は既存事業者よりも低い価格，より良い製品，その他の好条件で顧客を勧誘することにより参入する。しかし，新規参入者からそうした好条件で勧誘された顧客は，そのチラシを持って買い慣れた既存業者から同一条件での販売を受けることを選択する可能性が高い。よって，新規参入者が顧客を獲得することは困難になる。新規参入者でなく既存の2位以下の企業が安値でトップ企業に挑戦しようとするときにも同じ問題が起きる。

MFNも，シェアの大きい買い手がライバルを抑圧するために用いられることがある。米国では，医療保険最大手のブルークロス・ブルーシールド（BCBS）が，医療費支払先である医療機関に対し，他の保険会社に対してよりも低い（同等ではなくより低い）価格にすることというMFNプラスと呼ばれる条項を要求し認めさせたことに対し，これは競争相手を排除する行為であるとして反トラスト法違反に問われた事件が存在する（Salop and Scott-Morton, 2013）。

このようにMFNやPMGは値引きインセンティブの減少，協調促進，参入阻止，競争企業排除を伴いやすい。特に，シェアが大きいなど支配的な企業による行為はこうした効果を持ちやすい。また保険の事例が示すように，買い手側で支配的な企業がこうした条項を要求するときにも，競争阻害効果がないか注視する必要がある。

2　大規模小売業者による価格交渉

前章で述べたように，流通イノベーションの最初の段階は小売店の大規模化と集中であった。この結果，卸売価格決定における交渉力（バーゲニング・パワー）が，大規模生産とブランド力を背景にしたメーカーその他供給者からプライベート・ブランドも持つ大規模小売業者へと徐々にシフトしたため，これら

3）素早い報復がカルテルや協調の維持に結びつくことについては第6章3節で述べたとおりである。

小売業者が供給者に対し低価格を要求することが一般化した。この点で，ブルークロス・ブルーシールドと共通の状況にあるから，競争政策上の問題がないか検討する必要がある。

例えば，公正取引委員会には，ほとんどは中小事業者と思われる小売店から，差別対価（大規模小売業者への卸売価格と中小小売事業者への卸売価格の間での差別）や不当廉売（メーカーから大規模小売業者への卸売価格についての廉売，あるいは大規模小売業者の小売価格についての廉売）の苦情が多く寄せられている[4]。ただし，公正取引委員会は「不当廉売に関する独占禁止法上の考え方」（以下，「不当廉売GL」）で，「取引価格や取引条件に差異が設けられても，それが取引数量の相違等正当なコスト差に基づくものである場合や，商品の需給関係を反映したものである場合等においては，本質的に公正な競争を阻害するおそれがあるとはいえないものと考えられる。」（不当廉売GL，5，(1)，イ，(ア)）としているから，取引数量の大きい顧客に対し大量購入に基づく割引（一般にボリューム・ディスカウントあるいはバルク・ディスカウントと呼ばれる）を提供することが直ちに差別対価あるいは不当廉売にあたるわけではない。

また，こうした一環として，大規模小売業者がメーカーに対して，自社への卸売価格が他小売業者への卸売価格を上回らないことの保証を要求すれば，これはMFNにあたるが，上記のように，大規模小売業者に対してはバルク・ディスカウントなどにより，他の買い手に対してよりも低価格ないし同等価格になることがいずれにせよ想定されるから，改めてMFNを要求する意味は小さいと通常は想定される。実際に，MFNを理由にこれら大規模小売業者あるいはそれらへの供給者が独占禁止法上問題にされた事例はない。

ただし，流通・取引慣行GLには以下の規定がある。

「市場における有力な事業者が，継続的な取引関係にある取引の相手方に対し，その取引関係を維持するための手段として，自己の競争者から取引の申込みを受けたときには必ずその内容を自己に通知し，自己が対抗的に販売価格を当該競争者の提示する価格と同一の価格又はこれよりも有利な価格に引

---

[4] 2015年度に公正取引委員会に寄せられた申告6331件のうち，5210件（82%）が不当廉売に関するものであり，またこの関係で841件の注意をおこなっている。そのうち58%が酒類，41%が石油製品の小売に関するものであった。公正取引委員会「平成27年度　公正取引委員会年次報告」。

き下げれば，相手方は当該競争者とは取引しないこと又は自己との従来の取引数量を維持することを約束させて取引し，これによって当該競争者の取引の機会が減少し，他に代わり得る取引先を容易に見いだすことができなくなるおそれがある場合には，当該行為は不公正な取引方法に該当し，違法となる（一般指定11項（排他条件付取引）又は12項（拘束条件付取引））。」（流通・取引慣行 GL，第1部，第6，1，(2)）。

「継続的な取引関係」にあることを要件としていること，また，対抗して価格を同じあるいはより低くしたときには自己の競争者とは取引しないことを約束させることにおいて，一般の MFN や PMG より適用可能性が限定されており，競争制限効果もより明白な場合を対象にしているように思われる。

3 プラットフォーム間均等条項（APPA）

MFN や PMG は以前から存在したが，イノベーション時代となり，ネット上の取引，予約，価格比較などの事業が広がるにつれ，その発展形態ともいえる新たな条項が問題になってきた。

■ プラットフォーム間競争のモデル

流通イノベーションの更なる進化がオンライン取引の一般化，また取引対象のコンテンツへの拡大である。ここでの仲介業者はリアル店舗を有せず，多くの場合エージェンシー・モデルをとっている。よって，小売店というよりプラットフォームと呼ぶ方が適切である。また供給者も，メーカー（ショッピング・サイトのケース）に限らず，出版社（電子書籍等のケース），ホテル等宿泊業者（宿泊予約サイトのケース），航空会社（航空チケット予約サイトのケース），パック旅行会社（旅行サイトのケース）などさまざまある。供給者は複数あっても，それらの間で差別化されていることが普通であり，代替性は限られることが多いから，特定の供給者ないしそのブランド（X）への需要に限定して考えよう。このときの流通モデルを図示すれば，図10-1 をやや改変した図11-1 のようになる。

この図では，エージェンシー・モデルを採用しているとして，小売価格（p_X^A

図 11-1 ネット時代の流通モデル

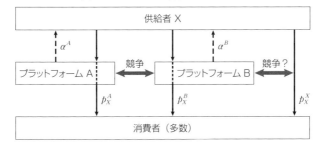

等)を供給者 X が決定し，商品(有形または無形)はプラットフォームを通過して(点線部分で示す。ただし概念上の通過であり，必ずしも物流として通過するわけではない)，X から消費者に提供されるものとしている。消費者の支払いは直接 X になされ，その中から手数料(α^A 等)がプラットフォーム・サービス(破線部分)への支払いとして X からプラットフォームになされるか，消費者の支払いがプラットフォームになされ，その中から手数料を引いたものがプラットフォームから X に支払われる。

これらネットを通じた流通では，しばしば供給者も自己サイトを利用して直販をおこなう。ホテル予約が典型で，消費者は宿泊予約サイトを利用して予約することも，直接ホテルのサイトにアクセスして予約することもできることが多い。この直販による流れが図で右端にある直線で示されており，X は p_X^X という価格で商品・サービスを提供する。こうした直販がある場合には，各プラットフォームは直販とも競争関係にある。

■ APPA

プラットフォーム運営に要する費用は固定費用が中心で限界費用が小さいため，規模の経済性が生じやすい。またネットワーク効果(次章で詳しく述べる)が働きやすい。このため，大規模化したプラットフォームへの集中が進みがちである。これにより，プラットフォームは供給者との交渉において優位な立場に立ち，自社経由の小売価格(p_X^A)より他社経由の小売価格(p_X^B)や直販の小売価格(p_X^X)が下回ることがないよう要求することになりやすい。これをプラットフォーム間均等条項(across-platform parity agreement，略して APPA)とい

う[5]。プラットフォーム・レベルでのMFNともいえる。プラットフォーム間の価格比較および購入先変更はワンクリックででき消費者にとって容易なことが多いので，プラットフォームによるAPPAへの要請は起こりやすい。

　APPAも，他の価格対抗条項であるMFNやPMGと同様に，社会厚生へのプラス効果とマイナス効果を持つ。プラス効果は消費者にとってのリスク減少や探索費用の節約である。またフリーライダー（ただ乗り）問題を回避することによりプラットフォームへの投資インセンティブを与える効果も期待できる（以下の第5節で宿泊予約サイトの実例を使い詳しく述べる）。しかしマイナス効果も大きい。小売プラットフォームによる価格引下げ要求へのインセンティブ減少，協調からの逸脱へのインセンティブ減少，参入障壁の増加などである。

　このため，海外では，APPAに対し競争法違反として問題にした事例がある。その代表的なものが電子書籍の販売と宿泊予約サイトに関するものであるので，以下ではそれぞれ説明しよう。

4 電子書籍オンライン販売——米国の事例

　電子書籍販売に関し米国司法省がアップル社および出版社5社をシャーマン法違反で訴えた事件は，APPAに関する事件として興味深いだけではなく，後発者アップルと先発者アマゾンの競合関係や，電子書籍と旧来の紙媒体の書籍（以下「印刷書籍」）の代替関係をも反映させた事件として興味深い。

■ アマゾンの価格戦略

　アマゾンは米国で1995年より印刷書籍のネット販売を開始していたが，2007年には電子書籍リーダーのキンドル（Kindle）を発売するとともに，電子書籍販売サイトとしてキンドルストアを開業した。その後，電子書籍市場は急

---

[5] Hviid（2015）は当該プラットフォーム小売価格が直販価格より高くないことだけを要求するものを狭義のAPPA，他プラットフォーム小売価格より高くないことも要求するものを広義のAPPAと呼んで区別しているが，以下で議論するAPPAでは広義のものを念頭に置く。また，ライバル供給者の小売価格と対抗することも要求するAPPA（PMGのプラットフォーム版にあたる）もあり，第5節で議論する。

拡大し，2013年には全書籍の24％（冊数ベース）が電子書籍となり，大手書店チェーンのバーンズ・アンド・ノーブル（Barnes & Noble）が2009年に参入したものの，2012年にアマゾンは電子書籍で70％のシェアを獲得していた[6]。

アマゾンはホールセール・モデルをとっており，出版社より卸価格で仕入れた上で，消費者に対し9.99ドルで販売していた[7]。卸価格は不明であるが，小売価格とほぼ同等あるいは書籍によっては上回っていたとみられる。すなわち，アマゾンにとってのマージンはほぼゼロで，場合によってはマイナスであったとされる。この価格戦略は2つの観点から合理的であった可能性がある。第1は電子書籍市場の導入期において市場を拡大し，その中で自社シェアを確保するためのいわゆる浸透価格戦略である[8]。第2は，電子書籍を読むには電子書籍リーダーが必要なことから，消費者にキンドル購入という初期投資を促すための戦略である[9]。

出版社にとってみると，アマゾンの低小売価格戦略は善し悪しである。もちろん，低小売価格が需要増につながれば収入（卸価格×部数）を増やす。ところが，出版社は同タイトルの印刷書籍も販売しており，電子書籍の低小売価格が印刷書籍から電子書籍への代替をもたらせば，印刷書籍の方が卸価格が高く，印刷費用を引いたマージンも通常大きいだけに，出版社の利益にはむしろマイナスである。このため，出版社，特に大手5社（Hachette, HarperCollins, Macmillan, Penguin, Simon & Schuster）[10]はアマゾンの小売価格引上げを希望してい

---

[6] Gilbert (2015b)。なおGilbertは本件に関し司法省側として証言している。以下での記述は同論文，司法省の提訴状（2012年4月11日）（http://www.justice.gov/atr/case-document/complaint-26），および控訴審判決（2015年6月30日）（http://www.justice.gov/atr/file/624326/download）を参考にした。日本語資料としては大橋ほか（2013），小畑（2013），寺西（2015b）などがあるが，いずれも控訴審判決前の情報による。

[7] 対象となっているのは一般書（フィクション，ノンフィクション）である。

[8] 浸透価格戦略については小田切（2001），第8章参照。

[9] ただしReimers and Waldfogel（2014）の推定によれば，電子書籍に限らず印刷書籍についても，アマゾンは利益最大化レベルよりも低い価格で販売していた。印刷書籍についてアマゾンは分析対象の2012年にはすでにマーケット・リーダーの位置を確保しており，本文の2つの説明のいずれも当てはまらないことから，アマゾンが継続的に参入阻止の価格戦略をしている可能性，あるいは単に消費者のための利他的行動をしている可能性があると著者らはいう。

[10] これら5社にRandom Houseを加えた大手6社はベストセラー（New York Times紙選定）の9割以上を出版していたという。

たが，アマゾンの買い手支配力が強いために実現せず，出版社によっては印刷書籍刊行後に電子版を出す時期を遅らせるなどの対抗策をとって，印刷書籍への需要を守ろうとする動きもあった。

■ アップル参入

こうした中で2010年に後発者として電子書籍リーダー iPad 向けの電子書籍販売プラットフォームとして iBookstore を開業し，参入したのがアップルである。アップルは出版社との協議の中でこの状況を認識し，エージェンシー・モデルを採用することを決定して，出版社に小売価格設定を委ねるとともに，30％の手数料（コミッション）を要求した。2点が注目される。

第1は，これはアップルにとって大きな方向転換であったことである。先行者としてすでに大きなシェアを獲得していた音楽ダウンロード（iTunes）では，アップルはホールセール・モデルをとり，1曲あたり統一価格0.99ドルと，その後に電子書籍でアマゾンがとった戦略と同様の戦略をとっていたからである[11]。

第2は，出版社にとっての収入はむしろ減少したことである。彼らは小売価格を一定の範囲内で決定できたが，アップルの設定した上限価格は12.99ドルであり（ハードカバー新刊価格が25.01〜27.50ドルのものの電子版の場合），アップルの取り分を除いた出版社収入の上限は9.09ドルと，アマゾンへの卸価格を下まわることが多かったからである。それにもかかわらず，出版社はアップルの提案に賛成した。

アップルとこれら出版社との合意にはもう1つ重要な条項があった。それがAPPA（MFN）である[12]。すなわち，他の小売店（プラットフォーム）を通じて

---

[11] アップルCEOだったジョブズの伝記によれば，「音楽と書籍，それぞれ自分に都合のいい形をめざしていることは，ジョブズ本人も認めている。音楽会社に対しては，値付けの自由があるエージェンシーモデルを示さなかった。理由は，その必要がなかったからだ。でも書籍についてはエージェンシーモデルを示した。『書籍は先発じゃなかったからね。あの状況でベストだったのが"合気道的"な動きで，その結果，エージェンシーモデルになったんだ。で，うまくいったというわけさ』」(Isaacson, 2011, 日本語訳，Ⅱ，334〜335ページ）。いいかえれば，アマゾンは電子書籍販売にあたりiTunesのモデルを模倣していたことになる。

[12] エージェンシー・モデルで売り手が課す小売価格についてプラットフォームが最恵待遇を受け入れさせたという意味でAPPAである。小売価格についてのMFNでもあ

販売する際の小売価格の方が低ければ，iBookstore を通じて販売する電子書籍の小売価格もそれに合わせることを出版社がアップルに保証する条項である。この結果，5大出版社のいずれもが，アマゾンによる小売価格9.99ドルでの販売を拒否し，エージェンシー・モデルへの転換を要求したため，アマゾンも値上げとエージェンシー・モデルへの転換を余儀なくされた[13]。

■ 司法省提訴

米国司法省は，こうした動きは不当な取引制限にあたるとして，2012年4月にシャーマン法違反として提訴した。司法省が違法行為としたのは，これらの背後にアップル・出版社間および出版社相互間での意思の交換があったこと，その結果として小売価格が上昇し消費者の利益を損ねたと判断したことによる。よって，エージェンシー・モデルそのものが競争制限的だとしているわけではない。また，MFN あるいは APPA が当然違法だとしているわけでもない。

電話やメールを通じた意思の交換により，出版社間で並行的にエージェンシー・モデルへの移行がおこなわれ，また並行的に小売価格引上げがおこなわれたことを違法な共同行為とみなしたのである。すなわち，意思の疎通がなく各出版社が個別に意思決定をしていたのであれば，他社が動かないことを恐れて各社ともエージェンシー・モデルへの移行をアマゾンに要求したり卸売価格を引き上げたりすることができなかった可能性のある状態で，有力小売プラットフォームになると予想されたアップルが事実上の値上げをもたらすエージェンシー・モデルと MFN を含む代案を提案し，各出版社に対して他の大手出版社も同様にこの代案に切り替えるであろうことを伝えることにより，出版社間での横の共謀はなかったとしても，アップルがいわばハブになって，横の共謀と同じ効果をもたらしたと裁判所は判断したのである[14]。

り，米国司法省等の文書では MFN の語を用いているため，以下ではこれに従う。

13) 再びジョブズの伝記によれば，「だから僕らは『ウチはエージェンシーモデルで行きます。値付けはご自由に。ウチの取り分は30パーセント。お客さんが払うお金は少し増えますが，でも，お宅はそうしたいわけでしょう？』とやったんだ。じつはもうひとつ条件があってね。ウチより安く売ってるところがあったらウチもその値段で売っていいことになってるんだ。だからみんな，『エージェンシー契約にしなければお宅に本は卸さない』ってアマゾンに申し入れたわけさ。」（同上，334ページ）。

14) 同業者間での意思の連絡はなくても，第三者（例えば買い手やその代理人）と各業

アップルは，共謀を否定するとともに，アマゾンが支配的企業となっている市場へ参入するために必要な戦略であったことを訴えたが，裁判所は，価格競争の排除が参入のために必要だというのは誤った議論だとしてこれを否定した。本件の場合，アップルは新規参入者ではあるが，支配的な既存企業であるアマゾンに十分対抗できる存在になることが十分に予測できたからこそ，主要出版社に影響力を行使してハブになることができた。いいかえれば，多くの場合のように参入が成功するかどうか危ぶまれる状況であれば，出版社たちもアマゾンに対抗して新規販売モデルに切り替えることは不可能であったと推測される。すなわち，参入者とはいえ既存企業に対抗できる交渉力を持つ事業者によるものであったからこそ，参入手段として共謀を事実上伴う価格戦略をとることが可能になり，また競争法上問題でもあると判断されたことになる。

本件は，2012年の司法省提訴後，出版社は個別に和解し，2012年から2013年にかけて同意判決が出された。アップルは和解せず争ったが，2015年に控

者との意思の連絡を通じて，業者間での事実上の共謀が起きるような場合をハブ・アンド・スポーク型の共謀（カルテルや談合）と呼ぶ。英国でのスーパーマーケット4社（X社，Y社ら）と同社に納入する酪農製品製造業者5社（A社ら）の事件では，XがA等に将来の小売価格の意向を伝達し，XはAらがYらにもその意向を伝達することを意図した。実際にそうした伝達がおこなわれ，Yはその情報を自社の将来小売価格決定に利用した。これによって協調的な小売価格の引上げが起きたとして，公正取引庁（OFT）は違法とした（池田，2014）。談合の場合には，事業者間での価格の一致や一斉引上げではなく，また工事ごとに事実上の合意が成立する必要があるので異なるが，福井県経済農業協同組合連合会（以下「福井県経済連」）事件（2015年1月16日排除措置命令）はそれに近い。福井県内の農業協同組合（複数）が穀物乾燥・調製・貯蔵施設の製造請負工事を発注するにあたり，施主代行者となった福井県経済連が工事ごとに受注予定者を指定するとともに，受注予定者が受注できるように，入札参加者に入札すべき価格を指示し，当該価格で入札させていたもので，福井県経済連は，入札参加者の事業活動を支配することにより，公共の利益に反して競争を実質的に制限していたとして，私的独占の禁止に違反したとされた。福井県経済連をハブ（車軸），それと施設製造請負工事事業者6社との間の縦の関係をスポーク（ハブからリムへの棒）として，工事事業者間での意思の連絡なしに入札談合と同効果をもたらしたからハブ・アンド・スポーク型共謀に類似する（山部，2015）。ただし英国の事件では価格情報がXよりAら（ハブ）に，そしてAらからYに伝達されることにより，間接的にXとYの間で意思の連絡がなされたといえるのに対し，福井県経済連事件では，経済連（ハブ）が入札すべき価格を入札参加者ごとに，また工事案件ごとに指示していたもので，情報伝達はハブからリム（入札参加者）に一方的であり，また入札参加者間の意思の連絡は直接的にも間接的にもあったわけではない。

訴審で，2016年3月に最高裁で共に敗れた。出版社はいずれも，2年の間，小売業者が小売価格を設定，変更もしくは割引することを妨害してはならないこと，また5年の間，MFNを含む契約をしてはならないことを命じられた。前者は事実上，エージェンシー・モデルの中心である供給者（出版社）による小売価格決定権限を否定したことになる。

　実際には，同意判決後のアマゾン等との契約では，出版社が小売価格を決定するものの，小売店はその受け取る手数料の範囲内で自由に値引きできることになったから，エージェンシー・モデルとホールセール・モデルの中間形態といえる。アマゾンの小売価格は，同意判決後に低下したが，事件前の9.99ドルのレベルまでは低下しなかった。ただし，ライバル・プラットフォームであるバーンズ・アンド・ノーブルの小売価格よりは値下げ幅が大きかった[15]。

　これらの事実は，アマゾンの価格戦略が，電子書籍市場の拡大ペースの鈍化に合わせ，あるいは電子書籍リーダー（キンドル）の普及に合わせ，変化してきた可能性を示唆する。また，エージェンシー・モデルに一定の経済的合理性がある可能性も示唆する。

　なお本件はEUでも問題とされており，出版社4社およびアップルには2012年12月に，残る出版社1社（Penguin）には2013年7月に，それぞれ確約決定をおこなっている。内容は2年間の小売業者の価格決定自由の確保と5年間のMFN条項の禁止が中心であり，米国における同意判決と共通する[16]。

5 │ 宿泊予約サイト──欧州の事例

　欧州各国でもう1つ大きな問題となったのは宿泊予約サイトである。宿泊予約サイトとは，オンライン旅行代理店（Online travel agent，OTAと略す）が運営するサイトで，世界的にはエクスペディア（Expedia，以下「E社」）とブッキングドットコム（Booking.com，以下「B社」）が有名である。本節で紹介する欧州の事例も，これら2社のいずれかまたは両方が関わっている。

---

15) Gilbert (2015b), De los Santos and Wildenbeest (2014).
16) 注6にあげた日本語文献参照。

■ 電子書籍販売サイトとの違い

　宿泊予約サイトと電子書籍販売サイトには大きな違いがある。電子書籍には代替財として印刷書籍があり、電子書籍の安値販売が印刷書籍への需要を損なうことを出版社が心配したことは前節で述べたとおりである。宿泊予約サイトにはこうした代替財は存在しない。

　一方、宿泊予約はオンライン業者以外の手段も広く使われている。その1つは、ホテルの自己サイトを通じてのオンライン予約である。これは、図11-1での右端の矢印で示されている。すなわちホテル（X）は自身のサイトで、p_X^Xの価格（室料）での宿泊をオファーする。書籍の場合も、出版社が直販サイトを持つケースはあるが、大きな存在ではない[17]。またホテル予約についてはオフライン予約、すなわちホテル現地や系列ホテルでの直接の予約および電話予約も大きな存在である。2015年に欧州では、ホテルの売上のうちオンライン予約によるものは34%と推定されており、オフラインによるものの方が大きいことが分かる。また、オンライン予約の70%がOTAによるものと推定されている（Varona and Canales, 2015）。

　このように、OTAは電子書籍におけるアマゾンやアップルとは異なり、予約手段として支配的地位を占めているとはいえず、また、電子書籍のように電子書籍リーダーとの適合性のために顧客がロックインされることもない。このため、大手サイトは多くの消費者にとって最初にアクセスする場になっているという意味での強みはあるものの、純粋な価格競争になりやすく、しかも他サイトに加え直販やオフライン予約とも競争関係にある。また、一度でも消費者が他サイトの方が安いことを経験すれば、安値サイトとの評判が崩れ、消費者にとってのファースト・アクセスの対象から外れてしまう危険性も存在する。

　ホテル予約の電子書籍とのもう1つの大きな違いは、電子書籍販売サイトが無形とはいえ電子書籍という商品を消費者に届けるのに対し、ホテルサービス自体は供給者であるホテルが提供するものであり、OTAは価格情報のみを提供し、またホテルのエージェントとして機能するにとどまる点である。これに伴い、OTAはホテルより10〜30%の手数料を受け取る（Varona and Canales,

---

[17] 特に印刷書籍の場合、日本では再販が認められているため、直販サイト（あるいはその他の電子書店）を利用することの価格メリットがない。米国ではアマゾンの攻撃的価格戦略のため、むしろアマゾンの方が安いケースが多い。

2015）。

　こうした背景は，OTA の MFN への欲求が強かったことを説明する。なお，他の OTA への卸売価格との比較で自社への卸売価格がより高くなることがないことをホテル X に求めるのではなく，他サイトで X が提示する小売価格より自サイトで X が提示する小売価格が高くないことを要求するものであり，MFN というより APPA と呼ぶ方が適切と思われるが，本事件に関係する多くの文書が MFN の語を使っており，ここでも同意味に用いる。

■ 欧州競争当局の措置

　かくして OTA 主導で各ホテルと結ばれた契約には MFN 条項が含まれたことから，欧州各国の競争当局は競争制限効果を持つものとして措置をとった[18]。まず英国当局が 2010 年に調査を開始，2013 年に B 社および E 社に異議告知書を送り，2014 年に両者から提案されたコミットメント（確約）を了承した[19]。2013 年にはフランス，スウェーデン，イタリアの当局が同じく B 社，E 社への審査に入り，2015 年に両社の確約を了承した。ドイツでは，同国で最大の OTA である HRS に対し 2012 年に審査に入り 2013 年に命令を出しているほか[20]，2015 年には B 社に対しても同様の命令が出されている。これらにおいては，各国とも MFN 条項を競争法違反としており，同条項を削除するよう命じたり，確約命令を出したりしているものである。ただし一部では，ホテル自社サイト価格との間での MFN 条項（すなわち，当該 OTA サイト価格を下回る価格を自社サイトで提示しないとの条項）は問題にしなかった当局もある。

　すなわち，これら当局は，他 OTA との価格均等をホテルに要求する「広義の APPA」を競争法違反としたものの，ホテル自社サイト価格との均等のみを要求する「狭義の APPA」は容認したのである[21]。これはフリーライダー

---

18)　以下は Hviid（2015），Varona and Canales（2015），各国当局公表文などによる。

19)　なおこの確約に対しては価格比較サイトを運営する Skyscanner 社が異議を申し立て，英国競争審判所（Competition Appeal Tribunal）はこれを認めて確約を破棄し競争市場庁（CMA）に差し戻した。これを受けて CMA は 2015 年 9 月に本件の審査をいったん終了すると発表した。他の欧州各国との合意により B 社，E 社が改善措置をとることを踏まえ，今後の状況を見守るとしている。池田（2015）参照。

20)　2015 年にデュッセルドルフ高裁はこの MFN の違法性を認め，ドイツ連邦カルテル庁の命令を支持する判決を出している。

21)　広義と狭義の APPA については本章注 5 参照。

問題を考慮したからである。消費者はプラットフォームを利用して複数ホテルの条件を比較するが、そうして選んだホテルの自社サイトも確認する消費者は多いだろう。このため、もしホテルXがプラットフォームAを通じて提供する小売価格より自社サイト価格を低くすれば、多くの消費者が自社サイトで予約しプラットフォームAで予約しないから、Aの手数料収入を減らす。これがフリーライダー問題であり、プラットフォームへの投資インセンティブを減少させる。その結果、プラットフォーム・サービスが提供されなくなってしまえば、消費者にとっても不利益になるおそれがある。

これに比較すると、プラットフォームAでホテル情報を得た後でプラットフォームBでの価格も確認する消費者はそれほど多くないと推測される。よって、プラットフォームAのサービスに他のプラットフォームがただ乗りすることを心配する必要は低い。むしろ、プラットフォーム間での価格競争の可能性を残すことによって、各プラットフォームが低価格プラットフォームとしての評判を確保するためホテルと厳しい価格交渉をすることで、消費者利益が確保されることが期待される。これが、狭義のAPPAのみを容認した当局の考え方と思われる[22]。

ただし、この考え方がどれだけ現実的かは不透明で、今後の進展を見守る必要がある。ホテルがプラットフォームAと狭義のAPPAを含む契約をし、プラットフォームBとも同様の契約をすれば、結局、プラットフォームAが提供する小売価格とプラットフォームBが提供する小売価格は同一になり、広義のAPPAを容認することと同じになってしまうはずだからである。とはいえ、狭義のAPPAも禁止してしまえばフリーライダー問題が起きる可能性は否定できない。前章3節で述べた再販に関する議論と同様に、フリーライダー問題解消と価格競争（再販では小売店間の価格競争、APPAではプラットフォーム間の価格競争）という2つの目的のバランスをとることは難しい。

なお、欧州各国当局との確約成立後も、B社およびE社はそのサイトにおいて、他社がより安い価格を提供していれば同価格で提供することを消費者に

---

[22] より最近、オーストラリア競争・消費者委員会（Australian Competition and Consumer Commission、略してACCC）もE社とB社を問題とし、両社は広義・狭義いずれの意味でもAPPA条項を削除することでACCCと合意した。ACCCプレスリリース、2016年9月2日。

保証する最善価格保証（Best price guarantee）をしている。これは第1節で価格対抗保証（PMG）と呼んだものと同一である。PMG は各社が自主的に保証するもので，水平関係にせよ垂直関係にせよ複数企業が意思疎通や共同決定して実施しているものではないため，当局との確約の対象にはなっていない。しかし，PMG にも競争制限効果の可能性があることはすでに述べたとおりである[23]。

本件については，EC 当局は措置をとっておらず各国当局に任せ，調整役をしたにとどまっている。ただし，欧州競争ネットワーク（European Competition Network，ECN と略称）を通じて，各国当局間での情報交換および確約措置の調整などはおこなわれている[24]。これは宿泊予約サイトなどの電子商取引市場についてまだ全欧州としての市場が成立しておらず，国境を無視できないとの判断による。国ごとの文化や消費習慣などの違いも大きい。ドイツではフランス等と異なりB社やE社がトップ企業となっていないのも，この理由による。また，ドイツの当局は狭義の APPA も禁止したが，ドイツでは個人経営の小さいホテルが多いため大手宿泊予約サイトに対する交渉力が弱いとの判断があったためとみられる。また，ウェブサイトには著作権が関わるが，著作権が（特許権とは異なり）欧州で一括する仕組みがまだなく，国ごとの差が残っていることも関係しているとする論者もいる。

2016年7月には，英国を含む欧州10カ国は EC と共同で，上記した宿泊予約サイトの確約等が市場競争に与えた影響を調査するため，ホテルに対する質問票調査を開始したと発表した。英国 CMA は，2016年末までには調査結果をまとめ，必要に応じとるべき措置を検討するという[25]。

また，EC 競争担当委員であるヴェステアー氏は，宿泊予約に限らず，電子

---

[23] イギリスの法学者 Akman は，そのブログにおいて，PMG の反競争効果は MFN より深刻な可能性もあるとして，各国当局がそれを禁止しなかったことを批判している（https://competitionpolicy.wordpress.com/2015/07/08/are-the-european-competition-authorities-making-a-less-anticompetitive-market-more-anticompetitive-the-booking-com-saga）。

[24] ECN については寺西（2015a）参照。本文で紹介した OTA の事件に関連する協力についても言及されている。

[25] https://www.gov.uk/government/news/monitoring-project-launched-in-online-hotel-booking-sector および https://www.gov.uk/cma-cases/online-travel-agents-monitoring-of-pricing-practices

商取引などデジタルマーケットにおける国境の撤廃と競争の活発化に熱心で，詳細な市場調査を実施中であり，その結果に応じて競争政策上の何らかのイニシャティブがとられる可能性が高いとみられている[26]。

---

26) その最初の結果は 2016 年 9 月に公表された。"Antitrust: Commission publishes initial findings of e-commerce sector inquiry"（http://europa.eu/rapid/press-release_IP-16-3017_en.htm）。なおヴェステアー委員は多くのスピーチにおいてこの問題に言及しており，欧州委員会の競争政策サイトよりこれらスピーチをみることができる。例えば以下を参照。http://ec.europa.eu/commission/2014-2019/vestager/announcements/vision-digital-europe-challenges-and-opportunities_en

第12章

双方向市場の価格戦略

1　双方向市場と間接ネットワーク効果

　双方向市場（two-sided market）とは，字義通りにいえば，双方向に相対している市場，すなわち「2組の経済主体が仲介者やプラットフォームを通じて相互に作用する」(Rysman, 2009, p. 125) 市場である。

　しかし，実をいえば，ほぼすべての市場で2組の経済主体が相互に作用する。例えば自動車製造という市場では，アセンブラーが一方では部品や材料のサプライヤーに相対し，他方では販売を担当するディーラーと相対する。いいかえれば，サプライヤーとディーラーがアセンブラーを通じて相互に作用する。同様に流通では，メーカーと消費者が卸売業者や小売業者を通じて相互に作用する。

　それでは，近年になって競争政策において注目されるようになってきた双方向市場とは何を指すのだろうか。その定義は必ずしも論者によって一致しているわけではないが（Evans and Schmalensee, 2015），単に双方向に相対しているだけの市場ではなく，これに加え，「一方の経済主体の意思決定が，典型的には外部性を通じて，他方の経済主体の結果に影響する」(Rysman, 2009, p. 125) 市場を指すと考えるのが適切である。

　とはいえ，一方の主体の意思決定が他方の結果に影響することも実は一般的に起きる。例えばサプライヤーがより優れた部品をより安く供給すれば，ディーラーの利益にもプラス影響があるはずだからである。よって，「外部性を通じて」起きることがポイントとなる。こうした外部性として重要と考えられて

いるのが，間接ネットワーク効果である。

■ 間接ネットワーク効果

　ネットワーク効果とは，同一の商品，ブランド，規格，技術等のユーザー数が増えるほど，個々のユーザーがその商品等から得る便益，効用，利益等が大きくなることをいう。規模（典型的には生産量）が大きいほど便益が大きい（単位あたり費用が下がる等）ことをいう規模の経済性や，種類（典型的には生産する製品数）が多いほど便益が大きい（単位あたり費用が下がる等）ことをいう範囲の経済性とは区別される必要がある。これらは1社内や1産業内での規模や範囲とその便益との関係についていうものであるのに対し，ネットワーク効果はユーザー数と個々のユーザーの便益との関係をいう。

　多くのユーザーと何らかの意味でのネットワークを形成できることのメリットを示すので，ネットワーク効果という。通信関係の技術やインフラはその代表で，特定の人としか交信できない機器よりも誰とでも交信できる機器の方が通常は望ましい。すなわち，通信できる相手数が多いほど通信機器の価値は高まる。これがネットワーク効果である。ネットワーク効果があれば，自分の参加が他者の便益を高めるので，正の外部性があることになる。

　こうしたネットワーク効果が同じグループ内のユーザー間で起きるにとどまらず，グループを超えて起きるとき，すなわち，一方の側のユーザー数が増えることにより他方の側のユーザーの便益が増えるとき，間接ネットワーク効果があるという。厳密には，他方のユーザー数のみが増えることで発生する効果と，他方のユーザーが利用する回数あるいはそれによって他方のユーザーと接触する回数が増えることで発生する効果とがあり，前者を参加外部性（membership externality），後者を利用外部性（usage externality）と呼ぶ（Rochet and Tirole, 2006, 2008）。これらは一般には異なる。結婚の仲介を例にとれば，男性にとって，リストに載っている女性が多いほど価値があると考えるのは参加外部性であるのに対し，お見合いパーティー等で実際に交流できる女性の人数や回数が多いほど価値があると考えるのは利用外部性である。ただし，その区別が重要でない場合もある。例えば新聞の購入者数（参加）と実際に読む人の数（利用）は同じと考えてよいであろう。

　双方向市場として競争政策その他で問題とされることが多いのは，いずれの

図 12-1 双方向市場の概念図

外部性によるものであれ，双方向の間あるいは一方から他方にこうした間接ネットワーク効果が起き，供給者間，ユーザー間やプラットフォーム間での競争のあり方に影響を与えるような市場である。そこで，本章ではこうした市場を双方向市場と呼ぶことにする。

■ 双方向市場の基本形

以下のいくつかの例で述べていくように，双方向市場にはさまざまなパターンがあり，一般化すると誤解を招くおそれもあるが，大まかにいえば図 12-1 のようになる。双方向にある主体（ユーザー）をSとCとしよう。サプライヤーとカスタマーのイメージではあるが，そうとは呼べないようなタイプのユーザーもあるので，単にSとCとしておく。これらを仲介するものをプラットフォームと呼ぼう。

ただし，第 10 章で述べたように，一般にプラットフォームと呼ばれるのは，ネット上のサイトやコンピューター・情報・通信などの基盤になるものであるが，双方向市場での仲介役を果たすのは，旧来からのいわばアナログなものも含まれる。このため，プラットフォームとはイメージしにくいものも含まれることになるが，簡便化のためプラットフォームと呼ぶことにしよう。例えば，おそらくは文明の発生時から存在した市場（いちば），あるいはより現代的にはショッピングモールもプラットフォームであり，出店が多いほど消費者にとって便利であり，市場に来る消費者が多いほど出店が魅力的となるので，間接ネットワーク効果があり，双方向市場である。同様に昔からある双方向市場のプラットフォームとして，男性・女性間の結婚仲介にあたる（有償の相談所であれ無償のボ

ランティアであれ）結婚相談所をあげることができる。

　プラットフォーム提供者はSとCに何らかのサービス（あるいは物）を提供し，その見返りとして価格の支払いを受ける。ただし，この価格はゼロであることもマイナスであることも排除しない。マイナスの価格とは，SあるいはCにプラットフォーム提供者のサービス（あるいは商品）を利用してもらうためにプラットフォーム提供者側から支払いをする場合をいう。

2 双方向市場の3タイプ

　エバンス（Evans, 2011）は，プラットフォームの果たす機能の違いから，双方向市場を3つのタイプに分類している[1]。

■ 市場創造型

　第1は市場創造型（market makers）である。そのプラットフォームがあるからこそ，SとCが相互に作用する場たる市場が作られる，あるいは広がるものをいう。先にあげた結婚相談所はその例であり，SやCにあたるのは花嫁探しをする男性と花婿探しをする女性である。男性にとり多くの女性会員を持つ結婚相談所の方が仲介を受けることからの効用が高く，女性にとっても同様である。すなわち間接ネットワーク効果がある。プラットフォームとしては個人の仲人のようなアナログなものから始まり，現在ではネット上の結婚相談所，すなわち婚活サイトが活発化している。この市場では，価格はそれぞれの会員が結婚相談所に払う会費や手数料であるが，男女の数的バランスが不均衡な場合には，会費も異なっていることがある。結婚紹介所の一歩手前ともいうべきお見合いパーティーや合コンや街コンもプラットフォームとみなせば，女性の会費が男性の会費より低かったり，女性無料だったりすることはしばしばみられる。

　もう1つのプラットフォーム例は不動産業者で，Sは不動産の売り手や貸し手であり，Cは買い手や借り手と位置づけられる。業者はSやCに情報や手

---

[1] 日本語訳は砂田・大橋（2010）による。また以下にあげる例も同論文およびEvans（2011, 特にTable 1）を参考にした。

続代行などのサービスを提供し，手数料を双方あるいは一方から受け取る。多くの物件を持っている不動産業者ほどCにとり価値が高く，多くの顧客が訪れる不動産業者ほど売れやすくなるのでSにとっても価値が高い。すなわち間接ネットワーク効果がある。

■ 視聴者獲得型

第2に視聴者獲得型（audience makers）がある。視聴者（C）を多く獲得することによりSがプラットフォームのサービスを利用する価値が高まるもので，新聞，雑誌，放送，検索エンジンなどがこの代表といえる。Sは広告主である。Sにとり多くの読者や視聴者を獲得しているプラットフォームほど広告効果が高いと見込まれるから，間接ネットワーク効果が発生している。

ただし，市場創造型の事例とは異なり，間接ネットワーク効果は一方向にとどまっている可能性が高い。多くの広告が掲載される新聞や放送局あるいは検索サイトほど価値が高いと考える視聴者もいれば，価値がむしろ低いと考える視聴者も多いからである。よってSからCが受ける間接ネットワーク効果は存在しないか，マイナスであることもありうる。このため視聴者にとっては支払意欲が低いのが普通で，価格は相対的に低い，あるいは，フリーペーパーや民放や検索サイトのようにCの払う価格はゼロであることが多い。こうした価格構造の問題については本章後半で議論する。

■ 需要調整型

第3に需要調整型（demand coordinators）がある。財やサービスを提供することにより，それがプラットフォームとなって間接ネットワーク効果が生まれるものをいう。市場創造型と共通する面があるが，市場創造型ではプラットフォームが提供するのは無形のサービス（"場"の提供を含む）以外にはなく，またそれなくしても不動産の売買契約や男女の結婚は十分ありうるが，需要調整型では，そのプラットフォームなしではSやCが存在しない。また，プラットフォームが何らかのモノ（有形か無形かを問わない）を提供するのが普通である。

この例として代表的なのが，パソコンや携帯電話（スマートフォン）のオペレーティング・システム（OS）やゲーム機である。OSがあるからこそアプリケ

ーションソフト開発・販売者が生まれ (S)，パソコン利用者や携帯利用者がアプリケーションソフトを需要する (C)。ゲーム機があるからこそ，ゲームソフト発売者 (S) と利用者 (C) が生まれる。多くのユーザーベースを持つ OS やゲーム機に対応するソフトを開発するほど多くの販売が見込まれ，ユーザーも，多くの対応ソフトを持つ OS やゲーム機を使うほど便益が高いという，双方向の間接ネットワーク効果が存在する。

　もう1つの例がクレジットカードのような支払手段である。またこれに準じるものとしてポイントカードがある。クレジットカードという仕組みができたことにより，消費者 (C) はカードを保有して支払いに使うようになり，商店 (S) は加盟してカードによる支払いを受け付けるようになった。加盟店が多ければカード保有からの便益は大きく，保有者が多ければ加盟店も多くの買い物が期待できる。間接ネットワーク効果である。クレジットカードについては固有の仕組みがあり，また EU 等で競争法上の問題としたこともあるため，次章で詳しく議論する。

　なおこれまで双方向，すなわち2方向に限定してきたが，3方向以上が相互に作用する市場もあるので，より一般的には，多方向市場 (multi-sided market) と呼ぶべきである。例えば，検索エンジンでは，広告主と検索利用者のほかに，検索の対象となった情報やサイトの提供者（場合によっては著作権者）がある。以下の議論は2方向から3方向に拡張が容易な場合が多いので，2方向に限定しておこなう。

3　競争と価格

　双方向市場において価格はどのように決まるのだろうか。すなわち，図12-1にあるように，プラットフォーム提供者 X が S に対し課す価格を p^S，C に対し課す価格を p^C とするとき，均衡で (p^S, p^C) はどう決まり，どのような特徴を持つのだろうか。以下ではこの問題を考える。ただし，この分析には数学的なモデル展開を要するので，本書では，そのエッセンスのみを簡易な形で伝えたい[2]。

■ 競争の不完全性

　市場の定義にもよるものの，多くの場合，1つの市場には複数のプラットフォーム提供者があって，それらは競争関係にある。不動産業者にせよ，新聞にせよ，OSにせよ，クレジットカードにせよ，複数プラットフォーム提供者があり，SにとってもCにとっても選択の余地があるからである。しかしながら，プラットフォーム提供者間の競争は完全ではなく，個々のプラットフォーム提供者は何らかの市場支配力を持ちやすい。

　その1つの理由は差別化である。新聞により紙面が異なるように，プラットフォーム提供者自身が提供する財・サービスが異なる場合もある。また，OSやゲームのように，そのプラットフォームを使って提供される財・サービスが異なる場合もある。あるいは総合新聞とスポーツ新聞のように，そのプラットフォームを利用する読者層や広告主のタイプが異なる場合もある。このため完全競争モデルが想定する同質的な競争とはならない。

　もう1つの理由は間接ネットワーク効果で，いわば規模が規模を呼ぶ効果があり，市場集中が進みやすい。ただし，新しいサービスを掲げて参入が起きることもよくみられ，従って，自然独占の市場のように1社が完全独占するとは限らず，また1社が圧倒的な支配力を持つ状況が持続するわけでもない。

■ シングルホーミングとマルチホーミング

　特に，SやCが複数のプラットフォーム提供者の財・サービスを利用する場合には単一のプラットフォーム提供者への集中は限定的になりやすい。こうした場合をマルチホーミング（multi-homing）と呼び，逆に，SやCが単一のプラットフォーム提供者の財・サービスしか利用できない，あるいは利用しない場合をシングルホーミング（single-homing）と呼ぶ。プラットフォームを家に見立て，複数の家に居住するか，1軒の家のみに居住するかを区別する意味でホーミングの語を用いる。

　多くのプラットフォームについてはマルチホーミングである。複数の不動産屋に問い合わせをするのも，複数の新聞を読むのも，複数のクレジットカード

---

2) 詳しくは Rochet and Tirole（2002, 2003, 2006），Armstrong（2006），Weyl（2010）。最初は，サーベイ論文である Rochet and Tirole（2008），Rysman（2009），Evans and Schmalensee（2015）のいずれかを読むことをお勧めする。

を持つのも自由であって，実際に多くの消費者がそうしている。一方，パソコンや携帯電話のOSを複数利用することは可能であるが，多くの利用者は1つに限定しているので，シングルホーミングが普通である。

シングルホーミングの場合，そして例えばOSのようにそれに供給されるアプリケーションがプラットフォーム提供者間で共用できない場合には，ウィンドウズがそうであったように，支配的プラットフォーム提供者への集中が起きやすく，また参入を成功させるに必要な一定規模（「クリティカルマス」と呼ぶ）を新規参入者が達成するのも困難となる。

■ モデル

以上で述べた理由により，双方向市場では，完全競争市場のような価格と限界費用の均等化は達成されない。さらに，間接ネットワーク効果の存在が価格決定を複雑にする。そこで，プラットフォーム提供者の価格戦略と市場均衡を分析する必要がある。

まず利用者であるSやCの行動を分析しよう。以下，Cについて記すが，CとSを入れ替えればSについての行動となる。

Cにとり，各プラットフォーム提供者の財・サービスに参加あるいは利用することから得られる効用とその価格との差が余剰となる。よって，シングルホーミングの場合には，この余剰が最大となるプラットフォーム提供者を選択する。またマルチホーミングの場合には，この余剰がプラスとなるすべてのプラットフォーム提供者を選択する。この結果，プラットフォーム提供者XへのCの需要D^Cは通常のように価格p^Cに対し右下がりの関係にあるが，同時に，間接ネットワーク効果のためにXへのSの参加者数N^S（参加外部性の場合）またはXへのSの需要量D^S（利用外部性の場合）にも依存する。これは正の関係として外部性がプラスに働く場合が多いが，広告を嫌う新聞読者のような場合にはむしろマイナスの関係となる。

プラットフォーム提供者Xの利潤については2つの考え方がある。新聞のような場合には，その収入は読者からの購読料収入と広告主からの広告収入の合計となる。すなわち$p^C D^C + p^S D^S$であり，これから費用（新聞あたり費用，購読者あたり費用，広告あたり費用，固定費用など）を引いたものが利潤となる[3]。

これに対し，不動産業や前章で議論した宿泊サイトの場合などでは，Sの需

要と C の需要がマッチし取引が成立したときにのみ S および C から料金を徴収できる。このため，X の収入は $(p^C + p^S) D^C \times D^S$ となる[4]。これから費用を引いたものが利潤である。

これら 2 つの定式化のいずれが現実的かは市場による。簡単化していえば，前者は年会費や新聞購読料のように参加に価格が課される場合，後者は手数料のように利用ごとに価格が課される場合に多い。両者が組み合わされる場合もある。携帯電話やクレジットカードなど第 2 節で需要調整化と呼んだプラットフォームの多くでみられるように，年会費にプラスして利用ごとに手数料が課される場合である。

■ 均衡価格に関する3命題

2 つの定式化のいずれを用いるにせよ，各プラットフォーム提供者はこうして表される利潤を最大化すべく価格（p^C および p^S）を決定する。こうして決定される価格がどのような特徴を持つかは，収入や費用の定式化など多くの要因に依存するため，一概に述べることはできないが，次の3点が重要である。

【命題1】 完全競争市場で想定されている価格と限界費用の一致は成立しない。その最初の理由は，プラットフォームの差別化などの理由により競争の不完全性があることで，このため，通常の不完全競争（独占，寡占）の均衡と同様に価格と限界費用は乖離し，デッドウェイト・ロスが発生する。独占均衡では，プライス・コスト・マージン（価格と限界費用の差を価格で割った比率）が需要の弾力性の逆数に等しいという関係（ラーナーの公式）が成立するが，プラットフォームについても修正された形でラーナーの公式を書くことができる。

【命題2】 しかし価格と弾力性の関係も一概にはいえない。間接ネットワーク効果の存在を無視すれば，双方向市場でのプラットフォーム提供者の価格決定は複数市場（S 市場および C 市場）で販売する多角化企業の価格決定と類似する。あるいは，同一製品を異なった性質を持つ複数の市場において販売する企

---

3) この考え方に基づく分析の代表として Armstrong（2006）がある。
4) この考え方に基づく分析の代表として Rochet and Tirole（2003）がある。取引数が $D^C \times D^S$ と積の形になることについては，D^C，D^S がそれぞれ C あるいは S のうち需要するものの割合と考えれば理解しやすい。男性のうちの 6 割が（誰でもよいから）女性と結婚したいと思っており，女性のうちの 5 割が同様だとすると，ある男性とある女性が会って結婚に至る確率は 3 割（＝0.6×0.5）である。

業がとる差別価格政策と類似する[5]。これらの価格決定では，弾力性の高い市場ほど価格を低くすることが最適である。価格を1%下げたときの需要増加がより大きいだけに，そうした市場では低価格戦略がより効果的だからである。

ところが双方向市場では，相対的に高価格にした市場の方で需要が減少し，それが間接ネットワーク効果により低価格市場での需要を下げてしまうという効果があり，後者の市場で低価格により需要喚起した効果を打ち消す可能性がある。この両効果があるため，弾力性の高い市場ほど低価格にすることが望ましいかどうかは間接ネットワーク効果の強さに依存することになるのである。

【命題3】 通常のように，利潤最大化条件は限界収入と限界費用が等しいことであるが，限界収入には直前で述べた間接ネットワーク効果からの効果も含まれる。このため，命題1に加え，価格と限界費用の一致が成立しないもう1つの理由が生まれる。すなわち，例えばCへの価格を下げて需要量を増やすと，間接ネットワーク効果が正であるとすれば，Sにとっての便益を高めてSの需要を増やし，Sからプラットフォーム提供者が得られる収入を増やすという効果がある。よってこの間接効果が大きいほど限界収入は大きいから，価格をいっそう下げることが望ましくなる。CとSの間では，大きな間接効果をもたらす側ほど，相対的に最適価格は低いことになる。

例えば，新聞における購読者（C）と広告主（S）の関係を考えよう。購読者数が広告の効果に与える影響は大きいから，C→Sの外部効果は正である。これに対し，広告が多いことが購読者に与える便益は一般に小さく，購読者によってはゼロか負である。よってS→Cの効果をゼロとしよう。この結果，Sの価格低下による限界収入にはCへの間接効果がゼロであるが，Cの価格低下による限界収入にはSへの正の間接効果がある。このことは，相対的にCの価格を低くすることがプラットフォーム提供者の利潤を高めることを意味する。さらに，片方（この例ではS→C）の外部性が負であるなどにより，両者の間での間接効果の差がきわめて大きければ，Cの最適価格は理論的には負になることもありうる。補助金やポイント，景品を付けて利用してもらうような場合がこれにあたる。そこまで極端ではないにしても，価格をゼロにして無料配布する例は，いわゆるフリーペーパーなど実際にみられる。

---

5) 第3種の差別価格と呼ばれることがある。

これら3つの命題は競争政策にも大きなインプリケーションを与える。この点は次章で議論しよう。

■ 価格構造と価格レベル

　以上は，主として，双方向の間での相対的な価格の関係，すなわち価格構造についての議論であった。いいかえれば，双方向市場では価格構造の決定が重要であり，また競争に与える影響が大きい。このことを重視して，この分野のパイオニアであるロシェとティロルは，「双方向市場とは，エンドユーザー間の取引量が，プラットフォームが課す価格の・レ・ベ・ルだけではなく，その価格・構・造にも依存する市場である」（Rochet and Tirole, 2006, p.646, 傍点は筆者追加）と定義しているほどである。

　価格の・レ・ベ・ルに大きな影響を与えるのは，プラットフォーム提供者間の競争の程度，特に参入の容易さである。参入が十分に容易であれば，限界的な（すなわち優位性が一番低い）プラットフォーム提供者の利潤がゼロとなるまで参入が起きるはずである。SとCへの平均的・価・格・レ・ベ・ルもそれに応じて決まるが，以上の命題で述べた形で価格・構・造は決まるので，Sからの利潤やCからの利潤それぞれについては限界的プラットフォーム提供者においてもゼロになるとは限らない。

　ところが実際には，双方向市場においては参入障壁が大きくなりがちである。その最大の理由はクリティカルマスの存在である。参加外部性あるいは利用外部性が正であれば，一定数のC（またはS）がいないとS（またはC）にとってプラットフォームXに参加するメリットがない。この一定数がクリティカルマスであるが，参入にあたってクリティカルマスを満たす参加者数あるいは利用数をSとCの双方について確保することは容易ではない。当初，無料あるいは費用を下回る低価格で配布や参加募集して一定の顧客層を確保する戦略がしばしばとられるが，それに要する費用はサンクとなるから，参入障壁を形成する。

　また，しばしばみられるのは，ある形態のプラットフォームで一定の顧客層を獲得した企業が，別の形態のプラットフォームに参入し，前者の顧客層に後者のプラットフォームも利用するよう誘導する戦略である。もちろん，こうした誘導ができるのはこれらプラットフォームの間で顧客層に重複がある場合に

限られる。OS を提供する企業が，その OS で使われるアプリケーションソフト供給に参入したり，新聞社が放送事業に参入したり文化事業のプラットフォームを作ったりするのは，こうした例といえよう。

競争政策の観点からは，クリティカルマス獲得を妨害するような行動は排除行為として禁止することが必要である。このことを含め，競争政策上の問題を次章で議論しよう。

第13章

双方向市場の競争政策

1　競争政策への影響

　前章で述べたように,双方向市場では企業の価格戦略もより複雑になり,競争政策もこのことを考慮しつつ対応する必要がある。特に,双方向市場においては価格構造の決定が重要であることを示したが,このことは,1方向の市場の価格だけを取り上げて競争性を評価するのは正しくないことを示唆する。

　プラットフォーム提供者間でのカルテルを考えよう。例えば,一方の市場(例えばC)の価格(p^c)について共謀し値上げに成功したとしても,その影響はC市場にとどまらない。C市場での価格競争が抑圧されたことにより,プラットフォーム提供者は他方の市場(例えばS)での価格競争をむしろ活発化し,そこでの価格を下げることにより,参加者や利用者を誘引しようとするかもしれない。その結果,両市場のトータルでは社会的厚生あるいは消費者余剰を増大させることも考えられないわけではない。もちろん逆に,一方の市場でのカルテルが需要量を減少させ,それが間接ネットワーク効果を通じて他方の市場での消費者効用を下げ,あるいは価格上昇をも引き起こすことによって,双方の市場での消費者余剰減少を引き起こすこともありうる。すなわち,より一般的にいえば,双方向市場では社会的に最適な価格構造と市場の競争均衡の価格構造が異なりうるため,企業間の共謀が社会的厚生を改善するか改悪するかは一義的には明らかでない(Evans and Schmalensee, 2015)。

　とはいえ,双方向での最適価格を競争当局が判断することは通常は不可能であり,また独占禁止法でいう「一定の取引分野」を双方向にまたがるものとし

て画定することも，理論的にも実務的にも可能とは思われない。よって，何らか明確な事情がない限り，双方向のうちのいずれか一方の市場でカルテルが起きていれば，独占禁止法違反と認定することになる。こうした扱いは過剰規制（違法とすべきでない行為を違法とすること）を生む可能性をなしとしないが，双方向という理由でカルテルを一般的に問題にしないのは逆に過少規制（違法とすべき行為を違法としないこと）を生むおそれが強い。競争当局の予測能力の限界を考えれば，私見では，後者をより心配すべきであろう。

双方向市場のプラットフォーム提供者間ではカルテルの結成がより困難になるとの議論もある。p^S および p^C という双方向についての価格等の合意を得ることは困難と予測されるからである。さらに，合意が成立したとしても，一方の価格（例えば p^S）につき合意価格以下に下げることでより多くの顧客を獲得することからの利益には，間接ネットワーク効果によって他方向（例えばC）から得られる利益も加わることがあり，逸脱への誘因が働きやすい。さらに，多くのプラットフォームでは新技術・新企業の参入が起きやすいことも考えれば，カルテルの成立・維持は双方向市場ではより困難な場合が多いであろう。

そこで以下では，カルテル以外の競争政策上の問題に焦点を当て，その中でも不当廉売，排除行為，企業結合を取り上げよう。

2 不当廉売

不当廉売とは「正当な理由がないのに，商品又は役務をその供給に要する費用を著しく下回る対価で継続して供給することであつて，他の事業者の事業活動を困難にさせるおそれがあるもの」（独占禁止法，第2条9項3号）であるが，不当廉売ガイドラインは「価格・費用基準は，廉売行為者にとって明らかに経済合理性のない価格設定であるかを判断することができるものとすることが適切である」（不当廉売GL，3，(1)，ア，(ウ)）としている。さらに，「経済合理性があるかどうかについては，概念的には，設定された価格が平均回避可能費用（廉売行為者が廉売対象商品の追加供給をやめた場合に生じなくなる廉売対象商品固有の固定費用及び可変費用を合算した費用を追加供給量で除することによって得られる廉売対象商品1単位当たりの費用をいう。）を回収することができるかどうかによっ

て判断される。」(不当廉売GL, 3, (1), ア, (ウ), 注3)。

しかしながら，前章の命題は，双方向市場の一方においては，限界費用を下回る価格を設定することが合理的で，また社会的にも望ましい可能性があることを示した。限界費用は平均回避可能費用と近似する[1]。よって，平均回避可能費用を下回る廉価販売をすることにより需要が喚起され，それが間接ネットワーク効果を通じて他のユーザーの拡大につながるのであれば，ガイドラインでいう不当廉売は不当でない可能性がある。

また，双方向の一方の価格について規制をすることは価格構造を歪めることになる。例えばCの市場で不当廉売を認定し価格を上げさせるならば，競争がS市場にシフトしSの価格を下げる可能性がある。こうした変化の社会厚生上の評価は難しい。Sでの消費者余剰を高め，またSのユーザー数あるいは使用頻度を高めることが外部性を通じてCのユーザーの効用を高める可能性がある一方で，Cの価格引上げに伴う消費者余剰減少があり，そのバランスを判断することはきわめて困難だからである。よって，一方の市場での原価割れ販売という市場均衡が社会的最適解ではない場合にも，それを規制することが社会的改善につながるかどうかは保証がない。

不当廉売の独占禁止法上の定義には，上記のように「正当な理由がないのに」との留保が設けられているが，不当廉売GLで正当な理由が当てはまる例としてあげられているのは，「生鮮食料品のようにその品質が急速に低下するおそれがあるものや季節商品のようにその販売の最盛期を過ぎたもの」あるいは「きず物，はんぱ物その他の瑕疵（かし）のある商品」(不当廉売GL, 3, (3), 注10) であり，双方向市場における効果は考えられていない。

しかし，第5節で紹介する新聞に関する不当廉売事件のように，不当廉売が，参入を成功させるに必要となるユーザーベースの双方向における拡大，すなわ

---

1) 限界費用（MCと略す）と平均回避可能費用（AACと略す）の関係は以下のとおり。MCは追加的1単位の生産に伴う費用増分であり，追加的生産を1単位以上に増やす場合には，平均増分費用（費用増分を生産量増分で割った比率，AICと略す）が類似の概念である。AACは対称的に生産量を減少したときの概念で，費用減分を生産量減分で割った比率である。サンクコストとなる追加的な投資を必要とするとき，生産量増加にはこの投資コストが費用増分に含まれるが，生産量を減少させても投資費用は回収できないため，費用減分には含まれない。このため，サンク投資がなければAACとAICは一致するが，サンク投資があればAACはAICを下回る。

ち前章で述べたクリティカルマスの獲得のために必要な場合には，不当廉売禁止規定の根拠とされる略奪的価格戦略[2]とは異なって，むしろ長期的に競争を活発化させる効果が期待される。よって，双方向市場への不当廉売規制の適用にあたっては，こうした効果の検討が欠かせない。

3 排除行為

　双方向市場においては，双方向で一定数のユーザーを確保していないと存続は難しい。再びクリティカルマスの問題である。よって，いずれかの方向でクリティカルマス獲得を困難にすれば，潜在的競争相手の参入を困難にし，あるいは既存の競争相手の存続を困難にすることができる。

　もちろん，正当な競争手段でライバル企業のクリティカルマス獲得を困難にするのは独占禁止法で問題にするところではない。例えば，イノベーションによる優れた商品・サービスのより安い価格での提供や，そうしたイノベーションの特許その他による正当な独占的保有である。それらによる市場支配の効果が双方向市場においては間接ネットワーク効果を通じて他方向にも及び，単一市場における場合よりも大きいものとなる可能性は十分に存在する。しかし，いうまでもなく，イノベーションの直接的効果は社会的に望ましいものであり，またイノベーション競争こそが双方向市場の発展をもたらす原動力であるから，クリティカルマス獲得を困難にすることにより参入を困難にするとしても，それが独占禁止法上問題にされることはありえない。

■ **禁止されている排除行為**

　一方，第1章で述べたとおり，他社（潜在的競争者である参入者を含む）を排除する行為は独占禁止法違反とされる場合がある。

　その1つは私的独占で，「他の事業者の事業活動を排除し，又は支配することにより，公共の利益に反して，一定の取引分野における競争を実質的に制限すること」（独占禁止法，第2条5項）と規定され，禁止されている。最高裁は

---

[2] 略奪的価格戦略（predatory pricing）については小田切（2008），第6章参照。また後述第5節参照。

NTT東日本事件への判決において，問題とされる行為がここでいう「他の事業者の事業活動を排除」する行為に該当するか否かは，その行為が「自らの市場支配力の形成，維持ないし強化という観点からみて正常な競争手段の範囲を逸脱するような人為性を有するもの」か否かによって決すべきものであるとした[3]。上記したイノベーションのような例はまさに「正常な競争手段」というべきであるから，通常は排除行為とはみなされない。

さらに，排除行為は不公正な取引方法の観点からも問題にされることがある。その代表的なものは次の3つである[4]。

(1) 排他条件付取引

不当に，相手方が競争者と取引しないことを条件として当該相手方と取引し，競争者の取引の機会を減少させるおそれがあること。

(2) 拘束条件付取引

相手方とその取引の相手方との取引その他相手方の事業活動を不当に拘束する条件をつけて，当該相手方と取引すること。

(3) 競争者に対する取引妨害

国内において競争関係にある他の事業者とその取引の相手方との取引について，契約の成立の阻止，契約の不履行の誘引その他いかなる方法をもってするかを問わず，その取引を不当に妨害すること。

これら行為が競争事業者や潜在的参入者を含む他事業者を排除する目的でおこなわれることはしばしばみられ，公正な競争を阻害するおそれがある場合には不公正な取引方法として独占禁止法違反となる。特に，双方向市場においては，クリティカルマスを競争事業者が獲得しようとすることを阻む目的でこれら行為がおこなわれることがある。

そうした例として，古典的でアナログな市場（いちば）の例である農産物直売所のケースと，現代的でデジタルな事例であるソーシャルゲーム提供プラットフォームのケースをあげよう。

■ 大山農協事件

2009年に公正取引委員会は大分大山町農業協同組合（以下「大山農協」）に対

---

3) 東日本電信電話による審決取消請求事件，最高裁判決，平成22年12月8日。
4) 一般指定（公正取引委員会告示「不公正な取引方法」）より抜粋。

して排除措置命令をおこなった[5]。大山農協は大分県日田市等において「木の花ガルテン」と称する農産物直売所を8店舗運営し，木の花ガルテンに直売用農産物を出荷するために大山農協に登録している農業者（以下「出荷登録者」）が木の花ガルテンに出荷した直売用農産物の販売を受託し，販売金額の22%を手数料として受け取っていた。

一方，元氣家は2009年に日田市内に「日田天領水の里元氣の駅」と称する農産物直売所を開設して営業を開始した。直売用農産物を元氣の駅に出荷することを希望する者は「元氣の会」と称する組織の会員となり，元氣の駅に販売を委託することができ，元氣家は販売手数料として15%を受け取ることとした。

これを受けて，木の花ガルテン出荷登録者のうち40名程度が元氣の会の会員ともなり元氣の駅でも販売を始めたため，元氣の駅と最も競合する木の花ガルテン大山店の販売金額は20%程度減少すると予想された。そこで大山農協は，「(ア)双方出荷登録者に対し，元氣の駅に直売用農産物を出荷しないようにさせること，(イ)その手段として，双方出荷登録者に対し，元氣の駅に直売用農産物を出荷した場合には木の花ガルテンへの直売用農産物の出荷を取りやめるよう申し入れること」を基本方針として決定し，実施するとともに，従わない者に対しては，その直売用農産物を木の花ガルテン各店舗において人目につかない売場に移すなどの制裁措置をとることとした。

「多くの木の花ガルテンの出荷登録者にとって，木の花ガルテンは知名度が高く，ブランド力が強いことなどから他の農産物直売所に比して集客力があること及び木の花ガルテン大山店等の集荷場に直売用農産物を搬入すると木の花ガルテン8店舗に当該直売用農産物が配送され店頭に陳列されるため販売機会が多くなることから，木の花ガルテンとの取引においては安定した収入が見込まれ，木の花ガルテンは直売用農産物の重要な出荷先となっている。」。

このため，大山農協の基本方針以降，19名の出荷登録者が元氣の駅への出荷を取りやめるなどしたため，元氣の駅は必要な量の直売用農産物を確保することが困難となった。

直売用農産物生産者にとり多くの顧客が集まる直売所に出荷することが有利

---

5) 公正取引委員会「大分大山町農業協同組合に対する排除措置命令書」，平成21年12月10日。以下「　」内は同命令書からの引用である。

第 13 章　双方向市場の競争政策　245

であるのと同時に，消費者にとっても多くの生産者が商品を並べる直売所がより魅力的である。よって双方向に間接ネットワーク効果があり，農産物直売所は双方向市場の役割を果たしている。排除措置命令書も「既存農産物直売所8店舗及び元氣の駅の9店舗（以下「9店舗」という。）においては，主に日田市内で生産された直売用農産物を，生産者名を明示した上で販売する方法が採られており，9店舗にとっては直売用農産物を多種類にわたってそろえることが重要となっている。」としている。

　元氣の駅が十分な数（すなわちクリティカルマス）の直売用農産物出荷者を確保できないことは，店舗としての魅力を減じ，消費者の集客を難しくした。よって，大山農協の行為は拘束条件付取引であり，また公正競争を阻害するものであって，不公正な取引方法として独占禁止法違反と判断された。

■ DeNA 事件

　一方，デジタルな事例として，2011 年に排除措置命令が出されたディー・エヌ・エー（DeNA）事件をあげよう。

　DeNA およびその有力競争者であるグリーは，携帯電話向けソーシャルネットワーキングサービス（SNS）を運営し，ソーシャルゲームを自ら提供する，あるいは他の事業者に提供させる事業をおこなっている。もともと SNS 上でのソーシャルゲームの提供でグリーは先行し，DeNA はそれに次いでいたが，2010 年に DeNA はオープン化し，ソーシャルゲーム提供事業者に自社のモバゲータウンを通じてソーシャルゲームを提供させ，ユーザーへの売上の一部を手数料として受け取っていた。DeNA の成功をみてグリーも追随したが，オープン化したソーシャルゲーム提供では DeNA に次ぐ 2 位にとどまった。

　明らかに DeNA やグリーが提供しているのは双方向市場におけるプラットフォーム（それぞれモバゲータウン，GREE と称していた）である。ゲームを提供しているのはソーシャルゲーム提供事業者（S）であり，それを利用しているのはユーザー（C）である。多くの事業者 S が多くのゲームを提供するほどユーザー C にとっての選択の幅が広がって効用が高まる。また C が多いほど S はより多くの利用からの収益が期待できるから，双方向に間接ネットワーク効果がある。

　公正取引委員会によれば，「ディー・エヌ・エーは，平成 22 年 7 月頃，モバ

ゲータウンにおける売上額が多いなど，ソーシャルゲームの提供において有力な事業者であると判断して選定したソーシャルゲーム提供事業者（以下「特定ソーシャルゲーム提供事業者」という。）に対して，GREE を通じて新たにソーシャルゲームを提供しないことを要請していくこととし，特定ソーシャルゲーム提供事業者が GREE を通じて新たにソーシャルゲームを提供した場合には，当該特定ソーシャルゲーム提供事業者がモバゲータウンを通じて提供するソーシャルゲームのリンクをモバゲータウンのウェブサイトに掲載しないこととした。」[6]。

　公正取引委員会は，こうした DeNA の行為は競争者に対する取引妨害に当たると認定し，不公正な取引方法として，同行為をおこなっていないことを確認するなどの排除措置を命じた。

　双方向市場であることを考えれば，DeNA の行為は，グリーの S における参加者を制限することにより C にとってのグリーのプラットフォームの商品価値を低め，グリーへの需要を減じるものといえる。ただし，本件の場合，オープン化以前のソーシャルゲーム提供においてグリーは先発者としてすでに多くのユーザーを擁しており，一部にオープン化以後の DeNA へのユーザーの移行はあったとしても，クリティカルマスを維持することはできたものと思われる。それゆえにグリーが退出を余儀なくされることには至らなかったものの，以前のユーザー数が限定的であれば，あるいは DeNA の上記行為がより長く続いていれば，グリーにとっての顧客獲得は双方向にわたって困難なものになっていた可能性をなしとしない。その意味で，双方向市場の特性を考えれば，公正取引委員会が DeNA の行為を問題にしたのは適切であったといえよう。

■ 排除行為の効果の両面性

　DeNA の行為は取引妨害として問題にされたが，大山農協の例で認定されたように，排他条件付取引や拘束条件付取引も同様に，双方向の一方あるいは双方向への競争業者のアクセスを困難にすることによって排除や参入阻止の効果をもたらすことがある。しかも，双方向市場における排除あるいはそれに準ずる行為は，競争阻害効果が通常以上に大きい可能性に留意する必要がある。

　6）　公正取引委員会「㈱ディー・エヌ・エーに対する排除措置命令書」，平成23年6月9日。

第13章　双方向市場の競争政策　247

　大山農協，DeNA いずれの例にせよ，出店やゲーム提供（S）を制限されれば，それによって競争事業者のプラットフォームの顧客やユーザー（C）への魅力や便益が減ずるだけではない。この結果，C による当該プラットフォームの利用が減れば，間接ネットワーク効果により，S にとっても当該プラットフォームからの便益が減少し，出店を制限されていない S 事業者も出店を見合わせることになってしまうかもしれないからである。よって，いわば二重に排除の効果が生じる可能性があり，競争政策として，そうした効果をもたらす行為を事業者，特に当該市場における支配的事業者がとることがないよう監視する必要がある。

　ただし逆に，こうした行為が参入を容易にする場合もある。参入するプラットフォームは，例えばゲーム開発者（S）による競合する既存のプラットフォーム，特に多数のユーザーをすでに持つプラットフォームへの提供を制限することにより，自社プラットフォームへユーザー（C）を誘引することができ，参入に必要なクリティカルマスを達成できる可能性があるからである[7]。この効果はマルチホーミングが可能な状況では特に顕著となる。排他条件等により，参入プラットフォームに提供されるゲームがそこでしか使えなければ，既存プラットフォームをすでに所有・利用しているユーザーも参入プラットフォームを購入・利用するが（マルチホーミング），排他条件がなく既存プラットフォームでも同じゲームが提供されるなら，ユーザーは新しいプラットフォームを追加的に購入・利用するインセンティブを失うからである[8]。

　よって，排除行為の市場競争への影響は，双方向市場では，市場の特性や状況により広範かつ複雑なものとなることがある。競争政策の適切な運用にはこうした影響の詳細な分析が欠かせない。

---

7) Lee（2013）はソニー，任天堂，マイクロソフト間のいわゆる第6世代ビデオゲーム・プラットフォーム（それぞれ PS2, GameCube, Xbox）についてのモデル化と構造推定をおこない，その推定結果を用いてシミュレーション分析した結果，排他条件付取引が禁止されていれば，先発者でトップシェアのソニーが販売台数を増やし，追随者の任天堂とマイクロソフトは販売台数を減らしていただろうと結論づけている。

8) なお消費者余剰への影響は一義的には明らかでない。一方では，排他条件付取引等が参入企業や下位企業のシェアを増やし競争を活発化するとしても，他方では，マルチホーミングが複数のプラットフォームの所有を余儀なくさせることによってユーザーにとっての費用増につながるからである。前注の Lee（2013）のビデオゲームの分析では，排他条件が禁止されている仮想均衡での方が消費者余剰が高いと推定されている。

4 企業結合

　企業結合（M&A）の競争への評価にあたっても，双方向市場の特性を認識することが重要である。

　間接ネットワーク効果の存在は，企業結合がSとCの双方向にわたって利益や効用などの便益を高める可能性を示唆する。不動産会社の合併により取り扱う不動産物件が増えれば，あるいは電子書籍販売サイトの合併により取り扱う電子書籍のカバレッジが広がれば，あるいはビデオゲーム・コンソールのようなゲーム・プラットフォームの合併により1つのコンソールで遊べるゲームの種類が増えれば，利用者の便益は高まる。逆に，より多くの利用者を抱えるプラットフォームには，不動産の売り手も，電子書籍出版社も，ゲーム開発者も出品するインセンティブが高まる。

　よって，企業結合によりSやCのユーザー層が広がれば，ユーザーの便益が高まる。これは一般にM&Aによるシナジー効果の1つともいえるが，双方向市場に特有の効果である。このため，仮に企業結合によりSなりCなりにプラットフォーム提供者が課す料金が上昇するとしても，間接ネットワーク効果による効用増により，ユーザーにとっての余剰はむしろ増加する可能性がある。

　また，プラットフォームの価格決定も，前章で述べたように，双方向市場では複雑化するから，通常の合併理論のように，クールノー寡占均衡での企業にとっての最適価格は合併前に上昇するとの命題[9]は一概には成立しなくなる。例えば間接ネットワーク効果によるS・C間の外部性が非対称であれば，一方では価格を上昇させるが他方では価格を低下させることが最適戦略となる可能性がある。

　これらの場合の政策的判断は難しい。企業結合の社会的余剰への効果を予測することが容易でなくなることに加え，厚生の分配上の判断も必要になる。すなわち，双方向で得られる余剰合計への影響のみを考え，一方向での余剰は減少しても他方向での余剰がそれを上回るほど上昇すれば企業結合は望ましいと

---

9) 小田切（2001），第11章。

判断してよいのか，あるいは，それらの間での余剰の分配の変化に何らかの判断基準を当てはめるべきなのかという判断である。

実務的には，セーフハーバー（第1章5節参照）の適用も問題になる。双方向いずれでの集中度を対象にするのかという問題があるからである。

■ 東証・大証統合

双方向市場に影響する企業結合の日本における事例として，2012年の東京証券取引所（以下「東証」）を中心とするグループと大阪証券取引所（以下「大証」）の統合（東証による大証の株式取得）を考えてみよう。証券取引所は一方で株式会社による株式上場が多いほど投資家にとっての利便性が高まり，他方で，投資家が多いほど株式上場のメリットが大きいという双方向市場の特性を備えている。Sにあたるのは株式上場や増資により資金を調達しようとする株式会社であり，Cにあたるのは株式を購入しようとする投資家である。ただし，既存株式については，売り手も買い手もCであり，個々の投資家が売り手になるか買い手になるかは状況次第である。後者の部分も売り手・買い手間の双方向市場とみなすことが可能であるが，双方向のいずれの側に投資家が属するかは自由に変動するから，双方向として分けて分析することの意義は小さい。むしろ，投資家はCに属するが，価格等の状況に応じてその需要関数はプラス値をとって買い手となったり，マイナス値をとって売り手となったり変動すると考える方がよいであろう。

本件の審査に際し，公正取引委員会は，新興市場における上場関連業務，株式の売買関連業務，日本株に関する株価指数先物取引の売買関連業務の3つの分野について詳細に分析した[10]。このうち上場関連業務に焦点を当てるとすれば，双方向市場へのSの参加に関する分析といえる。

上場関連業務とは，上場申請を受け，株式等の現物商品の上場適格性を審査するとともに，上場が認められた現物商品の上場適格性が維持されているかについて継続的に管理・監督する業務である。当事会社の上場関連業務の大部分を株式が占めるため，株式のみを考える。株式上場のための市場には，東証お

---

[10] 公正取引委員会「平成24年度における主要な企業結合事例」，平成25年6月5日。以下「　」内は同発表文からの引用。なお，株価指数先物取引の売買関連業務の関連で著作権利用についての問題解消措置がとられたことについては第9章2節で述べた。

よび大証の市場一部・二部を指す本則市場と、東証のマザーズおよび大証のJASDAQを指す新興市場がある。

過去5年間の上場をみると、マーケットシェア（上場件数ベース）は、本則市場で東証が約80％であり、新興市場ではJASDAQが約70％、マザーズが約30％と両者合わせてほぼ100％のシェアを有していたから、いずれもセーフハーバーを満たさない。新興市場についていう限り、農産物直売所に例えていえば、国道沿いに2店しかないところ、それらが統合しようとしているのに近い。なお、新興市場で新規企業が複数取引所に上場することは稀なのでシングルホーミングといえる。

本則市場については、マルチホーミングする会社も多く、実際に、大証第一部に上場していた会社の90％以上は東証にも上場していた。ただし、2000年以前は上場に際して当該地方を管轄する取引所にまず上場することという規制（「テリトリー制」という）があり、そのために東証・大証いずれにも上場していた会社のほとんどは、最初は大証に上場し、その後東証にも上場するようになったものである。テリトリー制廃止以降はマルチホーミングへの需要、より端的にいえば東証以外への上場の需要はほとんどなくなっていた。

このため、本則市場では大証はすでに有力な競争企業とはいえなくなっており、本件統合によって影響が心配されたのは、JASDAQ（大証）とマザーズ（東証）間の競争が存在した新興市場である。実際、公正取引委員会は、競争の状況や、需要者や隣接市場からの競争圧力などの観点から審査した結果、「本件統合により、新興市場における上場関連業務で独占的に近い地位に立つことになる当事会社が、ある程度自由に上場関連手数料を引き上げることができる状態が現出し、新興市場における上場関連業務の取引分野における競争を実質的に制限することとなると考えられる。」と指摘した。

そこで、「当事会社は、新興市場における上場関連手数料の決定を外部の有識者の判断にかからしめ、当事会社のみでは上場関連手数料を決定できないようにするため」、「当事会社において、新興市場の上場関連手数料の設定、廃止及び金額の変更に関しては取締役会の決議事項であるが、東証と大証のそれぞれにある常設の諮問委員会（いずれも現在の名称は「市場運営委員会」）の承認がない限り取締役会で決議できないこととする。」ことなどを内容とする問題解消措置を申し出た。公正取引委員会は、諮問委員会のメンバーの独立性が十分

に確保されていることなどに照らし問題解消措置の有効性を認め，当該企業結合を承認した。

これは株式会社（S）のプラットフォームへの参加に関しての分析である。このほか審査された現物商品の売買関連業務，およびデリバティブ取引の売買関連業務については，投資家（C）にとっての東証・大証以外の取引の場（プラットフォーム）の利用可能性を中心に審査し，いずれも問題解消措置を前提として承認している。

■ KADOKAWA・ドワンゴ統合

東証・大証統合は水平型企業結合であるが，このほか，双方向市場に関連するもので，むしろ垂直型の効果に重点を置いた審査がおこなわれたものが2件ある。2015年のKADOKAWAとドワンゴによる共同株式移転による持株会社設立，および2016年のヤフーによる一休の株式取得である[11]。

ドワンゴ（グループ会社を含む）はそのプラットフォームとしてniconicoと称するポータルサイトを運営し，動画や電子書籍等のコンテンツを提供していた。KADOKAWA（グループ会社を含む）も有料動画配信事業を営んでいたので，この市場では水平型の企業結合となる。ただし，両者のシェアを合算しても5％前後であり，セーフハーバー基準を満たすため，独占禁止法上の問題はないとされた。

このシェアは「視聴者を需要者とする役務範囲における市場シェア」とされているから，図12-1でいうCの側についてのものである。ただし，Sの側について考えても，利用（動画の配信回数またはファイルサイズ）でシェアを測る限り，コンテンツからの配信とユーザーの受信は一致するはずなので，同一シェアと考えられる。シェアを参加（プラットフォームへの動画提供者数，提供動画タイトル数等）で測ることも想定できるが，動画提供者は複数プラットフォームに提供することによりマルチホーミングが可能であり，実際にそうしている提供者が多いので，すべてのコンテンツ提供者数に占める当該プラットフォームへの提供者数の比率でシェアを測れば，すべてのプラットフォームのシェア合

---

11) 公正取引委員会「平成26年度における主要な企業結合事例」，平成27年6月10日（KADOKAWA・ドワンゴ）。同「平成27年度における主要な企業結合事例」，平成28年6月8日（ヤフー・一休）。以下，引用文はこれら資料からの引用である。

計は100%を超えることになり，意味がない。

　KADOKAWAはまた，動画コンテンツをniconicoその他のプラットフォームに提供していたから，KADOKAWAを川上（図でいうS），ドワンゴを川下（図でいうX）とする垂直型の結合でもある。垂直型の場合には，囲い込みあるいは閉鎖と呼ばれる行為により競争制限効果が生まれる可能性が問題となる。すなわち，KADOKAWAがドワンゴ以外のプラットフォームに動画の提供を拒否することによる投入物閉鎖（他の川下企業による投入物調達を困難にすることによる競争制限のおそれ），およびドワンゴがKADOKAWA以外からのコンテンツの調達を拒否することによる顧客閉鎖（他の川上企業による顧客確保を困難にすることによる競争制限のおそれ）である。

　しかし本件の場合，両者ともシェアは5%程度と小さいこともあって，他のプラットフォームに提供しないことのマイナス効果，他のコンテンツを調達しないことのマイナス効果の方が大きく，閉鎖行動をとるインセンティブはないと想定され，競争制限のおそれはないと判断された。

　マルチホーミングが可能な状況では，コンテンツ提供者にとって，特定のプラットフォームに限定することは不利で，むしろ多くのプラットフォームを通じて提供することがユーザーにその利用を訴求できること，また，プラットフォーム提供者にとっても，双方向市場における間接ネットワーク効果を考えれば，コンテンツを充実させることが多くのユーザーの勧誘に必要なこと，これら双方の競争戦略を考えれば，閉鎖行動をとるインセンティブはないとする判断は妥当なものであろう。

■ ヤフー・一休統合

　ヤフーと一休はともにオンライン旅行予約サービス（第11章で紹介したブッキングドットコムやエクスペディアなどの宿泊予約サービスを含む），オンライン飲食店予約サービスを営むため，プラットフォーム同士の水平型の結合が生じる。ただし，KADOKAWA・ドワンゴと同じく，シェア（「取扱高ベース」）は小さく，セーフハーバー基準を満たす。ここでもKADOKAWA・ドワンゴで述べたのと同じ理由で，公正取引委員会がいうように，「取扱高ベースの市場シェアは，2つの異なる役務範囲双方（CおよびS）における事業者の競争上の地位を示すものとして用いることができると考えられ」る（かっこ内は筆者付記）。

ヤフーはまたメタサーチ・サービス業を営む。これは複数のサイトを横断的に検索するサービスで，複数のオンライン旅行予約サービスやオンライン飲食店予約サービスをユーザーの検索結果に応じて表示することにより，ユーザーに情報提供するとともに，オンライン旅行予約サービス等には掲載するサービスを提供している（有償か無償かを問わない）。このため，この後者のサービスにおいて，ヤフーは川上，一休は川下の関係にある。

しかし，検索サービスには競争事業者も多く，一休以外のオンライン旅行予約サービス事業者等の情報を検索結果から除外するという投入物閉鎖行動をとれば，ユーザーにとっては魅力が薄れ，容易に他の検索プラットフォームに切り替えるであろう。よって，ヤフーに投入物閉鎖をおこなうインセンティブはなく，競争制限のおそれはないと考えられる。検索プラットフォームが双方向市場であり，間接ネットワーク効果があることを考えれば，この判断もまた妥当なものと思われる。

KADOKAWA・ドワンゴにせよ，ヤフー・一休にせよ，それぞれの市場でのシェアは限定的であり，そのほかに有力な競争事業者が存在した。このため，水平型結合による競争制限効果のおそれはなく，また投入物あるいは顧客の閉鎖行動をとるインセンティブもないものと判断された。今後，より有力なプラットフォーム事業者による企業結合案件が出てくるようになれば，水平型にせよ垂直型にせよ，双方向それぞれの市場について，そしてそれらの間での相互関係について，その競争への効果を十分に考察することが必要になるはずである。

5 新　聞

すでに述べたように，新聞や雑誌は，アナログ（紙）のものにせよデジタルのものにせよ，代表的な双方向市場プラットフォームであり，広告主には広告を販売し，読者には新聞や雑誌を販売する。

■ 間接ネットワーク効果の実証研究

新聞や雑誌について，間接ネットワーク効果が存在することを確認した実証

研究も複数存在する。例えばイタリアの4大新聞のデータを用いたアルジェンテシとフィリストルッチの実証研究 (Argentesi and Filistrucchi, 2007) は，価格を一定とすれば，新聞発行部数が多いほど広告量が増加するという正の外部性を確認している。広告量が読者の需要に与える効果については，プラスかマイナスかも一概にいえないことから，そうした外部性の存在はないものと仮定されている。さらに彼らは，推定された新聞と広告の需要関数を用い，それぞれの市場で競争的な場合（差別化ベルトラン均衡）と共謀した場合（結合利潤最大化）の解をシミュレーションし，新聞4社が広告販売については競争的に行動しているが，新聞販売については共謀していると仮定した場合のシミュレーション解が現実値に最も近いと結論している。イタリアでは1987年まで新聞価格について規制があったこともあり，規制が廃止された後も各社は競争的行動をとらなかったのではないかと筆者らはいう。また，広告については顧客ごとの価格交渉で値引きが起きやすいために価格の実態が把握しにくいのに対し，新聞価格は容易に観察できることも，広告販売では競争するが新聞販売では共謀するという実証結果をもたらしたのではないかと筆者らは推測している。

　日本における新聞についての同様の実証研究は筆者の知る限り存在しない。広告に関するデータの入手の困難性からである。しかし雑誌については，砂田と大橋による，475タイトル（および雑誌需要関数については都道府県別）のデータを用いた実証研究が存在する（砂田・大橋，2010）。その推定結果によれば，アルジェンテシらの推定結果と同様に，雑誌発行部数の広告需要への影響はプラスである一方で，広告量の雑誌需要への影響は統計的に非有意となっており，アルジェンテシらの外部性ゼロの仮定が誤っていないことを示唆している。砂田らも推定結果に基づいたシミュレーションをおこない，雑誌販売についても広告販売についても競争的とするモデルが最も現実値に当てはまるとの結果を得ている。この推定結果の差がイタリアと日本の違いによるものか，新聞と雑誌の違いによるものかは不明である。

　新聞については独占禁止法違反として問題になったケースが存在する[12]。いずれもいささか古い事件となったが，不当廉売に関わるものとして中部読売新聞事件，排除行為に関わるものとして北海道新聞事件について順に述べよう。

---

[12] 新聞や雑誌について日本では独占禁止法適用除外として再販売価格維持行為が容認されていることについては第10章4節で述べたので，ここでは繰り返さない。

■ 中部読売新聞事件

　中部読売新聞は，読売新聞（本社，東京）との業務提携の下で1975年に創刊され，東海3県（愛知，三重，岐阜）において月額購読料500円で販売された。公正取引委員会は，販売原価は低く見積もっても812円であるとして，不当廉売にあたるとし，東京高裁に対し，緊急停止命令を申し立てた。公正取引委員会は「被申立人（中部読売新聞）の右価格（500円）による販売が継続すると，東海3県における既存の新聞の顧客は，従前の新聞の購読をやめ，中部読売に切り替えるようになり，東海3県における新聞販売の公正な競争秩序が侵害されることは明らかで，公正取引委員会の通常の手続による排除措置の審決をまっては，右の侵害された競争秩序は回復不能であり，被申立人の販売を直ちに停止すべき緊急の必要性が存在する。」と論じた[13]。

　東京高裁はこの申立てを認め，不当廉売として不公正な取引方法にあたり，独占禁止法違反として，812円を下回る価格で販売してはならないと決定した。中部読売新聞は，紙面作成や広告販売につき読売新聞の支援を受けるため，原価はより低いことを主張したが，認められなかった。

　そこで，500円の価格は原価を下回る価格であることは事実であるものとして以下論じよう。また当時の競合紙の価格は1000〜1700円（大手か地方紙か，夕刊が含まれるか否か等により異なる。中部読売新聞は朝刊のみ）であったので，それを大きく下回っていたことも間違いがない。

　ただし重要な論点として検討を要するのは，中部読売新聞は新規参入者であったことである。読売新聞グループとして考えても，東海3県においては新規参入者であった。実際，東京高裁が認定したとおり，「東海3県においては，すでに中日，朝日，毎日その他の新聞が発行され，その普及度は世帯数に対し90％余に達して」いた。特に地元紙の中日新聞が大きなシェアを有していた[14]。

---

13) 東京高等裁判所決定（昭和50年（行ク）第5号），1975年4月30日。かっこ内は筆者付記。なお，中部読売新聞は最高裁に抗告したが却下されている（1975年7月17日）。

14) 当時のシェアは不明であるが，最近時点（2015年1月〜6月）でも中日新聞は39.16％（三重），46.27％（岐阜），50.42％（愛知）のシェアを持ち1位企業である。出所：読売新聞広告ガイド（http://adv.yomiuri.co.jp/yomiuri/download/PDF/circulation/national02.pdf）。

こうした市場構造の下で新規参入者がクリティカルマスを獲得するのは容易ではない。営業赤字から脱却するためには一定数の広告を獲得する必要があり、広告主を誘引するためには一定数の読者が要るという双方向市場特有の状況においては、一定期間の赤字を覚悟して読者を勧誘する必要がある。中部読売新聞の原価割れ販売はそのためにやむをえない行為であったとはいえないだろうか。しかも、一般の参入者に比べれば、中部読売新聞は、他地区での読売新聞の広告主に対し広告出稿の勧誘をしやすかったり、読売新聞の取材力を活用したり記事を共有したりすることにより、参入を成功させやすかったといえよう[15]。それでもなお参入は容易でなく、現在でも読売新聞（中部読売新聞より1988年に改名）は全国では1位なのに対し同地区では4位にとどまる[16]。

このように考えると、新規参入手段としての原価割れ販売を一概に禁止することは参入を抑制し、むしろ長期的に競争を阻害する可能性があるように思われる。特に双方向市場においては、クリティカルマス獲得の必要性から、そうした可能性は高い。確かに、参入者による不当廉売が既存企業の経営を困難にし、退出に追い込むことにより市場の独占化をもたらすという略奪的価格戦略のおそれは存在する。しかし、中日新聞のようにブランド、販売力、地元情報収集力などにおいて圧倒的な力を持つリーダー企業が存在したことを考えると、中部読売新聞が廉売により独占的地位を獲得していたであろうと予想することは現実的ではないように思われる。

判決は「疎明資料によると、被申立人が中部読売新聞を発行した後東海三県において競争関係にある中日、朝日、毎日その他の新聞の同地方の顧客が継続購読を中止して中部読売新聞に切替える者が続出していることが認められる。」とするが、「続出」の程度を示す数字は記されていない。既存紙（中日等）のいわば限界的な読者が半額以下の価格を提示され、新規参入した新聞にスイッチするのは驚くにあたらない。一方、コアな中日新聞等の読者はスイッチしないだろう。こうした読者層の異質性を考慮し、また、中部読売新聞の500円という価格がどれだけの期間続きえたかを推測し[17]、さらに双方向市場特有の影響

---

15) この点は、公正取引委員会が推定した値よりも実際の原価は低く、不当廉売にはあたらないとする中部読売新聞の主張の根拠となった。

16) 読売新聞のシェアは現在でも2.64%（岐阜）、2.76%（愛知）、7.12%（三重）に過ぎない。出所は注14に同じ。

第13章　双方向市場の競争政策　257

を考慮した上で，最終的な市場構造がどうなるかを経済分析し，それに基づいて判断することが必要であったと思われる。

■ 北海道新聞事件

一方，私的独占事件としては2000年同意審決が出された北海道新聞事件がある[18]。

北海道新聞社（以下「道新社」）は北海道地区の朝刊の総発行新聞の過半を占めており，函館地区においても，朝刊および夕刊の総発行部数の大部分を占めていた[19]。ここで夕刊紙の発行を目的とした新聞社設立の動きが1994年からあり，1995年11月函館新聞社設立，1997年1月より夕刊紙「函館新聞」発行に至った。これに対し，道新社は函館新聞社（以下「函新社」）の新規参入を困難にするため，以下の対抗策を講じた。

(1) 1994年，自ら使用する具体的計画がないにもかかわらず，「函館新聞」その他，函館地区の地方新聞が使用すると目される商標を特許庁に対し9件出願した。

(2) 時事通信社に対し，函新社からの配信要請に応じないよう暗に求め，同通信社から，先行契約者を優先する方針により既契約者である道新社の了解が得られない以上，函新社との配信契約には応じない旨の回答を得ていた。

(3) 函新社の広告集稿活動を困難にするため，夕刊本紙の別刷りとして地域情報版を発刊し，そこへの掲載広告については，函新社の広告集稿活動を困

---

17) 販売価格500円に対し原価は812円であったという公正取引委員会の主張が正しいのであれば，同価格が長期間にわたり不変のまま続くことはありえない。なお，第2節で述べたように，不当廉売とは「費用を著しく下回る対価で継続して供給すること」（傍点筆者）である。不当廉売GLは「『継続して』とは，相当期間にわたって繰り返して廉売を行い，又は廉売を行っている事業者の営業方針等から客観的にそれが予測されることであるが，毎日継続して行われることを必ずしも要しない。」（不当廉売GL，3，(1)，イ）とするのみなので，「相当期間」が何日あるいは何カ月にあたるのかは案件ごとにさまざまな状況を考慮に入れて判断することとなる。

18) 2005年の独占禁止法改正以前であり，いわゆる事前審判制度がとられ，審判の段階で被審人より同意の申出があり，それを公正取引委員会が適当と認めて同意審決に至ったものである。以下の引用は「㈱北海道新聞社に対する件」（平成10年（判）第2号）の審判開始決定書（平成10年3月6日）および審決（平成12年2月28日）による。

19) 最近時点では北海道新聞の北海道におけるシェアは38.57％である。出所は注14と同一。

難にさせる意図の下に，同社の広告集稿対象と目される中小事業者を対象とした大幅な割引広告料金等を設定し，実施した。

(4) 函新社のコマーシャル放映の申し込みに応じないようテレビ北海道に要請した。なお，テレビ北海道は道新社から出資を受け，その退職者などを自社の役員などとして受け入れるとともに，債務保証を受けるなど，道新社と密接な関係にあった。

「前記事実によれば，道新社は，函新社の参入を妨害しその事業活動を困難にする目的で講じた（中略）一連の行為によって，同社の事業活動を排除することにより，公共の利益に反して，函館地区における一般日刊新聞の発行分野における競争を実質的に制限しているものであり，これは（中略）私的独占に該当し，独占禁止法第3条の規定に違反するものである。」。そして，道新社はこれら一連の行為を取りやめ，また，函館地区の一般消費者に周知徹底させることなどを命じられた。

繰り返し述べているように，新聞は双方向市場であり，間接ネットワーク効果の存在により，プラットフォームが参入に成功するために必要なクリティカルマスを獲得することには通常の市場以上の困難性がある。中部読売新聞事件では，それゆえにこそ，新規参入者の参入手段としての原価割れ販売への不当廉売規制の適用に慎重であるべき旨を指摘したが，北海道新聞事件あるいは前出のDeNA事件のような支配的企業（支配的プラットフォーム）による排除行為に対しては，積極的な独占禁止法の適用が必要であるように思われる[20]。

6 クレジットカード[21]

クレジットカードは1958年に米国で始まったとされる（Evans, 2011）。2つ

---

[20] 公正取引委員会競争政策研究センター（CPRC）主催の第11回国際シンポジウムにおいて，ライスマン教授は双方向市場における排他的取引の米国での事例として新聞，ラジオ，ケーブルニュースに関わる3つの事例を紹介している。講演資料はCPRCホームページ参照。また，その概要は『公正取引』，No.765, 2014年7月, 33-42ページ，参照。

[21] 支払いに用いられるカード（ペイメントカード）としてはクレジットカード以外にデビットカード（支払分が直接銀行の預金口座から引き落とされるもの）やプリペイド

のタイプがあり，1つは旅行客やレストラン客を対象に，現金携帯のリスクと不便さを解消するための商業的サービスとして始まったもので，その代表はアメリカン・エキスプレス（Amex）やダイナース・クラブ（DC）である。Amex は現在世界シェア3位である。

　もう1つは銀行カードである。バンク・オブ・アメリカがその銀行利用者のために始めたものである。米国では当時銀行業務の州際規制があり，カリフォルニア州に本拠を置くバンク・オブ・アメリカは他州では業務ができなかったため，カードが他州でも使えるように，他州の銀行とフランチャイズ契約を結んだことにより，バンク・オブ・アメリカ・カードは米国中に広がっていった。これが1976年にビザカード（Visa）となるのである。バンク・オブ・アメリカ・カードに8年遅れて1966年にチェース・マンハッタン・バンクなどを中心とする銀行グループにより開始されたカードが後にマスターカード（MC）となり，Visa と MC は世界中に広がって，現在もシェア1位と2位を占める。

　銀行カードの市場構造が現在のようになったのには，米国反トラスト法の影響がある。当初，Visa は MC に加盟している銀行の加盟を認めなかったが，この理由で加盟を拒絶された銀行より反トラスト法違反訴訟を受けた。そこで Visa は司法省反トラスト局に反トラスト法に違反しないことの確認を求めたが，反トラスト局が確認を与えることを拒絶したため，Visa は銀行に MC との2重加盟を認めることに方針を変更し，次第に多くの銀行が Visa，MC の双方に加盟することとなった。

　しかしこの時点では，Visa，MC 以外である Amex その他との重複加盟を認めていなかったところ，反トラスト局は1998年にこれを反トラスト法違反として提訴した。裁判所はこれを認め，2004年最高裁判決で確定した[22]。これを受けて，銀行は自由に複数のクレジットカードを発行できるようになった。このこともあって，消費者は複数のクレジットカードを保有するのが普通である。よってマルチホーミングである。

　ライスマン（Rysman, 2007）の米国での詳細なデータを用いた実証分析によ

　　カード（前払いされた金額から引き落とされるもの）などがあり，これらを同一の市場と画定するか，別々の市場と画定するかは難しい問題であるが，以下ではこの点は議論せず，クレジットカードに限定する。
　22）　この事件については Pindyck（2014）が詳しい。

れば，1994～2001年に，1種類のカードしか保有しなかった消費者は36%に過ぎなかった。ただし，複数カードを保有する消費者も，90%以上の支払いは1つのカードでしていたのが普通であった。

以下では主として銀行カードを念頭に置いて，クレジットカードを議論する。

■ クレジットカード市場の仕組み

クレジットカード市場は，究極的には，カードを保有しそれによって支払いをする者（以下「カード保有者」という，代表的には消費者）とカードに加盟しカードでの支払いを受け付ける者（以下「カード加盟店」という，代表的には商店やサービス供給者）の双方向を持つ市場である。カード保有者が多いほど，カード支払いを受け付けることによって顧客を誘引できる。逆に，カード支払いを受け付ける商店が多いほど，消費者にとってカード保有の便益が大きい[23]。よって双方向にプラスの外部性，すなわち間接ネットワーク効果があるから，典型的な双方向市場といえる。

ところが，カード保有者にカードを発行するのはカード発行会社（英語でissuerなのでイシュアーとも記す）であり，カード加盟店に対応するのは加盟店管理会社（英語でacquirerというのでアクワイアラーとも記す）である。よってプラットフォームであるVisaやMCのようなネットワークは，イシュアーとアクワイアラーの双方向に対応しているともいえる。ただし，同一銀行あるいは同一カード会社がイシュアーでもありアクワイアラーでもあることもある。

この関係を表したのが図13-1である。カード保有者はイシュアーからカードの発行を受け，カード利用に対する代金を支払う。他方，カード加盟店はアクワイアラーから支払いを受ける。イシュアーはネットワークを通してアクワイアラーに支払う[24]。

図は支払いの流れも記している。カード保有者が価格pで加盟店から商品やサービスを購入したとしよう。イシュアーはカード保有者に，この価格にカー

---

[23] Rysman（2007）は，多くの商店で使える可能性が大きいカードほど消費者に選択されることを実証分析により明らかにしている。

[24] 非銀行系のAmex等のカードでは，自らカードを発行し，自ら加盟店に対応しているので，イシュアー・アクワイアラーの段階が存在しない。このため，以下で議論するインターチェンジ・フィー（IF）も存在しない。

図13-1 クレジットカードの仕組みと支払いの流れ

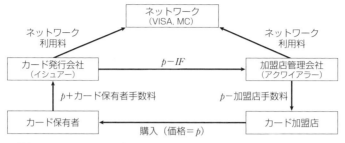

(注) IF = interchange fee（インターチェンジ・フィー）。
(出所) EC 競争当局プレスリリース（http://europa.eu/rapid/press-release_MEMO-14-138_en.htm）および Rochet and Tirole（2008），Figure 15.9 を参考に筆者作成。

ド保有者手数料を加えた金額を請求する。ただし，日本では，年会費等の固定額を別とすれば，カード保有者手数料はゼロのことが多い。一方，加盟店はアクワイアラーから p を受け取るが，この中より加盟店手数料を差し引かれる。日本では，これは最大で3％程度が普通といわれる。

代金回収にあたり，アクワイアラーからイシュアーに支払われるのがインターチェンジ・フィー（IF）である。このほか，イシュアーおよびアクワイアラーはネットワークに対し手数料（ネットワーク利用料）を支払う。もともと Visa や MC は非営利組織として仲介しただけであったが，2000 年代にいずれも株式会社に移行したため，これら手数料が彼らの収益源となっている。

■ インターチェンジ・フィーの経済分析

IF については，高すぎる，このためカードユーザーや消費者が不利益を被っているとの議論がなされることがある。これは正しいだろうか。

まずイシュアーを考えよう。ユーザーがイシュアーに払うカード保有者手数料は，年会費のような取引額に連動しない固定費用を別とすれば，多くの場合ゼロである。実際には，利用ごとにポイントが付くカードが多く，この場合には手数料は事実上マイナスである。このため，消費者がカードを利用することから得られるイシュアーの限界収入（当該カード利用からの追加的な収入，以下同様の意味で限界の語を用いる）は，価格 p を別とすれば IF のみであり，それから限界費用（ネットワーク利用料，その他管理費用，ポイントを付ける場合にはその費用）を引いたものが限界利潤である。イシュアー間で競争が十分におこなわれ

ていれば，この限界利潤がゼロになるはずである。このことは，仮にIFが引き上げられれば，競争圧力により，カード保有者手数料が引き下げられる（あるいはポイントが引き上げられる）はずであることを意味する。

次にアクワイアラーは，価格 p を別とすれば，取引ごとに加盟店手数料を受け取り，それから限界費用（IF，ネットワーク利用料，管理費用等）を引いたものが限界利潤である。すると，アクワイアラー間の競争があれば限界利潤はゼロになるはずなので，IFが引き上げられたときには，加盟店手数料も上がるはずである。さらに加盟店も十分に競争しており超過利潤ゼロであるならば，加盟店手数料の値上げはカード保有者または消費者全般に転嫁されざるをえない。すなわち，カードにより支払いをする顧客に手数料（サーチャージ）を要求するか，サーチャージが禁止されていれば，商品価格を上げざるをえない[25]。

よって，IFの増加は，消費者にとっては，一方ではカード保有者手数料の引下げとしてプラスであるものの，他方ではサーチャージあるいは商品価格そのものの引上げとなってマイナスであるから，消費者余剰の増加につながるか否かは一概にいえないことになる。逆にIFを低下させた場合にも，逆の形で消費者余剰への影響は一義的に明らかでない。

さらに，消費者には，カード保有者手数料が高ければカードを保有しない，あるいは，サーチャージが高いならカードを利用せず現金払いするという選択肢がある。その代わり，現金を持ち歩くことのコストやリスクが発生する。加盟店にも，加盟店手数料が高ければ，加盟せず現金客限りとして商売をするという選択肢があるが，このときには，十分な現金を所有していない客を逃すことによる損失を被るリスクがある。また，双方向市場における間接ネットワーク効果の結果として，加盟店の減少は，消費者に好みの商店でカードが使えなくなることによる効用の低下をもたらす。

あるいは，銀行間のイシュアーあるいはアクワイアラーとしての競争や加盟店間の競争が不十分であれば，IF変化による収益増は顧客に還元されず，こ

---

[25] 日本では，ネットワークと加盟店との間で結ばれる規約において，カードユーザーに対するサーチャージが禁止されている。ただし，ガソリン購入においてカードで支払わなければ現金価格が適用されて値引きされるなど，一部でサーチャージが事実上黙認されている場合があるようである。海外では，サーチャージが容認されている国があるが，実際にサーチャージを請求するかどうかは加盟店個々の判断による。

れら銀行や加盟店の利潤を増やすだけかもしれない。これらを考えると，社会的に最適な IF と手数料（カード保有者，加盟店）の組み合わせはさまざまな要因に依存し，一義的に結論できないことが理解されるであろう[26]。

■ IF 引下げ効果の実証分析

　実際に IF を規制により低下させた例がオーストラリアに存在する。2003 年に，オーストラリア中央銀行は，IF を約 0.95% から約 0.55% に下げるよう命じた。この結果，どのような影響が生じたかをエバンスらは次の5点にまとめている[27]。

(1) カード保有者のイシュアーへの支払いが増加した。その中心は年会費の増額であるが，ポイントの制限などもみられた。これによりイシュアーは IF の収入減の 30〜40% を回収した。

(2) 加盟店手数料は減少した。

(3) 商品販売価格（図での p）への有意な影響はない。

(4) カードによる支払額への有意な影響もない。

(5) 非銀行系カード（Amex, DC）のシェアがやや増加した。

　この最後の結果は，IF への規制が銀行系カード（Visa, MC 等）にのみ適用され，もともとアクワイアラー，イシュアー，その間での IF 支払いという構造を持たない Amex 等には適用されなかったことによる。このため，一部の消費者は年会費等が上がった銀行系カードを避け，非銀行系カードに代替する行動をとったとみられる。

　(2)と(3)を合わせて考えると，IF 減少のメリットの最大の受益者はカード加盟店の中心を占める小売業であることが示唆される。一方，その被害は(1)によればイシュアーとカード保有者で分担している。よって，IF 引下げにより消費者余剰はむしろ低下したとみられる。

---

26) こうした分析の代表がティロールやロシェによる一連の研究である。前章注2にあげた文献参照。また，より競争政策に焦点を当てた論文として Tirole (2011), Rochet (2009) 参照。

27) Evans (2011), Chapter 13 "The Effect of Regulatory Intervention in Two-Sided Markets" (Howard Chang and Daniel D. Garcia-Swartz との共著）。

■ EUにおける規制

以上の理論的考察およびオーストラリアでの経験を踏まえると，以下に引用するEC競争当局の議論はいささか単純に過ぎることが危惧される。

「銀行間のフィーは小売店の銀行（アクワイアラー）からカード保有者の銀行（イシュアー）に支払われるものである。このフィーは銀行により共同で決定され，小売店や消費者が競争によって影響を与えることはできない。小売店はこの負担を，通常，販売する商品・サービスの価格を上げることで顧客に転嫁するので，究極的には消費者が，銀行が小売店に課すこのフィーを払わされることになる。この結果，これらフィーの低減は商店だけではなく消費者をも益することになるであろう。」[28]。

ECは，この観点から，VisaおよびMCをたびたび問題にしており，例えば引用文の出所である2014年プレスリリースは，ヨーロッパVisaがIFの上限を0.3%にすることを確約し，EC当局がこれを妥当と認めたことを明らかにしている。また，2015年にはEU議会のクレジットカードに対する規制として，同じくIFの上限を0.3%にすることが決定されている[29]。なおECはこのほか，EU内で国境を越えた取引にかかるクロス・ボーダーIF（cross-border IF，アクワイアラーとイシュアーが異なる国の間でのIF）やEU外とEU内の間での取引に係る地域間IF（inter-regional IF）のような多国間IF（multilateral IF，略してMIF）が一国内での取引の場合より高いことをしばしば問題にしているが，これは競争政策上の問題というよりも，経済統合への障壁除外というEUに特有の問題意識に依るところが強いように思われる。

こうしたEUでの規制がどのような効果をもたらしたかの分析は筆者の知る限りまだなく，今後研究が進むことが期待されるが，EC当局が期待する商品価格低下効果が実際に起きるとしても，その反面として，カード保有コストが増加することがないかも調査する必要がある。すなわち，（おそらくはECが想定しているように），IF低下がイシュアーの超過利潤抑制をもたらすのみであれ

---

[28] ECプレスリリース "Antitrust: Commission makes Visa Europe's commitments to cut inter-bank fees and to facilitate cross-border competition legally binding," 26 February 2014 (IP/14/197)。筆者の意訳。

[29] Regulation (EU) 2015/751 of the European Parliament and of the Council of 29 April 2015 on Interchange Fees for Card-Based Payment Transactions (http://eur-lex.europa.eu/legal-content/EN/TXT/PDF/?uri=OJ:JOL_2015_123_R_0001&rid=1)。

ば消費者余剰は高まるであろうが，カード保有者手数料の増加（あるいはポイントの減少）や年会費の増加につながるのであれば，消費者余剰への影響は，商品価格低下効果とカード保有費用増加効果のバランスによることになる[30]。

　また，消費者の多様性により，カード保有者と商品購入者が必ずしも同じでないことにも留意する必要がある。カード支払いへのサーチャージが認められていないなら，IF 低下は，その利益をアクワイアラーや加盟店がすべて獲得してしまうのでない限り，EC が期待するように商品価格の低下をもたらすはずであるが，この恩恵はカードで支払わない消費者にも及ぶ。この結果，カードを保有し保有者手数料を払う消費者から保有しない消費者への所得再分配効果が生まれる可能性がある。

　このように，クレジットカードのような双方向市場では，消費者と加盟店が，またイシュアーとアクワイアラーが双方向に位置することによる相互効果があり，そのことを考慮に入れた分析なしでは政策効果を誤りなく予測することはできない。またクレジットカードのように図に示した循環的な価格効果があり，しかも消費者は商品購入者であるとともにカード保有者であり，銀行その他カード会社はイシュアーとしてもアクワイアラーとしても事業することがあるというような構造の下では，それらの多様性に基づく所得再分配効果も考慮する必要がある。

　イノベーション時代には独占禁止法を経済学的思考を生かしつつ運用することの重要性を本書では繰り返し説いてきたが，双方向市場ではこのことがよりいっそう重要であることを，クレジットカード市場の例は明らかにしている。

30）　なお日本では，小売業者等が複数のアクワイアラーと契約を結ぶマルチ・アクワイアリングが広くみられ，このためアクワイアラーとイシュアーが同一になる取引が多く，IF の影響は限定的という。

終 章

本書のまとめと残された問題

1 本書のまとめ

■ イノベーション時代の競争政策

　シュンペーターがほぼ100年前に喝破したように，資本主義における経済発展とは絶え間ないイノベーションによる競争と創造的破壊のプロセスである。イノベーションは身近な工夫から壮大な新発明まであらゆるものを含むが，コンピューター，ソフトウェア，インターネットなど情報通信技術（ICT）の近年の発展や，遺伝子情報の大量解析や操作を含むライフサイエンス，バイオテクノロジーの発展は，新たなビジネスモデルを輩出し，競争のあり方を，そしてそれゆえに競争政策のあり方を大きく変えている。

　こうしたイノベーション時代に競争政策は何ができるか，どうあるべきか，それを本書では考えてきた。もとより答えは簡単ではない。共同研究にせよ，特許の諸問題にせよ，プラットフォームの価格戦略等にせよ，いずれも社会的プラスの側面と社会的マイナスの側面があり，それらのバランスを考えつつ競争当局は対応を迫られる。この点で，価格カルテルや入札談合を代表とするハードコア・カルテルが社会的厚生の損失，いわゆるデッドウェイト・ロスを生むとして，法学者も経済学者も迷いがないのとは大きく異なる。また，今日の市場での資源配分という静学的な効果を考えるのみではなく，研究開発やその他の投資を通じての長期的・動学的な効果をも考えることが求められ，困難性と不確実性ははるかに大きなものとなる。しかも，既存の市場にとどまらず，新たな市場の出現をももたらすことがある。

こうした将来をすべて見通すことは，競争当局はもとより，どのような知識人・科学者をもってしても不可能である。よって，将来を予測して望ましい方向に企業活動や産業構造を誘導しようとするような，いわゆる産業政策的発想はダイナミックな発展を歪め，あるいは阻害することになりかねない。また，規制政策も，本来的に規制すべき行動を変えるのみならず，その他の企業行動をも束縛し，イノベーションへの芽を摘むことになりかねない。よって事前の規制，事前の誘導は，仮に静学的には社会的利益を生むとしても，動学的には創造的破壊を抑圧することによって発展の妨げとなるおそれがある。

よりリスクが少ないのは，産業の創意工夫に委ね，それが誤った行為あるいは社会的に弊害となる行為をもたらしたときに限定して問題解消の措置をとることだろう。これこそが競争政策である。よって，イノベーション時代の競争政策は単純ではなく，試行錯誤を繰り返すことになることは間違いないが，そうした中でより適切な政策対応，より弊害の少ない行動規制，より変化に即した制度設計を通じて，競争政策の進化をめざしていく必要がある。

■ 本書で議論したこと

こうした観点から，本書第1部では，独占禁止法の基礎を概説し（第1章），イノベーションと知的財産権に関わる基本を概説（第2章）した後，競争企業間の共同行為を含む共同研究に関する独占禁止法上の考え方を述べた（第3章）。

第2部では，知的財産権，主として特許に関わる諸問題として，最初に，リバース・ペイメント（RP）あるいは参入遅延のための支払い（pay-for-delay）について議論した（第4章）。RPは競争業者間の共食い（カンニバリゼーション）を避けるための企業行動としてどの産業でも起こりうるが，制度的特殊性や特許に係る産業特性のために医薬品産業で顕著である。一方，同様にどの産業でも起こりうるものの，ICT産業で最も頻発する問題としては，標準必須特許（SEP），パテントプール，拘束条件付きライセンス，パテントトロールがある（第5章〜第8章）。いずれにおいても，特許という財産権を利用した私的利益の追求が，競争を通じた静学的・動学的な社会的利益の追求との兼ね合いにおいてどれだけ許容されるべきかが問題となる。また技術革新が急速で不確実性も高い状況において，かつ必須特許の保有や特許の集積によって少数の事業者が支配的あるいは優越的な力を持ちやすい状況において，市場メカニズムがど

れだけ機能しうるか，それとも，十分に機能しないのであれば，経済的にも技術的にも限定的な予測能力しか持たないとはいえ，競争当局が介入することが望ましいのかが問題となる。そうした中で，日本をはじめとする各国の競争当局は模索しつつ事例を蓄積しつつあり，本書は，そうした事例や法制を紹介することによって，競争政策のあり方を考える助けとなることをめざした。

　第9章では，合併や資産譲受けなどの企業結合（M&A）につき，イノベーションと知的財産権の観点から議論した。企業結合審査においてもイノベーションや知的財産権への影響が問題となることがあり，関連して問題解消措置がとられることもある。また，特許のような無形資産の譲受けを企業結合の対象として審査する場合には，届出や審査において特有の問題がある。これらをどう考慮すべきか，事例や海外での経験を交えつつ論じた。

　第3部ではプラットフォームに関する問題に焦点を当てた。プラットフォーム自体は，物理的な意味での「場」が存在するか否かにかかわらず，事業者や消費者が経済活動のために交わる場を意味する。よって，人間の社会生活には常に存在するものであった。ところが，オンラインでのバーチャルな交流が広がるにつれ，検索サイト，ニュースサイト，価格比較サイト，ゲームサイト，ショッピングサイト，オークションサイト，そしてブログやソーシャル・ネットワーキング・サービスなど，多数の，しかもお互いに差別化されたプラットフォームが幅広く設立され，アクセスされ，それらを通じて情報交換や商取引もおこなわれるようになってきた。一方では，これらはネットワーク効果を持つことによって市場集中への動きを生み，他方では，新しい技術や仕組みの投入により参入や新市場の立ち上げが起きて，支配的企業への牽制が起きている。

　そうした中での企業の価格戦略にも新機軸が持ち込まれている。第10章で流通イノベーションについて概説した後，第11章ではMFNやAPPAをはじめとする価格対抗条項について議論したが，プラットフォーム間の価格比較がワンクリックで可能になった時代においては，店を回るという金銭的・時間的費用をかけて価格比較をした時代とは，価格競争のあり方や企業の価格戦略手法が変わっても不思議ではない。しかし，そうした価格戦略が競争を阻害する効果をもたらすのであれば，オフライン市場であれオンライン市場であれ，競争政策の役割は大きい。

　またプラットフォームはほぼ例外なく双方向あるいは多方向のプレイヤーと

接触しており，しかもそれらの間には間接ネットワーク効果などの外部効果が発生する。こうした市場での価格戦略については第 12 章で，競争政策については第 13 章で論じたが，重要なのは，新規参入者や新技術が既存事業者に阻まれることがないことである。そのために競争政策の役割は大きい。

このように本書では，イノベーション時代におけるさまざまな競争政策上の課題を議論してきた。日々刻々と変化が起きている中であり，また競争当局も模索しつつ対応をしている中での諸問題であるから，本書での議論も完成版ではありえない。新しい事件，新しい理論が生まれるにつれ，競争政策論も進化していかなければならない。その意味で，本書は，幸か不幸か，出版とともに陳腐化することを避けられない。それにもかかわらず，新しい状況の下での競争政策のあり方を考えるための基本的な枠組みとして，本書での議論が役に立つことを願うばかりである。

しかも，イノベーションに関わる競争政策上の課題は多彩であり，本書では十分に検討できなかった問題も多く存在するに違いない。最後に，そうした中からデータに関わる問題と，いわゆる破壊的イノベーションに関わる問題の 2 つを取り上げ，現時点での筆者の問題意識を述べることによって，本書を締めくくることとしよう。

2 | データと競争政策

最近広く注目を集めている問題としてデータと競争政策の関係がある。この問題については法学でも経済学でも研究の蓄積がなく，また政策問題としても，海外のいくつかの当局が関連事案の調査を始めたものの模索中であるというのが現実であり，十分な議論は筆者の手に余るが，問題となりうるいくつかのポイントをあげてみよう。

いうまでもなくデータは幅広い概念である。生産者が持つ生産に関わる情報も，消費者が商品・商店について持つ知識も，市場で成立する価格もデータである。その意味では競争政策に関係する経済事象・経済行動にはすべてデータが関わっており，古くからある問題でもある。しかしながら，近年の ICT の発展により膨大な情報の入手，交換，蓄積，検索，分析，統計的処理等が可能

終　章　本書のまとめと残された問題　271

になってきた。今や，検索エンジンに入力するだけで何万から何億に至る関連サイトが一瞬のうちにリストアップされる時代である。また，支払カードでの履歴をみれば，何万人から何億人に至る消費者が何時，どこで，何を買ったかを追跡できる時代である。ビッグデータの時代といわれるゆえんである。

　データがビッグであれスモールであれ，それらを保有するのは，1つには公共部門（戸籍情報，税務情報，統計情報等）であるが，多くは民間企業である。そしてデータの集積と専有が競争上の優位性を生み，あるいは競争の妨げとなり，不公正な取引をもたらすおそれがある。競争政策が必要となるのはこのためである。

　最初に，消費者保護の観点と競争政策の観点を分けて考えよう。プライバシー保護あるいは錯誤情報（不当表示など）からの保護は，基本的に消費者保護の問題である。不当表示の規制は 2009 年の消費者庁発足までは公正取引委員会が所管していた。また，世界的にも，米国 FTC をはじめとして，消費者保護と競争政策の双方を所管している組織は多い。競争促進も消費者利益のためという意識によるものである。よって消費者保護と競争政策を厳密に区分することはできないというべきであるが，前者には経済学的考察が貢献できる余地が少ないこともあり，以下では，データに関するプライバシー保護等の問題は取り上げないこととしよう。

■ データと市場集中

　競争政策の観点から第 1 に検討すべき問題は，データ集積に基づく規模の経済やネットワーク経済による支配的企業への集中は不可避か否かである。確かに，データ量が増えても費用は比例的に増えるわけではないだろう。端的にいえば，データセンターの構築には大きな費用がかかるが，固定費用の要素が強く，データ量が 2 倍になっても費用が 2 倍になるわけではない。この意味で規模の経済性がある。また，データの多いサイトほどユーザーにとって価値が高いというネットワーク効果も多くの場合に存在する。これらの効果は，トップ企業をいっそう有利にする方向に働きやすい。検索エンジンでグーグル社が支配的となり，電子商取引でアマゾン社が支配的となったのはこのためといえる。特にこれらの場合には双方向市場といえるため，この傾向が顕著になるのは第 12 章で述べたとおりである。

こうして生じた支配的地位は，競争の結果として獲得されたものということもでき，競争政策上直ちに問題があるとはいえない。むしろ，これら企業の先進性や絶え間ない顧客獲得努力によるものであるかもしれない[1]。それだけに，支配的地位にあるという理由だけで分割したり，その行動に制約を課したりすることは，非効率性を生むだけではなく，競争へのインセンティブとイノベーションへのインセンティブを損なうことになる。しかしながら，その支配的地位を悪用して競争相手を排除しようとしたり，参入を阻止しようとしたりすれば，排除行為として競争政策上問題になりうるのは，第13章で述べたとおりである。

　意図的に悪用したわけではなくても，支配的地位にある企業の影響力は大きい。「企業が支配的地位にあるとき，彼らはその地位を悪用せず，その優秀さによって競争する『特別の責任』を負う」とは英国競争市場庁（CMA）チーフ・エクゼクティブ（当時）のチズホルムら（Chisholm and Jung, 2015, p. 2, 筆者訳）の言葉である。こうした，支配的企業の社会的責任ともいうべき考え方は，筆者のみるところ，欧州で米国に比して強いように思われる。かつてはマイクロソフト社やインテル社が，最近ではグーグル社やアマゾン社が欧州当局により競争法の対象として調査されがちなのは，こうした考え方によるものであろう。

　支配的企業の存在は一般的には新規企業の参入を困難にする。その意味で，一見，競争制限効果を持つ可能性があるように考えられよう。しかし同時に，それにもかかわらず，より新しい技術やサービス，差別化されたサービスを提供することによる新規参入が活発に起きるのもこうした産業の特徴である。当初はニッチと思われた分野に参入した企業が生き延びてクリティカルマスを達成し，そのうち新技術を活用し，あるいは間接・直接のネットワーク効果を生かして，主要プレイヤーになっていたというケースがしばしば起きる。もちろんその陰に大多数の失敗があることは確かであるが，マイクロソフト社や米ヤフー社が現在のような苦境に立つことを誰が10年前に予測したであろうか。こうした，いわば変異と淘汰の進化論的プロセスは確かに存在するようである。そして，この進化論的プロセスが動学的な競争を促進してきた[2]。

1）アマゾン社がリーダー企業となった後も引き続き低価格戦略をとっていることは第11章で述べた。

このことを考えると，淘汰されずに生き延びて，さらに成長し支配的地位を得た企業に足かせをはめることは，参入と継続的革新へのインセンティブを損ないかねない。こうした静学的な市場支配と動学的競争との相克はイノベーションが重要な競争手段となる市場では常に起きる問題であるが，データ集積がインプットとしてもアウトプットとしても大きな役割を占める状況は，この問題をより顕著にしている。

■ データの内部補助

第2に検討すべき問題は，第1とも関連するが，ある事業活動Aを通じて取得したデータを他事業Bで用いることによりB事業における優位性を得ることを，競争政策上問題とすべきかどうかである。例えば，Bにおける競争者を排除することにより競争制限とみなすべきかどうか，Bにおける競争者に対しデータへのアクセスを制限すれば取引拒絶とみなすべきか，あるいは，データを利用したAとBの抱き合わせ販売とみなせる場合があるかなどである。これは基本的には内部補助金と共通するものである。内部補助金ではA事業で得た利益を利用してB事業での投資資金にしたり損失補填したりするので，上記行動はデータの内部補助ともいえるからである。

例えば検索サービスを提供している会社Xは消費者Zがこれまでに何を検索したかのデータを持っている。それによりZの関心や趣味を知り，職業を類推できるだろう。このため，Xが電子商取引サイトも運営していれば，Zの関心にあった商品をより適切に推奨することができるから，競合する電子商取引サイトより売上を増やすことができる。これは消費者に対する商品情報提供サービスの向上でもあるので，そのこと自体を問題にすべきではないと思われるが，同様のデータを持たない他の電子商取引サイトを不利にすることによってXの支配的地位を強めれば，競争阻害効果が発生するおそれがある。

同様にXが検索結果の画面上で自社電子商取引サイトを優先的に掲載すれば，他社は競争上不利になる。これはXの検索サービスを利用するとXの電子商取引サービスも推奨されることになるので，強制的ではないものの，抱き合わせ販売の色彩が強い。ECはグーグル社をたびたび問題にしているが，少

---

2) こうした進化論的経済学の考え方についてはNelson and Winter（1982），小田切（2010），第4章参照。

なくともその1つでは、こうした行動を支配的地位の濫用として問題視している[3]。ここにも、その検索サービスがほとんど社会インフラとなったグーグル社に対して社会的責任を求めるというスタンスがあるように、筆者には思われる。

■ データと企業結合

第3に、企業結合においてもデータ集積・データ利用が問題になりうる。合併する2社の持つデータが結合されることの影響が問題になるからである。一方では、こうした結合がより良いサービスや費用低減をもたらすことによる社会的プラスがありうるが、他方では、より支配的となり、競争者を排除したり、参入を阻害したりするおそれがある。これらの効果のバランスを競争当局が判断することはきわめて難しい。

データが外販されていれば、データに価格がつき、「データ市場」を考えることができるので、既存の分析手法を合併審査に適用できる可能性がある。小幅な価格上昇をすることが仮想的独占企業にとって有利かどうかを判断するというスニップ・テストも当てはめやすい。しかし、データが内部利用されるだけであるなら価格は存在せず、データ集積の市場への効果を数量化して考えることは難しい。

例えば、米フェイスブック社（Facebook、以下F社）によるワッツアップ社（WhatsApp、以下W社）買収に対するECの審査でも、データ集積の問題に対する分析は限定的である。F社はソーシャル・ネットワーキング・サービス（SNS）、コミュニケーション・サービス、写真・ビデオ共有サービス、およびオンライン広告を提供していた。一方、W社はコミュニケーション・サービスのみを提供していた。よってW社が他のサービスにも進出するのでない限り、両社が重複するのはコミュニケーション・サービスに限られる。この分野では両社は1位、2位を占めるとみられるが、ほかにも有力な事業者がいること、他サービスへの乗り換えは容易なことから、競争制限のおそれは少ないと判断され、2014年に承認されている。

本件では、両社ともデータを外販してはいないことから、データ市場として

---

3) ECのアルムニア前委員による確約案は取り下げられ、ヴェステアー現委員が正式審査を開始したが、本書執筆時点（2016年10月）では結論が出ていない。

画定し競争への影響を分析しているわけではない。ただし，W 社が得たデータを F 社がそのオンライン広告事業に利用することによりオンライン市場における F 社の地位が強化される可能性については検討している。

その結果，W 社が収集しているデータには年齢や性別などの広告事業に有用な情報が含まれていないこと，それらを W 社がユーザーに要求するようになれば，W 社のプライバシー保護政策を評価しているユーザーを失いかねないこと，また技術的にも両社のデータベースを結合することは容易ではないことをあげ，さらにデータ集積の観点からも，オンライン広告市場の観点からも，ほかに有力な事業者があることから，データ結合による F 社の市場支配力強化のおそれは小さいと判断している[4]。

なお F 社の 4 つの事業のうち写真・ビデオ共有サービスについては，2012年に買収したインスタグラム社（Instagram，以下 I 社）によるものである。I 社については，その買収後に広告提供を開始し，シナジー効果を生んだとされる。『週刊東洋経済』によれば，I 社は「4 億人まで広げたユーザーを相手に，今では収益化を進めている。フェイスブックとユーザーの個人データを連携し，インスタグラムで広告をみた人向けに同商品の別広告をフェイスブックで配信するといった仕掛けを投入。業績は未公表だが，『収益面での相乗効果は高まっている』とフェイスブック関係者は話す。」[5]。

よって，W 社についても買収後に広告サービスを開始する可能性があるが，EC は，広告サービスの導入は無広告ゆえに利用している W 社ユーザーの他社サービスへの乗り換えをもたらす可能性があるため，結合会社はそうしたインセンティブを持たないであろうと判断している[6]。

このようにインターネットやプラットフォーム関連の企業結合では，データの問題が付随し，企業結合審査にあたり多面的な評価が必要となる。しかも売

---

[4]　EC プレスリリースおよび決定書（2014 年 10 月 3 日）および武田（2015）参照。

[5]　「インスタグラムの流儀」，『週刊東洋経済』，2016 年 5 月 14 日，38～43 ページ，引用は 40 ページより。

[6]　日本では，公正取引委員会が，第 13 章 4 節で紹介したヤフー・一休統合に関連して，「ヤフーがインターネット広告業等の事業活動を通じて得た消費者の購買行動等に関する情報を利用することが可能となることにより，当事会社の事業能力が向上する可能性」を検討したが，ヤフーがそれまでにも垂直統合していたが有力な競争相手が複数存在していたこと，他の事業者も消費者の購買行動等に関する情報を得ることができるものと考えられることをあげ，競争制限のおそれはないとした。

買の場たる市場が存在しなかったり，価格がゼロやマイナスであったりすることもある。それだけに既存の審査手法をそのまま適用することはできないことが多く，ケースバイケースで審査の方法を工夫し，また多面的に評価していくことが求められる。しかも，すでに述べたように，市場支配力の抑制とダイナミックなイノベーションの維持の双方をめざす必要があるだけに，競争当局にとっての課題は大きい。

3　破壊的イノベーション

競争当局が参加する国際的な会議としてICNとOECD競争委員会がある[7]。これら会議において最近毎回のようにテーマとされているのが破壊的イノベーションに対する競争政策である。

イノベーションは革新的イノベーション（radical innovation）と漸進的あるいは改良型イノベーション（incremental innovation）に分けられることが多い。簡単にいえば，まったく新しい製品が発明されたり，ほとんどの消費者が新製品に切り替えるような画期的な新製品の導入が革新的イノベーションであり，バージョン・アップやモデルチェンジのような改良で，すべての消費者が切り替えるわけではない場合が改良型イノベーションである。

これに対し破壊的イノベーション（disruptive innovation）とは，単に新製品や新製法が導入されるにとどまらず，新ビジネスモデルも導入され，その結果，市場そのものを大きく変えるものをいう[8]。自動車でいえば，既存モデルの改

---

[7] ICN（International Competition Network）は国際競争ネットワークと訳されるが，世界の競争当局が参加するネットワークで，毎年1回総会が開かれる。政府関係者以外に弁護士，学者や企業法務担当者なども参加可能である。OECD（Organization for Economic Cooperation and Development）は経済協力開発機構と訳され，日本など34カ国がメンバーである。35の委員会からなっており，その1つが競争委員会で，毎年2～3回の会合が開かれる。原則として参加者は各国当局関係者のみで，議題により専門家が招かれる。OECDでの破壊的イノベーションについての議論については，例えば2016年6月の「法的サービスにおける破壊的イノベーション」ラウンドテーブル参照（http://www.oecd.org/daf/competition/disruptive-innovations-in-legal-services.htm）。

[8] OECD Competition Committee "Hearing on Disruptive Innovation: Issues Paper by the Secretariat," DAF/COMP（2015）3（http://www.oecd.org/daf/competition/

良は改良型イノベーション，ハイブリッド車や電気自動車の開発は革新的イノベーションであるのに対し，全自動運転車の開発は破壊的イノベーションであろう。全自動運転車が成功裡に開発されれば，運転手が不要になることによって世の中を大きく変え，ある種の産業を陳腐化あるいは消滅させ，逆に現在は存在しないような産業を興隆させる可能性をはらむからである。また，社会生活に大きく影響し，交通規制などのあり方も変化を迫られるに違いない。

　破壊的イノベーションとして競争政策の観点から今日大きな関心を呼んでいるのが，ウーバー（Uber）のような配車プラットフォームとエアービーアンドビー（Airbnb）のような民泊仲介プラットフォームである。これらは，個人所有物を共有（シェア）することを仲介するプラットフォームであるため，シェアリング・プラットフォームあるいはシェアリング・サービスと呼ばれるものの代表例でもある。

　ウーバーはタクシー，ハイヤー，レンタカーなど，またエアービーアンドビーはホテルや旅館など，いずれも既存の産業に決定的な影響を与えつつあり，その意味で破壊的イノベーションである。

■ 公正な競争環境の維持

　原則として，これらのイノベーションは消費者に新しい選択肢を与え，既存事業者に対し競争圧力をもたらす点で競争促進的であり，競争政策上は望ましい動きである。新規産業が勃興するとともに既存産業が衰退するのであれば，それは競争の結果であり，消費者選択の結果であるから，競争政策上問題にすべきものではない。それにより既存業者がおこなった投資が回収できなくなったとしてもである。

　ただし，新規事業者と既存事業者が同一条件で競争しているのではないと考えるべき理由があるときには，競争政策としても，公正な競争環境を整えるための施策が必要になる可能性がある。この点の認識が重要なのは，これら新しいシェアリング・プラットフォームの場合，その競争相手である既存事業者は安全や衛生，あるいは消費者保護などの観点から，既存の社会的な規制を受けていることが多いからである。タクシー事業，宿泊事業はその典型である。既

---

disruptive-innovations-and-competition.htm）．

存事業者は従業員の訓練，標識の掲示，ホテルフロントの設置，その他安全・衛生対応機器・施設の設置などの投資を求められ，また原則として利用拒否の禁止などの制約を課されている。これに対し新規事業者にはこれらの規制がないことが，既存事業者の費用を相対的に高くし，公正な競争に反する。

よって，競争環境の平等化を図るためには，既存事業者への規制を取り除くか，新規事業者にも規制を導入することが必要となる。規制が真に社会的に必要であれば，新規事業者をも規制の対象にすることが必要である。一方，規制がすでに社会的使命を終えているなど，現時点では不必要なものであれば，そうした規制は排除すべきである。多くの場合，実際の規制には，合理的理由と歴史的経緯のため両者が混在するから，規制内容を精査し，必要最小限のみ残した規制を既存事業者・新規事業者の差別なく適用した上で，市場競争に委ねるのが正しいあり方である。

そうした努力がなされる限り，本来的に社会的規制と競争政策は代替的なものではなくむしろ補完的である。よって，その適正な組み合わせを模索する努力を欠かしてはならない。

■ 最 後 に

以上，残された問題として，データ集積・利用に関わる問題と破壊的イノベーション，特にシェアリング・プラットフォームに関わる問題をあげたが，これらはおそらくは一部に過ぎず，ほかにも数多くの問題が競争政策上の論点として残っているに違いない。実際，現代のようなイノベーション時代には，新しい技術，新しいビジネスモデル，新しい組織形態が生み出され，市場を作り，市場を変えていく。それに伴い競争政策上の新たな課題が生まれていく。

法制上の変化は遅れ気味となるが，経済学的な考え方を随時応用することによって評価しつつ，法律を適用し，あるいは改めるべき法律の方向を探っていくことが望まれる。法と経済の理解の上に立って「イノベーション時代の競争政策」を理解し実施していくことが今こそ欠かせない。

参 考 文 献

■ 略称・出所

以下の略称で記したディスカッション・ペーパーや報告書等はかっこ内に記したサイトよりアクセスできる。なお，これらサイトや本文および脚注で出所として記したサイトへは，特に記されていない限り，2016 年 7～8 月にアクセスを確認している。

CPRC　　公正取引委員会競争政策研究センター（http://www.jftc.go.jp/cprc/）
NBER　　National Bureau of Economic Research（http://www.nber.org）
NISTEP　文部科学省科学技術政策研究所（2013 年からは科学技術・学術政策研究所）（http://www.nistep.go.jp/）
SSRN　　Social Science Research Network（http://www.ssrn.com/en/）

池田毅（2014）「直接の連絡によらない『非典型カルテル』の近時の発展と求められる競争法コンプライアンス――ハブ・アンド・スポーク（hub-and-spoke）とシグナリング（signaling）を中心に」，『NBL』，No. 1039, 12 月 1 日，36-45。

池田毅（2015）「販売価格の拘束および最恵国待遇（MFN）を行っていたオンラインホテル予約サイト等に対してなされた確約決定（Commitment Decision）が司法審査により取り消された事例」，『公正取引』，No. 782, 12 月，78-89。

伊地知寛博・岩佐朋子・小田切宏之・計良秀美・古賀款久・後藤晃・俵裕治・永田晃也・平野千博（2004）「全国イノベーション調査統計報告」，NISTEP 調査資料　No. 110。

伊地知寛博・小田切宏之（2006）「全国イノベーション調査による医薬品産業の比較分析」，NISTEP Discussion Paper No. 43。

江藤学（2010）「標準化活動から競争政策に期待するもの――ものづくり日本を維持できる正しい競争環境を」，『公正取引』，No. 720, 10 月，21-26。

大橋弘・泉克幸・田中辰雄・上田昌史・山田弘・田邊貴紀・塩友樹・山崎和久・柳田千春（2013）「電子書籍市場の動向について」，CPRC 共同研究報告書　CR 01-13。

小田切宏之（2001）『新しい産業組織論――理論・実証・政策』，有斐閣（2013 年補訂）。

小田切宏之（2006）『バイオテクノロジーの経済学――「越境するバイオ」のための制度と戦略』，東洋経済新報社。

小田切宏之（2008）『競争政策論――独占禁止法とともに学ぶ産業組織論』，日本評論社。

小田切宏之（2010）『企業経済学　第 2 版』，東洋経済新報社。

小田切宏之（2011a）「『知的財産権，経済発展とキャッチアップ』研究プロジェクトからの教訓」，『知的財産法政策学研究』（北海道大学），第 33 号，1-21。

小田切宏之（2011b）「特許法と競争法の微妙な関係に関する若干の考察」,『日本経済法学会年報』, 第 32 号（通巻 54 号）, 76-92。

小田切宏之（2013）「知的財産権, 経済発展とキャッチアップ」, 日本工業所有権法学会編『イノベーションと特許政策』, 日本工業所有権法学会年報, 第 36 号, 79-99。

小田切宏之・後藤晃（1998）『日本の企業進化――革新と競争のダイナミック・プロセス』, 東洋経済新報社。

小田切宏之・林秀弥（2009）「企業結合における問題解消措置―― JAL・JAS 統合事件」, 岡田羊祐・林秀弥編『独占禁止法の経済学――審判決の事例分析』, 東京大学出版会, 71-93。

小田切宏之・武田邦宣・土井教之・齋藤卓爾・荒井弘毅・工藤恭嗣・柳田千春（2011）「企業結合の事後評価――経済分析の競争政策への活用」, CPRC 共同研究報告書 CR04-11。

小畑徳彦（2010）「ランバスの特許待伏せ事件に対する欧州委員会決定」,『公正取引』, No. 719, 9 月, 36-41。

小畑徳彦（2013）「電子書籍の価格決定に係るアップルと大手出版社 5 社の共同行為――2012 年 9 月 6 日司法省と出版 3 社に対する同意判決」,『公正取引』, No. 751, 5 月, 71-77。

加藤幹之, ジェームズ・ケリー, ニコラス・ギブソン, 平野竜男（2012）「知識社会の新ビジネスモデル――インテレクチュアル・ベンチャーズ」,『知財研フォーラム』, 88 号。(http://www.intellectualventures.com/assets_docs/IIP_Winter_Edition_No._88_Intellectual_Ventures.pdf)

川濵昇・柳川隆・林秀弥・諏訪園貞明・瀬戸英三郎（2012）「再販売価格維持行為の法と経済学」, CPRC 共同研究報告書 CR 09-11。

菅久修一・品川武・伊永大輔・原田郁（2015）『独占禁止法 第 2 版』, 商事法務。

砂田充・大橋弘（2010）「双方向市場の経済分析」, CPRC 共同研究報告書 CR 02-10。

泉水文雄・宮井雅明・齊藤高広・井畑陽平・遠藤光（2015）「非ハードコアカルテルの違法性評価の在り方」, CPRC 共同研究報告書 CR 02-15。

武田邦宣（2015）「デジタルプラットフォームの市場支配力分析―― SNS 事業者とコミュニケーションアプリ事業者の統合事例」,『公正取引』, No. 779, 9 月, 19-30。

田辺治・深町正徳（2014）『企業結合ガイドライン』, 商事法務。

田村善之（2011～2015）「変化するイノヴェイションのための特許制度の muddling through」, (1) ～ (4),『知的財産法政策学研究』（北海道大学）, 第 35 号（2011）, 27-50, 第 36 号（2011）153-179, 第 39 号（2012）, 293-315, 第 46 号（2015）, 269-292。

鄭建韓（Cheng, Thomas K）・和久井理子（2015）「中国国家発展改革委員会によるクアルコムに対する独禁法違反の認定と制裁金支払等の命令――批判的検討」,『公正

取引』，No. 780，10 月，6-18。

知的財産研究所 (2009)「産業の発達を阻害する可能性のある権利行使への対応策に関する調査研究報告書」，平成 20 年度特許庁産業財産権制度問題調査研究報告書。

寺西直子 (2015a)「欧州競争ネットワーク (ECN) における執行協力」，『公正取引』，No. 782，12 月，28-33。

寺西直子 (2015b)「海外注目事例からみえてくる競争法実務の着眼点 第 3 回 米国――電子書籍の出版社と小売業者の共謀による価格引上げ」，『NBL』，No. 1050，5 月 15 日，55-61。

土井教之・武田邦宣・伊藤隆史・荒井弘毅・工藤恭嗣・小野香都子・瀬戸口丈博 (2015)「医薬品市場における競争と研究開発インセンティブ――ジェネリック医薬品の参入が市場に与えた影響の検証を通じて」，CPRC 共同研究報告書 CR 01-15。

中村徹 (1982)「メトクロプラミド製造業者らの特許権濫用事件」，『公正取引』，No. 381，7 月，27-31。

長岡貞男 (2002)「技術標準への企業間協力――パテント・プールの経済学」，『組織科学』，第 35 巻 3 号，35-48。

西村暢史・西川康一・猪又健夫・西村元宏・森貴・後藤大樹・古田智裕 (2012)「標準化活動におけるホールドアップ問題への対応と競争法」，CPRC 共同研究報告書 CR 03-12。

稗貫俊文 (1990)「知的財産権と私的独占」，『北大法学論集』，40 (5-6 上)，233-270。

松島法明・荒井弘毅・石橋郁雄・泉水文雄 (2010)「マイクロソフトによる非係争条項の効果――垂直的関係の技術開発のインセンティブの研究」，CPRC 共同研究報告書 CR 01-10。

鞠山尚子 (2014)「リバースペイメントによる和解に簡略化された合理の原則を適用するとした米国控訴裁判決―― In re: K-Dur Antitrust Litigation」，『公正取引』，No. 762，4 月，68-73。

八木崇・大久保昌美 (2013)「医薬品開発の期間と費用――アンケートによる実態調査」，日本製薬工業協会医薬産業政策研究所リサーチペーパー，No. 59。

山部俊文 (2015)「施主代行者による支配型私的独占――福井県経済連事件」，『ジュリスト』，No. 1481，6 月，74-77。

Aghion, Philippe; Bloom, Nick; Blundell, Richard; Griffith, Rachel; and Howitt, Peter (2005) "Competition and Innovation: An Inverted-U Relationship," *Quarterly Journal of Economics*, 120, 701-728.

Aghion, Philippe and Griffith, Rachel (2005) *Competition and Growth: Reconciling Theory and Evidence*, The MIT Press.

Aitken, Murray L.; Berndt, Ernst R.; Bosworth, Barry; Cockburn, Iain M.; Frank, Richard; Kleinrock, Michael; and Shapiro, Bradley T. (2013) "The Regulation of Prescription Drug Competition and Market Responses: Patterns in Prices and Sales Following Loss of Exclusivity," NBER Working Paper, No. 19487.

Akman, Pinar (2015) "A Competition Law Assessment of Platform Most-Favoured-Customer Clauses," CCP Working Paper 15-12, Centre for Competition Policy, University of East Anglia.

Argentesi, Elena and Filistrucchi, Lapo (2007) "Estimating Market Power in a Two-Sided Market: The Case of Newspapers," *Journal of Applied Econometrics*, 22, 1247-1266.

Armstrong, Mark (2006) "Competition in Two-Sided Markets," *RAND Journal of Economics*, 37, 668-691.

Arora, Ashish; Fosfuri, Andrea; and Gambardella, Alfonso (2001) *Markets for Technology*, The MIT Press.

Arrow, Kenneth J. (1962) "Economic Welfare and the Allocation of Resources for Invention," in Richard R. Nelson [ed.] *The Rate and Direction of Inventive Activity : Economic and Social Fators*, Princeton University Press, 609-626.

Baker, Jonathan B. and Chevalier, Judith A. (2013) "The Competitive Consequences of Most-Favored-Nation Provisions," *Antitrust*, 27 (2), Spring, 20-26. Also SSRN, id 2251165

Baron, Justus and Delcamp, Henry (2015) "The Strategies of Patent Introduction into Patent Pools," *Economics of Innovation and New Technology*, 24, 776-800.

Baumol, William J.; Panzar, John C.; and Willig, Robert D. (1982) *Contestable Markets and the Theory of Industry Structure*, Harcourt Brace Jovanovich.

Bekkers, Rudi and Updegrove, Andrew (2012) "A Study of IPR Policies and Practices of a Representative Group of Standards Setting Organizations Worldwide," in *Patent Challenges for Standard-Setting in the Global Economy*, Commissioned by U.S. National Academy of Sciences. (http://sites.nationalacademies.org/cs/groups/pgasite/documents/webpage/pga_072197.pdf)

Berndt, Ernst R. and Aitken, Murray L. (2011) "Brand Loyalty, Generic Entry and Price Competition in Pharmaceuticals in the Quarter Century after the 1984 Waxman-Hatch Legislation," *International Journal of the Economics of Business*, 18, 177-201.

Bessen, James; Ford, Jennifer; and Meurer, Michael J. (2011) "The Private and Social Costs of Patent Trolls," *Regulation*, Winter 2011-2012, 26-35.

Bessen, James and Meurer, Michael J. (2008) *Patent Failure*. Princeton University Press.

Bessen, James and Meurer, Michael J. (2014) "The Direct Costs from NPE Disputes,"

Cornell Law Review, 99, 387-424.

Biddle, Brad; White, Andrew; and Woods, Sean (2010) "How Many Standards in a Laptop? (And Other Empirical Questions)," SSRN, id 1619440.

Bigelow, John P. and Willig, Robert D. (2014) "'Reverse Payments' in Settlements of Patent Litigation: Split Opinions on Schering-Plough's K-Dur," in John E. Kwoka, Jr. and Lawrence J. White [eds.] *The Antitrust Revolution: Economics, Competition, and Policy*, 6th edition, Oxford University Press, 213-245.

Boldrin, Michele and Levine, David K. (2008) *Against Intellectual Monopoly*, Cambridge University Press. (ボルドリン＝レヴァイン著, 山形浩生・守岡桜訳『〈反〉知的独占――特許と著作権の経済学』, NTT 出版, 2010)

Bronnenberg, Bart J. and Ellickson, Paul B. (2015) "Adolescence and the Path to Maturity in Global Retail," *Journal of Economic Perspectives*, 29, 113-134.

Burk, Dan L. and Lemley, Mark A. (2009) *The Patent Crisis and How the Courts Can Solve It*. The University of Chicago Press.

Carlton, Dennis W.; Flyer, Frederick A.; and Shefi, Yoad (2016) "A Critical Evaluation of the FTC's Theory of Product Hopping as a Way to Promote Competition," SSRN, id 2808822.

Chesbrough, Henry W. (2003) *Open Innovation: The New Imperative for Creating and Profiting from Technology*, Harvard Business School Press. (チェスブロウ著, 大前恵一朗訳『オープンイノベーション――ハーバード流イノベーション戦略のすべて』, 産能大出版部, 2004)

Chien, Colleen (2014) "Startups and Patent Trolls," *Stanford Technology Law Review*, 17, 461-505.

Chisholm, Alex and Jung, Nelson (2015) "Platform Regulation—Ex-ante versus Ex-post Intervention: Evolving Our Antitrust Tools and Practices to Meet the Challenges," *Competition Policy International*, 11 (1), Spring/Autumn, 1-12.

Cohen, Lauren; Gurun, Umit; and Kominers, Scott Duke (2014) "Patent Trolls: Evidence from Targeted Firms," NBER Working Paper, No. 20322.

Cohen, Wesley M.; Nelson, Richard R.; and Walsh, John P. (2000) "Protecting Their Intellectual Assets: Appropriability Conditions and Why U.S. Manufacturing Firms Patent (or Not)," NBER Working Paper, No. 7552.

De los Santos, Babur and Wildenbeest, Matthijs R. (2014) "E-Book Pricing and Vertical Restraints," NET Institute Working Paper No. 14-18. Also SSRN, id 2506509.

den Uijl, Simon; Bekkers, Rudi; and de Vries, Henk J. (2013) "Managing Intellectual Property Using Patent Pools: Lessons from Three Generations of Pools in the Optical Disk Industry," *California Management Review*, 55, 31-50.

Drake, Keith M.; Starr, Martha A.; and McGuire, Thomas (2014) "Do 'Reverse Payment' Settlements of Brand-Generic Patent Disputes in the Pharmaceutical Industry Constitute an Anticompetitive Pay for Delay?" NBER Working Paper, No. 20292.

Edlin, A; Hemphill, S; Hovenkamp, H.; and Shapiro, C. (2013) "Activating *Actavis*," *Antitrust*, 28 (1), Fall, 16–23.

Elzinga, Kenneth G. and Mills, David E. (2014) "Resale Price Maintenance Wins a Reprieve: Leegin v. PSKS (2007)" in John E. Kwoka, Jr. and Lawrence J. White [eds.] *The Antitrust Revolution: Economics, Competition, and Policy*, 6th edition, Oxford University Press, 435–457.

European Commission (EC) (2014) "Patents and Standards." (http://ec.europa.eu/enterprise/policies/industrial-competitiveness/industrial-policy/intellectual-property-rights/patents-standards/index_en.htm)

Evans, David S. (2011) "Platform Economics: Essays on Multi-Sided Businesses," *Competition Policy International*. Also SSRN, id 1974020

Evans, David S. and Schmalensee, Richard (2015) "The Antitrust Analysis of Multi-Sided Platform Businesses," in Roger Blair and Daniel Sokol [eds.] *Oxford Handbook on International Antitrust Economics*, Volume 1, Oxford University Press, 404–447. Also SSRN, id 2185373.

Ewing, Tom (2012) "Indirect Exploitation of Intellectual Property Rights by Corporations and Investors: IP Privateering and Modern Letters of Marquee and Reprisal," *Hastings Science & Technology Law Journal*, 4, 1–108.

Ewing, Tom and Feldman, Robin (2012) "The Giants among Us," *Stanford Technology Law Review*, 1, 1–61.

Feldman, Fobin and Frondorf, Evan (2015) "Drug Wars: A New Generation of Generic Pharmaceutical Delay," SSRN, id 2659308. Forthcoming in *Harvard Journal on Legislation*, 53, 2016.

Feldman, Robin and Lemley, Mark A. (2015) "Do Patent Licensing Mean Innovation?" Stanford Law School Working Paper Series No. 473. Also SSRN, id 2565292.

Feldman, Robin and Price, W. Nicholson, II (2014) "Patent Trolling: Why Bio & Pharmaceuticals Are at Risk," *Stanford Technology Law Review*, 17, 773–808.

Galasso, Alberto and Schankerman, Mark (2010) "Patent Thickets, Courts, and the Market for Innovation," *RAND Journal of Economics*, 41, 472–503.

Gilbert, Richard J. (2004) "Antitrust for Patent Pools: A Century of Policy Evaluation," *Stanford Technology Law Review*, 3.

Gilbert, Richard J. (2006) "Looking for Mr. Schumpeter: Where Are We in the Competition-Innovation Debate?" in Adam B. Jaffe, Josh Lerner and Scott Stern [eds.] *Innovation Policy and the Economy*, Volume 6, The MIT Press, 159-215. Also available at: www.nber.org/chapters/c0208

Gilbert, Richard J. (2011) "Deal or No Deal? Licensing Negotiations in Standard-Setting Organizations," *Antitrust Law Journal*, 77, 855-888.

Gilbert, Richard J. (2015a) "Competition Policy for Industry Standards," in Roger D. Blair and D. Daniel Sokol [eds.] *Oxford Handbook on International Antitrust Economics*, Volume II, Oxford University Press, 554-585.

Gilbert, Richard J. (2015b) "E-books: A Tale of Digital Disruption," *Journal of Economic Perspectives*, 29, 165-184

Gilbert, Richard J. (2015c) "Not Another Drug!: Antitrust for Drug and Other Innovations," *Antitrust*, 30 (1), 38-45.

Goodman, David J. and Myers, Robert A. (2005) "3G Cellular Standards and Patents," *IEEE WirelessCom*, June 13.

Graham, Stuart and Vishnubhakat, Saurabh (2013) "Of Smart Phone Wars and Software Patents," *Journal of Economic Perspectives*, 27, 67-86.

Hagiu, Andrei and Yoffie, David B. (2013) "The New Patent Intermediaries: Platforms, Defensive Aggregators, and Super-Aggregators," *Journal of Economic Perspectives*, 27, 45-66.

Harris, Barry C.; Murphy, Kevin M.; Willig, Robert D.; and Wright, Matthew B. (2014) "Activating *Actavis*: A More Compete Story," *Antitrust*, 28, Spring, 83-89.

Heller, Michael A. and Eisenberg, Rebecca S. (1998) "Can Patents Deter Innovation?: The Anticommons in Biomedical Research," *Science*, 280, 698-701.

Hollenbeck, Brett (2015) "Horizontal Mergers and Innovation in Concentrated Industries," SSRN id 2621842

Hviid, Morten (2015) "Vertical Agreements between Suppliers and Retailers That Specify a Relative Price Relationship between Competing Products or Competing Retailers," Paper presented at the OECD Competition Committee meeting. (http://www.oecd.org/officialdocuments/publicdisplaydocumentpdf/?cote=DAF/COMP (2015) 6&doclanguage=en)

Isaacson, Walter (2011) *Steve Jobs: The Biography*, Simon & Schuster.（アイザックソン著，井口耕二訳『スティーブ・ジョブズ』，講談社，2011）

Jaffe, Adam B. and Lerner, Josh (2004) *Innovation and Its Discontents: How Our Broken Patent System Is Endangering Inovation and Progress, and What to Do about It*, Princeton University Press.

Jeruss, Sara; Feldman, Robin; and Walker Joshua (2012) "The America Invents Act

500: Effects of Patent Monetization Entities on US Litigation," *Duke Law & Technology Review*, 11, 357–389.

Joshi, Amol M. and Nerkar, Atul (2011) "When Do Strategic Alliances Inhibit Innovation by Firms?: Evidence from Patent Pools in the Global Optical Disk Industry," *Strategic Management Journal*, 32, 1139–1160.

Kim, Yoonhee and Yang, Hui-Jin (2015) "A Brief Overview of *Qualcomm* v. *Korea Fair Trade Commission*," *CPI Antitrust Chronicle*, March 2015, 1–8.

Kobayashi, Bruce H.; Wright, Joshua D.; Ginsburg, Douglas H.; and Tsai, Joanna (2014) "*Actavis* and Multiple ANDA Entrants: Beyond the Temporary Duopoly," *Antitrust*, 29 (2), 89–97. Also SSRN, id 2508094.

Lamoreaux, Naomi R. and Sokoloff, Kenneth L. (2003) "Intermediaries in the U.S. Market for Technology, 1870–1920," in Stanley L. Engerman, Philip T. Hoffman, Jean-Laurent Rosenthal, and Kenneth L. Sokoloff [eds.] *Finance, Intermediaries, and Economic Development*, Cambridge University Press, 209–246.

LEAR (Laboratorio di Economia, Antitrust, Regolamentazione) (2012) "Can 'Fair' Prices Be Unfair?: A Review of Price Relationship Agreements," A report prepared for the Office of Fair Trading.

Lee, Robin S. (2013) "Vertical Integration and Exclusivity in Platform and Two-Sided Markets," *American Economic Review*, 103, 2960–3000.

Lemley, Mark and Melamed, A. Douglas (2013) "Missing the Forest for the Trolls," *Columbia Law Review*, 113, 2117–2189

Lemley, Mark A. and Shapiro, Carl (2007) "Patent Holdup and Royalty Stacking," *Texas Law Review*, 85, 1991–2049.

Lemley, Mark A. and Shapiro, Carl (2013) "A Simple Approach to Setting Reasonable Royalties for Standard-Essential Patents," *Berkeley Technology Law Journal*, 28, 1135–1166.

Lerner, Josh; Strojwas, Marcin; and Tirole, Jean (2007) "The Design of Patent Pools: The Determinants of Licensing Rules," *RAND Journal of Economics*, 38, 610–625.

Lerner, Josh and Tirole, Jean (2004) "Efficient Patent Pools," *American Economic Review*, 94, 691–711.

Lerner, Josh and Tirole, Jean (2008) "Public Policy toward Patent Pool," in Adam Jaffe, Josh Lerner, and Scott Stern [eds.] *Innovation Policy and the Economy*, Volume 8, The University of Chicago Press, 157–186.

Merges, Robert P. and Nelson, Richard R. (1990) "On the Complex Economics of Patent Scope," *Columbia Law Review*, 90, 839–916.

Miller, Shawn P. (2014) "'Fuzzy' Software Patent Boundaries and High Claim Construction Reversal Rates," *Stanford Technology Law Review*, 17, 809–841.

Murray, Fiona; Aghion, Philippe; Dewatripont, Mathias; Kolev, Julian; and Stern, Scott (2009) "Of Mice and Academics: Examining the Effect of Openness on Innovation," NBER Working Paper, No. 14819.

Murray, Fiona and Stern, Scott (2005) "Do Formal Intellectual Property Rights Hinder the Free Flow of Scientific Knowledge?: An Empirical Test of the Anti-Commons Hypothesis," NBER Working Paper, No. 11465.

Navarro Varona, Edurne and Hernández Canales, Aarón (2015) "Online Hotel Booking," *CPI Antitrust Chronicle*, May (1), 1–6.

Nelson, Richard R. and Winter, Sidney G. (1982) *An Evolutionary Theory of Economic Change*, Belknap Press. (ネルソン=ウインター著,後藤晃・角南篤・田中辰雄訳『経済変動の進化理論』,慶應義塾大学出版会,2007)

Odagiri, Hiroyuki; Goto, Akira; Sunami, Atsushi; and Richard R. Nelson [eds.] (2010) *Intellectual Property Rights, Development, and Catch-Up: An International Comparative Study*, Oxford University Press.

Odagiri, Hiroyuki; Nakamura, Yoshiaki; and Shibuya, Minoru (1997) "Research Consortium as a Vehicle for Basic Research: The Case of a Fifth Generation Computer Project in Japan," *Research Policy*, 26, 191–207.

Pindyck, Robert S. (2014) "Governance, Issuance Restrictions, and Competition in Payment Card Networks: U.S. v. Visa and MasterCard," in John E. Kwoka, Jr. and Lawrence J. White [eds.] *The Antitrust Revolution: Economics, Competition, and Policy*, 6th edition, Oxford University Press, 602–626.

Reimers, Imke and Waldfogel, Joel (2014) "Throwing the Books at Them: Amazon's Puzzling Long Run Pricing Strategy," SSRN, id 2442747.

Rochet, Jean-Charles (2009) "Interchange Fees in Payment Card Systems: Price Remedies in a Two-Sided Market," in Bruce Lyons [ed.] *Cases in European Competition Policy*, Cambridge University Press, 179–191.

Rochet, Jean-Charles and Tirole, Jean (2002) "Cooperation among Competitors: Some Economics of Payment Card Associations," *RAND Journal of Economics*, 33, 549–570.

Rochet, Jean-Charles and Tirole, Jean (2003) "Platform Competition in Two-Sided Markets," *Journal of the European Economic Association*, 1, 990–1029.

Rochet, Jean-Charles and Tirole, Jean (2006) "Two-Sided Markets: A Progress Report," *RAND Journal of Economics*, 37, 645–667.

Rochet, Jean-Charles and Tirole, Jean (2008) "Competition Policy in Two-Sided Markets, with a Special Emphasis on Payment Cards," in Paolo Buccirossi [ed.]

Handbook of Antitrust Economics, The MIT Press, 543–582.

Rysman, Marc (2007) "An Empirical Analysis of Payment Card Usage," *Journal of Industrial Economics*, 55, 1–36.

Rysman, Marc (2009) "The Economics of Two-Sided Markets," *Journal of Economic Perspectives*, 23, 125–143.

Salop, Steven C. (1986) "Practices that (Credibly) Facilitate Oligopoly Co-ordination," in Joseph E. Stiglitz and G. Frank Mathewson [eds.] *New Developments in the Analysis of Market Structure*, The MIT Press, 265–290.

Salop, Steven C. and Scheffman, David T. (1983) "Raising Rivals' Costs," *American Economic Review*, 73, 267–271.

Salop, Steven C. and Scott-Morton, Fiona (2013) "Developing an Administrable MFN Enforcement Policy," *Antitrust*, 27 (2), 15–19.

Scheffman, David T. and Higgins, Richard S. (2003) "Twenty Years of Raising Rivals' Costs: History, Assessment, and Future," *George Mason Law Review*, 12, 371–387.

Schumpeter, Joseph A. (1934) *The Theory of Economic Development: An Inquiry into Profits, Capital, Credit, Interest, and the Business Cycle.* Translated by Redvers Opie, Harvard University Press.（シュムペーター著，塩野谷裕一・中山伊知郎・東畑精一訳『経済発展の理論――企業者利潤・資本・信用・利子および景気の回転に関する一研究』，岩波書店，1977）

Schumpeter, Joseph A. (1942) *Capitalism, Socialism, and Democracy*, Harper and Row.（シュムペーター著，中山伊知郎・東畑精一訳『新装版　資本主義・社会主義・民主主義』，東洋経済新報社，1995）

Scotchmer, Suzanne (1991) "Standing on the Shoulders of Giants: Cumulative Research and the Patent Law," *Journal of Economic Perspectives*, 5, 29–41.

Scott-Morton, Fiona (2012) "Contracts that Reference Rivals," Paper presented at Georgetown University Law Center Antitrust Seminar.（www.justice.gov/atr/file/518971/download/speech/contracts-reference-rivals）

Scott-Morton, Fiona and Shapiro, Carl (2015) "Patent Assertions: Are We Any Closer to Aligning Reward to Contribution?," in Josh Lerner and Scott Stern [eds.] *Innovation Policy and the Economy*, Volume 16, The University of Chicago Press. Available at: www.nber.org/chapters/c13587.pdf

Shapiro, Carl (2003) "Antitrust Limits to Patent Settlements," *RAND Journal of Economics*, 34, 391–411.

Smith, Kelly and Gleklen, Jonathan (2012) "Generic Drugmakers Will Challenge Patents Even When They Have a 97% Chance of Losing: The FTC Report That K-Dur Ignored," *CPI Antitrust Chronicle*, September (1), 1–7.

Sriskandarajah, A. (2014) "In re K-Dur Antitrust Litigation: Reopening the Door for Pharmaceutical Competition," *Northwestern Journal of Technology and Intellectual Property*, 12 (1), 85-101.

Stigler, George J. (1964) "A Theory of Oligopoly," *Journal of Political Economy*, 72, 44-61.

Stigler, George J. (1968) *The Organization of Industry*, Richard D. Irwin. (スティグラー著, 神谷傳造・余語将尊訳『産業組織論』, 東洋経済新報社, 1975)

Tallman, Robert (2012) "U.S. and E.U. Antitrust Enforcement Efforts in the Rambus Matter: A Patent Law Perspective," *The Intellectual Property Law Review*, 52, 31-61.

Tirole, Jean (1989) *The Theory of Industrial Organization*, The MIT Press.

Tirole, Jean (2011) "Payment Card Regulation and the Use of Economic Analysis in Antitrust," *Competition Policy International*, 7, Spring, 137-158.

Tucker, Catherine (2012) "Patent Trolls and Technology Diffusion," presented at the NBER "Standards, Patents, and Innovation" meeting.

Tucker, Catherine (2014) "The Effect of Patent Litigation and Patent Assertion Entities on Entrepreneurial Activity," MIT Sloan School Working Paper, 5095-14.

United States Executive Office of the President (US White House) (2013) *Patent Assertion and U. S. Innovation.*

United States Federal Trade Commission (US FTC) (2011) *The Evolving IP Marketplace: Aligning Patent Notice and Remedies with Competition.*

Varona, Edurne Navarro and Canales, Aarón Hernández (2015) "Online Hotel Booking," *CPI Antitrust Chronicle*, May 2015(1), 1-6.

Weyl, E. Glen (2010) "A Price Theory of Multi-Sided Platforms," *American Economic Review*, 100, 1642-1672.

Williamson, Oliver E. (1975) *Markets and Hierarchy: Analysis and Antitrust Implications*, Free Press. (ウィリアムソン著, 浅沼萬里・岩崎晃訳『市場と企業組織』, 日本評論社, 1980)

索　引

■ アルファベット

AG　→オーソライズド・ジェネリック
ANDA　→略式新薬承認申請
APPA　→プラットフォーム間均等条項
CRR　→ライバル参照契約
FRAND（公正，合理的かつ非差別的な条件）　85, 88, 100
　　――条件でのライセンス料　103
　　――宣言　85, 95
HHI　→ハーフィンダール・ハーシュマン指数
IF　→インターチェンジ・フィー
LPG　→低価格保証
MCC　→競争応戦条項
MFC　→最恵顧客待遇
MFN　→最恵国待遇
NAP　→非係争義務
NPE　→特許非実施者
OEM（相手先商標製品生産）　144
PA　→特許集約者
PAE　→特許主張者
PB　→プライベート・ブランド
PBG　→価格打破保証
PI　→特許仲介者
PM　→特許換金者
PMG　→価格対抗保証
RAND（合理的かつ非差別的な条件）　85
RP　→リバース・ペイメント
RPM　→再販売価格維持行為
RRC　→ライバルコスト引上げ戦略
SEP　→標準必須特許
SSO　→標準化団体
SSNIPテスト　→スニップ・テスト

■ あ　行

アイゼンバーグ（R. S. Eisenberg）　31
アウトサイダー　86, 115-117
アウトソーシング　38, 156
アクワイアラー　260
アサインバック　138
アロー（K. J. Arrow）　158
安全港基準　→セーフハーバー
アンダ　→略式新薬承認申請
アンチコモンズの悲劇（反共有地の悲劇）　31, 82, 108
イシュアー　260
1方向ブロック　111
一定の取引分野　189
一般集中　15
イノベーション　1, 196, 276
　　――市場　39
　　――法（米国）　168
イノベーティオ社　161
イベント分析　160
インターチェンジ・フィー（IF）　261-264
インテレクチュアル・ベンチャー社　154
迂回発明　28, 44
営業秘密（トレード・シークレット）　25
エージェンシー・モデル（代理店モデル）　207, 214, 219
エフランド　→FRAND
オーソライズド・ジェネリック（AG，自社後発薬）　63, 74
オープン・イノベーション　38
卸モデル　→ホールセール・モデル

■ か　行

外注研究　38, 39, 156
改良型イノベーション　→漸進的イノベーション
改良技術　138, 164
価格対抗　210

価格対抗保証（PMG） 210, 225
価格打破保証（PBG） 210
革新的イノベーション 276
囲い込み 118, 252
過少規制 240
過剰規制 240
寡占 58
合併 175, 178
カルテル 9, 116
間接ネットワーク効果 229, 253, 254
機会主義的行動 108
企業結合 15, 174, 248, 274
　　──ガイドライン 41
　　──規制 15, 193
企業の境界 38, 156
危険回避的（リスク・アバージョン） 70
危険中立性（リスク・ニュートラル） 70
技術市場 40, 41, 156
規模の経済性 228
欺瞞的顧客誘引 170
逆支払 →リバース・ペイメント
共有地の悲劇 →コモンズの悲劇
競争応戦条項（MCC） 210
共同研究 39, 43, 47, 48, 156
　　──開発に関する独占禁止法上の指針（共同研究GL） 46
共同行為 43, 108
切替費用 →スイッチング・コスト
グラントバック 33, 121, 138
クリティカルマス 234, 237, 242, 256, 258
クロスライセンス 125
継続的な取引関係 214
研究委託 38
公共財 22
公正競争阻害性 13, 134, 144
公正，合理的かつ非差別的な条件 →FRAND
公正な競争 13
構造的措置 179
拘束条件付取引 53, 133, 142, 243
行動的措置 180

後発薬 →ジェネリック
効率効果 59
効率性〔企業結合審査における〕 178
合理的かつ非差別的な条件 →RAND
合理の原則 10, 66, 204
顧客閉鎖 252
顧客誘引効果（顧客引き留め効果） 211
コモンズの悲劇（共有地の悲劇） 32
コンソーシアム規格 80
コンテスタブル 35

■ さ 行

最恵顧客待遇（MFC） 209
最恵国待遇（MFN） 55, 209
最善価格保証 225
再販売価格維持行為（再販，RPM） 113, 203
再販売価格の拘束 204
差止請求 92, 95, 96
差別対価 13, 171, 172, 213
参加外部性 228
産業財産権 25
サンクコスト（埋没費用） 34, 83
参入障壁 34
参入遅延戦術 74
参入遅延のための支払い →ペイ・フォー・ディレイ
シェアリング・プラットフォーム（シェアリング・サービス） 277
ジェネリック（後発薬） 63
シェル・カンパニー 154
事業者 8
事業譲渡 181
資産譲受け 186
事実上の標準規格 →デファクト規格
自社後発薬 →オーソライズド・ジェネリック
市場画定 16, 189
市場集中 15
私的独占 10, 242, 257
シナジー効果 178

索引 293

支配行為　11
囚人のジレンマ　108
集積型技術　31, 37, 111
自由放任論　101
需要の交叉弾力性　16
シュンペーター（J. A. Schumpeter）　1, 267
シュンペーター仮説　119, 175
情報の非対称性　157
ショールーミング　205
私掠船行動（プライバティアリング）　166
進化論　272
シングルホーミング　233, 250
浸透価格戦略　217
垂直型統合　252
スイッチング・コスト（切替費用）　35
水平型〔企業〕結合　191, 253
スティグラー（G. J. Stigler）　115
スニップ・テスト（SSNIP テスト）　16, 189, 274
スピルオーバー　43, 135
正常な競争手段　243
正当な理由　204
製品市場　39
セーフハーバー（安全港基準）　18, 49, 192, 249
先取権効果　177
漸進的イノベーション（改良型イノベーション）　276
専門権者　116
専有可能性・不可能性　22, 28, 62
専有性確保　27
創造的破壊　267
双方向市場　227, 237
　──の3タイプ　230
双方向ブロック　110, 128

■　た　行

代替的特許　113, 122-124
代理店モデル　→エージェンシー・モデル
抱き合わせ販売　13, 191

ただ乗り問題　→フリーライダー問題
多方向市場　232
談　合　9
チェスブロー（H. Chesbrough）　38
チェンバレン（E. H. Chamberlin）　2
置換効果（共食い効果）　118, 176
知的財産権（知財）　19, 25
　──制度　23
知的財産の利用に関する独占禁止法上の指針（知的財産ガイドライン，知財 GL）　92
著作権　25
低価格保証（LPG）　210
ティロール（J. Tirole）　33, 263
適正な条件　184
適用除外　207
デジュール規格（法律的な標準規格）　80
デッドウェイト・ロス　2, 69, 235
デファクト規格（事実上の標準規格）　80
テリトリー制　250
統合権者　117
投入物閉鎖　252
独　占　58
独占禁止法　8
独占的ライセンス　141
独立型技術　30
独立ライセンス　121
特　許
　──間の補完性　122
　──結合　191
　──制度　23
　──の質　165
　──の範囲基準　66
　──買収　40, 170
　──譲受け　189
特許換金者（PM）　153
特許権　26
特許権者　82
　──の異質性　116
特許集約者（PA）　153, 173
特許主張者（PAE）　83, 116, 153

特許仲介者（PI） 153
特許非実施者（非実施者，NPE） 82, 153
届出義務〔企業結合における〕 188
共食い効果 →置換効果
取引拒絶 13, 171, 172
取引費用 84, 108, 114, 142, 158
取引妨害 243
トレード・シークレット →営業秘密
トロール（パテント・トロール） 32, 83, 116, 152, 153, 193

■ な 行

内部補助金 273
ナップ →非係争義務
二重限界化 112, 159, 203
二重独占化 112
ニュートン（I. Newton） 29
ネットワーク効果 32, 228

■ は 行

排除型私的独占 11
排除行為 11, 242
排除措置命令 244
排除不可能性 →非排除性
排他条件付取引 13, 243
排他的代理店契約 202
破壊的イノベーション 2, 276
ハッチ＝ワックスマン法 62
パテント・トロール →トロール
パテントプール 32, 84, 107, 121, 136
パテント・リンケージ 78
ハードコア・カルテル 9, 43
ハブ・アンド・スポーク型共謀 220
ハーフィンダール・ハーシュマン指数（HHI） 18, 191
パラグラフⅣ 64
バルク・ディスカウント 213
パレート最適 90
範囲の経済性 228
反共有地の悲劇 →アンチコモンズの悲劇
非競合性 21, 181, 199

非係争義務（NAP，ナップ） 33, 133, 138, 144
非実施者 →特許非実施者
ビッグデータ 271
必須宣言特許 87
非排除性（排除不可能性） 22, 157, 199
非ハードコア・カルテル 9, 43
標準化活動 93
標準化団体（SSO） 82
標準規格 32, 80
標準必須特許（標準規格必須特許，SEP） 81, 173
フォーラム規格 80
複数必須特許 110
不公正な取引方法 12, 53, 127
不争義務 134
不争条項 77, 133
不当な取引制限 9
不当に 14
不当廉売 13, 213, 240
プライバティアリング →私掠船行動
プライベート・ブランド（PB） 198, 212
プラットフォーム 199, 200, 229
プラットフォーム間均等条項（APPA） 215
　狭義の── 223
　広義の── 223
ブランド間競争 202
ブランド内競争 202
フリーライダー問題（ただ乗り問題） 23, 205, 206
プールのプール 120
プロダクト・ホッピング 30, 75
平均回避可能費用 240, 241
閉鎖効果 118
閉鎖行動 252, 253
ペイ・フォー・ディレイ（参入遅延のための支払い） 30, 59
　むき出しの── 72
ヘラー（M. A. Heller） 31
ベンチャーキャピタル 164

索引

法律的な標準規格　→デジュール規格
補完的特許　113, 121
補完的能力の結合　43, 178
ボトムフィーダー・トロール　163
ボリューム・ディスカウント　213
ホールセール・モデル（卸モデル）　207, 217
ホールドアップ問題　36, 37, 83, 91, 103, 140, 143, 211

■ ま 行

埋没費用　→サンクコスト
マイルストーン方式　39
マルチホーミング　233, 247
マルティプルライセンス　125
無効審判請求　137
問題解消措置（レメディ）〔企業結合審査における〕　19, 179

■ や 行

優越的地位の濫用　13, 91, 101, 172, 198
横取り行為　126

■ ら・わ行

ライセンサー　27
ライセンシー　27

ライセンス　26, 41, 157, 181
――交渉　88
――料の決定　117
ライバルコスト引上げ戦略（RRC）　169
ライバル参照契約（CRR）　210
ラーナーの公式　235
ランド　→RAND
リスク・アバージョン　→危険回避的
リスク・ニュートラル　→危険中立性
リバース・エンジニアリング　54
リバース・ペイメント（RP, 逆支払）　30, 60, 138
リバース・ホールドアップ問題　90
略式新薬承認申請（ANDA, アンダ）　63
略奪的価格戦略　242, 256
流通イノベーション　199, 206
利用外部性　228
累積型技術　32, 37, 111
レメディ　→問題解消措置
レント消失効果　176
ロイヤリティ・スタッキング　31, 82, 86, 108, 159
ロックイン効果　83
忘れられた発明者論　159
ワンストップ　84, 108

競争政策関連事例索引

（競争政策に直接関連しない事例については以下に記載しないものがある）

アクタヴィス事件（米国）　66
アップル対サムスン裁判　102, 103
アップル電子書籍販売事件（欧州）　221
アップル電子書籍販売事件（米国）　218-220
アップル・ノーテル（特許買収，米国）　185
インテル事件　12
NTT東日本事件　12
MPHJ社事件（米国）　162, 170
大山農協事件　243-245
オンダンセトロン事件（韓国）　73
KADOKAWA・ドワンゴ（統合）　251
機械メーカー共同研究（相談事例）　52
クアルコム事件　148, 149
クアルコム事件（韓国）　99, 100
クアルコム事件（中国）　150
グーグル・モトローラ（買収，米国）　185
クレジットカード事件（欧州）　264, 265
K-Dur事件（米国）　65
建築資材メーカー・建設業者共同研究（相談事例）　55
システム開発会社共同研究（相談事例）　51
シタロプラム事件（欧州）　71
宿泊予約サイト事件（英，仏，独，伊，瑞）　221-226
新日本製鐵・住友金属工業（統合）　175
スタンダード衛生陶器事件（米国）　121
多摩談合事件　11
着うた事件　171
中部読売新聞事件　255-257
DeNA事件　245-247
電子機器メーカー・ソフトウェアメーカー共同研究（相談事例）　56
東京証券取引所・大阪証券取引所（統合）　184, 249-251
ドキサイクリン裁判（米国）　75
ドルビー事件（韓国）　150
ノーテル特許買収（米国）　186
パチンコ機製造特許プール事件　125
パロキセチン事件（英）　72
日立金属・住友特殊金属（事業統合）　181
ファーウェイ対ZTE（欧州）　96
ファーウェイ対ZTE裁判（欧州）　87
フェイスブック・ワッツアップ統合（欧州）　274
フェンタニル事件（欧州）　72
富士電機・三洋電機自販機（株式取得）　182
ブルークロス・ブルーシールズ事件（米国）　212
ペリンドプリル事件（欧州）　72
北海道新聞事件　257, 258
ボッシュ・SPX（買収，米国）　185
マイクロソフト事件　144-148
マイクロソフト・ノキア（買収，米国）　185
マイラン対ワーナー・チルコット事件（米国）　75
メトクロプラミド事件　77
ヤフー・一休（株式取得）　252
ヤマダ電機・ベスト電器（株式取得）　198
輸送機械メーカー共同研究（相談事例）　51
ランバス事件（欧州）　98
ランバス事件（米国）　97, 98
リージン事件（米国）　204

◆ 著者紹介

小田切　宏之（おだぎり　ひろゆき）

1969年，京都大学経済学部卒業。1973年，大阪大学大学院修士課程経済学研究科修了（経済学修士）。1977年，米国ノースウェスタン大学大学院博士課程経済学専攻修了（Ph. D. in Economics）。

米国オバリン大学経済学部助教授，筑波大学社会工学系教授，一橋大学大学院経済学研究科教授，成城大学社会イノベーション学部教授，公正取引委員会競争政策研究センター所長，公正取引委員会委員等を歴任。

現在，一橋大学名誉教授（専攻：産業組織論・競争政策論，イノベーション経済学，企業経済学）

主要著作に，『日本の企業進化』（共著，東洋経済新報社，1998年），『新しい産業組織論』（有斐閣，2001年），『バイオテクノロジーの経済学』（東洋経済新報社，2006年），『競争政策論』（日本評論社，2008年），『企業経済学（第2版）』（東洋経済新報社，2010年）などがある。

イノベーション時代の競争政策
——研究・特許・プラットフォームの法と経済

Competition Policy in the Innovation Age:
Law and Economics for Research, Patents and Platform

2016年12月15日　初版第1刷発行

著　者　小　田　切　宏　之
発行者　江　草　貞　治
発行所　株式会社　有　斐　閣

郵便番号　101-0051
東京都千代田区神田神保町2-17
（03）3264-1315〔編集〕
（03）3265-6811〔営業〕
http://www.yuhikaku.co.jp/

印刷・株式会社理想社／製本・牧製本印刷株式会社
ⓒ2016, Hiroyuki Odagiri. Printed in Japan
落丁・乱丁本はお取替えいたします。
★定価はカバーに表示してあります。
ISBN 978-4-641-16496-3

JCOPY　本書の無断複写（コピー）は，著作権法上での例外を除き，禁じられています。複写される場合は，そのつど事前に，（社）出版者著作権管理機構（電話03-3513-6969, FAX03-3513-6979, e-mail:info@jcopy.or.jp）の許諾を得てください。